神奈川大学人文学研究叢書43

自然・人間・神々

時代と地域の交差する場

上原雅文編著

御茶の水書房

はしがき

本書は、書名の『自然・人間・神々』が示すように、「自然」と「人間」と「神々」の関係をめぐる諸問題の解明に向けて、一石を投じるべく立ち上げられた共同研究の成果論文集である（「神々」とは、実際には、世界各地の神話などに描かれる自然が擬人化された「自然神」、セム的一神教の「神」、中国（儒学）の「天」、インドのバラモン教における「ブラフマン」、仏教の「空、真如、仏」、あるいは人間や動物の「霊魂」など、崇拝と信仰の対象となった様々な超越的存在の総称である。「超越観念」と表現した方が総称としては相応しいかも知れないが、分かりやすさを優先して「神々」とした。以下、この「はじめに」でもそのような意味で用いる）。

本書に収められた諸論文の概要紹介に入る前に、この共同研究が有している問題意識、目指した目的と方法、およびその成果の段階について述べておこう。

近代以降、自然科学・科学技術の発展は、自然を有用な資源と見る科学技術的な自然観（西洋近代の機械論的自然観）のもとに、人類に多大な利福をもたらし続けている。一七世紀科学革命以降、ＩＴ革命を含む何度かの科学革命を経て、今や自然界は物質的には原子核の構成要素である陽子や中性子を構成する素粒子にまで分解されて解明され、宇宙の果ての銀河まで把捉し、統一的な法則は未だに未解明であるにせよミクロからマクロに至る様々なレベルでの法則が発見されている。そして法則を応用した科学技術は人間の欲望を叶え、より便利な社会を構築してきている。再生医療をはじめとする医療技術の進歩も、情報技術も文字通り日進月歩である。情報技術を背景にしたグローバル化は国家や民族を超えて、世界を一つにしつつあるように見える。

しかし一方、科学技術の進歩とほぼ並行して、土壌や大気・水・森林などにおける環境破壊・汚染が進んできている。科学技術によって修復できるものもあれば、取り返しのつかないものもある。深刻な事態は環境問題だけではない。人間がよりよく生きようとして生み出した技術が、人間の生をむしばむという側面もある。自然を資源として利用しようとする近代以降の機械論的自然観は人間観とも連動し、人間をも資源と見なして利用する傾向を世界的なレベルで強めているように思われる。特定の地域の土地や人間の文化の固有性を無化し、一元的な資源と見なして収奪の対象とする植民地主義は終わってはいない。むしろ進歩した科学技術のグローバル化のもとに新たな装いで拡大再生産されているのではないか。当然ながら、資源をめぐる国家間の対立の激化がそこに生まれ、民族的・宗教的な対立も絡んで、解きほぐしがたい状況を呈してきている。

ハイデガーはすでに一九五四年に、現代技術のあり方を、自然に対して資源・エネルギーの供給を「要求」（Ansinnen（無理難題））する「挑発」（Herausfordern（挑戦））にあると特徴付けている。さらに人間もまた、自然エネルギーを開発するように「挑発」され、人間自身をも用材と見なしていると論じていた（『技術への問い』平凡社、二〇一三年）。自然を「挑発」し、人間自身も「挑発」され、用材とされる。それから半世紀を経た現在、その傾向は前述のようにむしろ強化され、拡大しているように思われる。ハイデガーは、そのようなあり方とは異なる古代ギリシアの自然観との対比で論じたのであるが、我々は科学技術の恩恵を被る中で、それが近代特有の思想傾向であることの自覚がないままに当然のことと見なして、それ以外の自然観、つまりそれ以外の人間と自然との関係（人間と人間の関係でもあるが）の可能性を見失っている。我々はもはやその外に立って生きることはできない。すべからく共犯者である。

しかし休日に花見に出かけて酔いしれる時まで「挑発」し「挑発」され続けているわけではない。自然の中に美や聖なるもの、あるいは崇高なものを感じる心は生き続けている。比喩的に言えば、我々は泥水を飲んで生きるしかないにせよ、その隣に、あるいは伏流として清流は存在している。問題はそれをどれだけ確実に獲得して、泥水を飲みつつも泥水を変容させていくかであろう。しかも清流の味・性質や流れ方は一種類ではない。すなわち、世界各地の地域や民族によって異なる自然観や神々の観念があったし、それが固有の文化を形成して現代も生きているのである。それぞれの固有の文化を尊重し合う多文化共生社会が近代的な科学技術を位置づけてコントロールできるようになることが、これからの世界が目的とすべき方向であろう。本共同研究は、そのような方向に寄与すべく立ち上げられ、継続しているものである。

科学技術がそれに基づく科学的な自然認識と機械論的自然観が、価値から自由な中立のものではなく、背後に特定の形而上学をもった価値的な認識であること、具体的にはキリスト教の神観念と自然観に基づいていることは夙に指摘されている。プラトンから始まるとさえ論じられているその形而上学的価値の再検討も必要であろうが、いずれにせよ、ハイデガーが存在への問いを哲学以前にさかのぼって根源的に始めようとしたように、我々も改めて自然との関わり方を、様々な時代や地域の固有性を視野に入れつつ、自然、人間、神々の三項を軸として、つまりは認識主体のあり方をも俎上に載せて、存在論的かつ根源的に探究しようとしたのである。無論そのような試みとして、すでに多くの先行研究がある。例えば科学哲学の一分野では、科学的認識によって捉えられた自然が真の自然なのか、と問い続けている。後塵を拝するような我々の共同研究に新しさがあるとすれば、包括的で理論的な議論と、時代と地域それぞれの個別研究、すなわち固有の文化についての研究とが交錯する場で議論を深めようとしたことにある。本書の副題に「時代と地域が交差する場」と名付けた所以である。

さらにその「場」には、多様な専門分野からの参入がある。方法論としては、哲学・倫理学、歴史学、文学、文化人類学、民俗学の方法論による切り込みがなされている。研究の領域としては、ドイツを中心とした西洋近代哲学、日本思想史、イタリアなどを中心とした比較文学・芸術、イギリスを中心とした民話・表象文化研究、宗教改革期のイギリス史、捕鯨問題を軸とした環境倫理、現代のイスラーム社会・文化、中国の風水思想と、多岐にわたる。

このように本共同研究では、多様な地域と時代、および多様な方法論とジャンルが交差する場で、統一したテーマとしての「自然・人間・神々」をめぐる個別研究を発表し、議論を重ねてきた。とはいえ、この数年間で一つの結論に達したわけではない。しかし少なくとも議論の「場」としてのプラットフォームが形成されたことは確実に言える。それまで自身の属するディシプリンの枠内で業績を積んできた研究者達が、そこから越境した学際的な議論を可能にする「場」を作り上げたからである。共同研究の成果としては途上であるが、この論文集自体が、多文化共生の足がかりとなる「場」である。ここから、さらにお互いの論文について討議を積み重ねることで、より高次の議論の「場」の形成につながって行ければと考えている。

読者の方達に望むことは、この一見ばらばらに見える論文の背後に成立しつつある「場」に新しい息吹を感じ取っていただき、そこに乱入していただくことである。

以下、本書の構成と諸論文の概要を紹介する。

「第Ⅰ部　世界史の中の神々と自然」では二篇の論文が、世界の様々な時代と地域における自然と人間と神々をめぐる多様な諸関係を、網羅的に、ほぼ時代順に論じている。第Ⅱ～Ⅳ部では、世界の中の具体的な時代と地域における事例を論じており、第Ⅰ部はそれらの背景にある自然観や神話・宗教を包括的かつ理論的に論じた部分という位置づけになっている。そのような構成を念頭に置いていただければ、どこから読んでいただいても構わない。

第一章「世界史の中の神話と宗教 ― ヘーゲル「世界史の哲学」初回講義を素材として」（伊坂青司）は、諸民族の神話や宗教の形成に地理的自然がどのように影響を及ぼしているのか、また民族宗教が一民族を超えて他の民族にまでどのように広がり、また変容していったのかを、世界史上の代表的な神話や宗教をヘーゲルの「世界史の哲学」初回講義を素材にして考察している。考察の対象になる地域と宗教は、インドのバラモン教、ヒンドゥー教、仏教、中央アジアのゾロアスター教、中東のユダヤ教と原始キリスト教、ギリシア神話とローマ帝国のキリスト教、イスラーム教とヨーロッパのキリスト教などである。

第二章「日本の自然観の変遷 ― 神信仰と外来思想との関係をめぐって」（上原雅文）は、日本の古代から近世までの自然観と神観念の変遷を辿った論文である。古代の神信仰における自然観と神観念について整理した後、仏教や儒学という外来思想・普遍思想の受容によって自然観と神観念がどのように変容していったのかについての原理的な整理を試みている。仏教と儒学の自然観と神観念をも整理することになるため、東洋の代表的な自然観の概要という意味ももつ。ヘーゲルは「世界史の哲学」を中国から論じ始めているが、第一章ではインドから西への展開を論じている。この論文は、インド・中国から東への展開を論じており、第一章の補足という意味をももつ。

「第Ⅱ部　自然と女性」では二篇の論文が、主に物語、絵画、映画などの作品を通じて、人間と自然との関係がどのように表象されてきたのかを提示している。そしてまたそれらの作品が、精神的・思想史的な問題や、環境問題やフェミニズムなどの現代的な問題について何を提起してきたのかを論じている。

第三章「異類・女性・変身――アンジェラ・カーターとアナ・マリア・パチェコの作品にみる民話的変身のモティーフ」（村井まや子）は、イギリスの作家アンジェラ・カーターによる「美女と野獣」の再話「トラの花嫁」（一九七九年）と、ブラジル出身でイギリス在住のアーティスト、アナ・マリア・パチェコによるブラジル民話「ジャガーの体に絵を描いた女」にもとづく銅版画のシリーズ『変身物語』（一九九八年）を取り上げて、これらの作品にみる動物への変身という民話的モティーフの再解釈に、人間と自然、特に女性と野生動物との関係がどのように表されているかを、自然環境の破壊と女性の抑圧の構造に相似性を見出すエコフェミニズムの視点から分析している。

第四章「ヴィーナスの運命　一八七〇〜二〇一三年――マゾッホからポランスキーまで」（鳥越輝昭）は、自然の力の一つを体現する女神ヴィーナスないしヴィーナス的美女を取り上げている。ヨーロッパのルネサンスの瞠目すべき出来事のひとつが、千年のあいだ息を潜めていた女神ヴィーナスないしヴィーナス的美女の復活だった。その後のこの女神ないし美女については、美学的観点から、一九世紀までは絵画のなかで盛んに描かれたが二〇世紀の前衛的絵画からは追放されたとの主張がなされている。しかし、本論文は、この女神ないし美女の表現のされ方について、それとは異なる展開も見られたことに着目している。文中では、まず、ザッハー＝マゾッホの小説、デルヴォーの絵画、アイヴズの戯曲、ポランスキーの映画の中でのヴィーナスないしヴィーナス的美女の現れ方が確認され、次いで、それら四様の現れ方について、反キリスト教や脱キリスト教、古代ギリシア至上主義、国家による古典教育、リアリズムから反リアリズムへの転換という精神的潮流との関連があったことが指摘されている。

「第Ⅲ部　聖なるものの場所」では、一二篇の論文が、自然物あるいは特定の場所が信仰や崇拝の対象となっている事例を取り上げ、その意味を分析するとともに、キリスト教や近代思想との関係の中でそれがどのように変容していったのかを論じている。特定の場所やモニュメントを聖別することによって表現された人間と自然（神々）との関係思想は、非文字的な史料でもあるため、我々の再発見を待っていると言えよう。

第五章「ウェールズにおける聖なる泉への巡礼 ― 中世から近世の聖ウィニフリッドの泉」（山本信太郎）は、イギリスの「聖なる泉」への信仰と巡礼の歴史を論じている。イギリス（連合王国）を構成するウェールズには、古くから崇敬の対象となってきた聖なる泉が多数存在する。本論文では、その中でも北ウェールズに位置するその名もホーリーウェルという小都市にある聖ウィニフリッドの泉を題材として取り上げ、ウェールズにおける聖なる泉への巡礼の歴史を考える。唯一神教であるキリスト教の文化の中で、泉という自然物に対する崇敬の念と巡礼がどのように発生・展開し、それが特に宗教改革によってどのような影響を受け、プロテスタントとカトリックのありようとどう関わったかといった問題を検討している。

第六章「鯨塚から考える日本人の自然観と倫理」（坪井雅史）は、日本各地にある鯨の墓や塚から読み取れる、日本人の自然観や倫理の変遷について論じている。日本には、一七世紀半ば頃から建てられた鯨塚が全国各地に存在する。本論文ではまず、そうした鯨塚の時代的・地域的な分布を概観する。そしてそれらの塚が建てられた背景や、そこに込めた人々の思いを検討し、近世以前と近代以降とでは大きな変容が認められることを明らかにする。さらに、その変容がわれわれの環境倫理思想に与えた影響について、また鯨塚から読み取れるわれわれの自然観や宗教観が現在の捕鯨問題とどう関係しうるのかについて考察している。

「第Ⅳ部　自然と環境」では二篇の論文が、西洋近代思想とは異なる伝統的な思想・宗教によって自然を理論的に包括しつつも、現代的な意味を持ち続けている、イスラームの自然観と中国の風水思想とを論じている。世界を覆っているかに見える機械論的自然観を相対化するための有力な事例研究と言えよう。

第七章「イスラームはエコ・フレンドリーか―オマーンの学校教科書および説教集にみる環境言説」（大川真由子）は、イスラームの自然観と環境保護思想について論じている。イスラームでは、天地自然のあらゆるものは唯一神がただひとりで創造した被造物であり、「神の代理人」という地位が認められている人間は神の創造した自然の保全に責任を負うとされている。本論文では、コーランにおける自然観を概観したうえで、こうしたイスラームの自然観が学校教育および、イスラーム社会での宗教教育の重要な場であるモスクといった公的な場において、どのように教授されているかを検討している。具体的には、オマーンの学校で使用されている国定イスラーム教育教科書と、モスクでの説教を編集した説教集にみられる環境言説の内容を分析している。教義レベルでいえばイスラームの自然観はエコ・フレンドリーといえるが、逆にいわゆるエコロジー思想や現代の世界的な環境保護運動と親和性をもつがゆえに、啓蒙のための言説としてイスラームのイディオムが利用されることが指摘されている。

第八章「風水と自然観―中国江西省贛南地区の村落調査から」（小熊誠）は中国の伝統的な自然観と環境思想である風水について論じている。中国における風水は、方位判断を重視する福建学派と環境の形勢を重視する江西学派がある。現在において、江西省でも風水が盛んに行われているが、日本人によるそこでの風水調査は例がほとんどない。そこで小熊は、江西省の贛南師範大学の教員とともに江西省において風水調査を行ない、風水師からの聞き取り調査も行い、風水で村おこしをしている村などの実態を含めて調査をまとめている。

最後になったが、本研究グループと本叢書刊行のいきさつに触れておく。

本研究グループ「自然観の東西比較」は、二〇一一年に、神奈川大学人文学研究所の共同研究グループとして伊坂青司が研究代表者となって立ち上げたものである。二〇一三年から上原が研究代表者を引き継ぎ、二〇一五年度〜二

○一七年度の神奈川大学共同研究奨励助成金の交付を受けた。三年間にわたってほぼ月一回の研究会を開催し、学外の研究者を招聘した公開講演会も四回開催した。実地調査・資料収集も、海外ではイギリス、イタリア、中国の各地で実施し、国内では、日本各地の捕鯨基地や瀬戸内地方を中心とした神社景観の実地調査、三陸気仙沼の環境運動の実地調査などを実施するなど、有益に活用できた。本叢書はその助成金に対する成果報告書である。本書にまとめられた内容は、三年間の研究成果の一部に過ぎない。今後も研究を継続するとともに、研究成果も別の形で報告することができればと考えている。

なお、本共同研究を推進させた要因の一つに、伊坂青司によるヘーゲルの「世界史の哲学」初回講義録の紹介があった。通説とは異なり、多文化主義的な視点をもったその講義録が伊坂によって初めて翻訳され刊行された。『世界史の哲学講義』（上・下二冊、講談社学術文庫、二〇一八年一〇月・十一月）である。併せてお読みいただければ幸いである。

本書の刊行に当たって、御茶の水書房の黒川恵子氏に大変お世話になった。無事に刊行までこぎ着けることができたことを深く感謝申し上げる。

二〇一九年二月

共同研究代表　上原雅文

自然・人間・神々　目次

目次

第Ⅲ部　聖なるものの場所

自然・人間・神々

——時代と地域の交差する場

第Ⅰ部　世界史の中の神々と自然

第一章　世界史の中の神話と宗教

――ヘーゲル「世界史の哲学」初回講義を素材として

伊坂青司

はじめに

神々への信仰はさまざまな民族の神話に始まり、そしてより普遍的な宗教へと発展してきた。それでは神話と宗教にどのような違いがあり、また世界史の中で神話から宗教へとどのように発展してきたのであろうか。

神話は、自然の成り立ちとその中での民族の由来が、その民族の神々の物語として伝承されてきたものである。民族に固有の神話は、その民族の帰属する自然を基礎にして、自然の神々を民族が共有することによって形成される。そうした神々には民族にとって固有の自然が投影され、自然神として神格化されるのである。

さらに民族は地理的に拡張することによって、接触する他の民族の異質な神々を取り込み、そのことによって自らの神話をより包括的なものとして変容させる。拡張する民族の神話は、それが形成されたもともとの自然性を脱して、自然表象の痕跡を残しつつもより普遍的な神的観念へと純化される。このようにして、ある民族に限定されていた神話の神々がより普遍的で抽象的な神的観念へと上昇するところに、宗教は成り立つと考えることができる。そうした神的観念は開祖や預言者によって語られ、信者によって伝承されて聖典として文書化される。その教理は信者の宗教共同体によって共有され、さらに布教によって民族を超えて伝播することになる。

宗教の伝播は、世俗の国家が宗教を異民族統合の精神的手段として利用することによって促進される。国家的統合のために利用される神的観念が、諸民族に根強く残存する固有の神々と習合して変容することも生じる。こうして抽象的な神的観念も、それぞれの民族によって受容されることによって、現実世界のうちに下降して世俗化することになる。以上のような、自然に根差した神話から神的観念への上昇と神的観念の現実世界への下降のプロセスは、世界史の中の宗教のうちにさまざまな形で見ることができるのである。

本稿では、諸民族の神話と宗教が世界史の中にどのような形で現れたのかを、ヘーゲルの「世界史の哲学講義」(一八二二/二三年)[1]を素材にして考察することにしたい。この講義を素材にするのは、世界史的な観点から広く世界の宗教が論じられているだけではなく、諸民族の位置する地理的空間から、神話と宗教が多文化主義的な視点によって論じられていることによる。この講義は一面では時間軸に基づいて、もう一面で地理的な空間軸に基づいて、東洋からギリシア・ローマ世界を経てゲルマン世界へというように世界史を構成している。すなわち、諸民族の神話と宗教が地理的空間の中で歴史的に形成され、また他民族との接触を介して地理的に伝播していったという、空間軸の視点が重視されているのである。そこで、世界史の中の神話と宗教を、地理的空間を基本軸にして、またそれぞれの民族の中での形成と伝播の時間軸をも踏まえながら、次のような順序で考察することにしたい。すなわち、(1)インドのバラモン教、ヒンドゥー教、仏教、(2)中央アジアのゾロアスター教、(3)中東のユダヤ教と原始キリスト教、(4)ギリシア神話とローマ帝国のキリスト教、(5)イスラーム教とヨーロッパのキリスト教である。

1　インドのバラモン教、ヒンドゥー教、仏教

バラモン教からヒンドゥー教へ

古代インドにおけるバラモン教とヒンドゥー教について、まずは考察することにしよう。

バラモン教はインド最古の宗教で、サンスクリット語[2]で記録された「ヴェーダ」（「知識」の意）という一連の文書群を聖典とする。この文書群は紀元前一二世紀から紀元二世紀にかけて作成され、最古の「リグ・ヴェーダ」から「ウパニシャッド」にまで及ぶ。バラモン教は祭司のバラモン（「ブラフマンの力を持つ者」の意）をその担い手として形成された。そのバラモンは、中央アジアのアーリア人の一部が紀元前一五〇〇年頃にインド北西部のインダス川上流域からガンジス川上流域へと入って先住民を支配し、カースト制を確立して祭司階級をなしたものである[3]。

一連の聖典「ヴェーダ」は、自然の神々への讃歌からなる初期の「リグ・ヴェーダ」から、その後のいくつかの「ヴェーダ」を経て、宇宙の最高原理である一なる神ブラフマン（サンスクリット語で「力」の意）へと統合されることになる。このブラフマンがどのような存在であるか、ヘーゲルは高い関心をもってそれを「一なるもの」として次のように論じている。「彼ら〔インド人〕が言うには、このような一なるものはあらゆる概念を超え、分別もすべて超えて不可視であり、永遠にして無限の力を持ち、常に至るところに存在している」（上二八一）。このようにブラフマンは、自然を超越した観念ではなくて、「存在する普遍的な実体性であり、普遍的な自然存在」（上三八五）ともされているように、汎神論的な原理を有しており、そこにヘーゲルは「インド的な汎神論」を見るのである。

後期「ヴェーダ」において哲学的な奥義書である「ウパニシャッド」が成立し、バラモン教の中でブラフマン（梵）とアートマン（我）の「梵我一如」の理論が展開されることになる。梵我一如とは、宇宙の最高原理であるブラフマ

ンと我としてのアートマンの一体性を意味する。それは端的に「この我は実に梵なり」[4]と簡潔に表現され、それは我が「梵となり、梵に帰入する」ことを意味している。その最高の宗教的課題は、カルマ（業）に縛られて輪廻のうちにある個我が、ブラフマンに帰入することによって輪廻から解脱することにある。

それではこうした梵我一如の状態は、現実世界において誰もが実現できるものなのであろうか。この点についてヘーゲルは次のように論じている。「生まれながらのバラモンは、その生まれからしてすでにブラフマンと一つである」（上二八九）としてバラモンの特権を指摘する一方で、バラモン以外の「その他のカーストは、このように際限なく自らを捨てて自らを殺すという、こうした否定によってしかブラフマン〔と一つに〕になることはない」として、カーストによる差異を指摘する。バラモン以外のカーストには、自らを捨てる捨身という過酷な「純粋な否定」が必要だとされるが、「自らを殺すという」自己否定には自己を生かす肯定が示されることはないとされる。梵我一如の実現は、後にシャンカラによって、アートマンによる真の自己の目覚めに求められることになる。[5]

ところでバラモン教はヒンドゥー教として民衆の間で世俗化することになる。ヒンドゥー教は紀元前三世紀頃からバラモン教が土着の民間信仰と融合し変容したもので、その理論は四世紀頃から編纂された一連のプラーナ文献のうちに見ることができる。そこでは一なる神ブラフマンを本体としつつも、創造の神ブラフマー、維持の神ヴィシュヌ、破壊の神シヴァというそれぞれ自然の力が神格化された三神に分化し、その三神が一体のものとしてトリムルティ（三神一体）をなす。ヘーゲルは一なる神ブラフマンから分化した三神の一体性を次のように論じている。「インド人にとって一なるものという抽象的なもの〔ブラフマン〕それ自身が、決して固定的なものではなく、彼らがブラフマー、ヴィシュヌ、そしてシヴァというこれら三神を全体と名付けるかぎりにおいてのみ存在する。この三神一体（Dreiheit）にして初めて真の統一をなすのであって、そうしてみるとインド人には、三位一体（Dreieinigkeit）の予感が根底にあるようにも思える」（上二八四）。ブラフマンが三神に分化して統一をなすというヒンドゥー教の三神一体に、ヘーゲルはキリスト教の教義「三位一体」との共通性を予感するのである。

こうした三神がインドの土着の神々と結び付きながらヒンドゥー教として民衆の中に広がっていった[6]。とりわけヴィシュヌとシヴァは土着の民間信仰と結び付くことになる。例えばクリシュナ（「濃い青」の意）はヴィシュヌの化身（アヴァターラ）として、非アーリア系のインド土着の神と習合して、南インドを中心に人気の高い青年の神として信仰されている。またシヴァはカシミール地方などの土着の神々と習合して多面的な姿によって信仰されている。このようにヴィシュヌとシヴァはインド各地の多彩な土着の神々と習合して、インドの民衆宗教の中でいまでも信仰を集めているのである。

原始仏教とその伝播

ところで、ヒンドゥー教の形成に先立って、ゴータマ・シッダールタ（前四六三頃～三八三年頃）、すなわち後の仏教の開祖ブッダ（「覚者」の意）が登場する。彼はガンジス川上流の北インドのシャカ族の王子としてクシャトリヤ階級の出身である。その当時のガンジス川中流域では商工業の発達と個人の重視、そして伝統的なバラモン教に対する非バラモン系の自由思想の台頭があった。そのような背景の中で、「ウパニシャッド」の梵我一如の理論におけるアートマンのあり方をめぐって論争が生じていた。人生の苦（老・病・死）の問題に直面していたシッダールタは、ブラフマンにアートマンを一体化させる梵我一如の理論に、問題の解決を見出すことができなかった。輪廻から解脱する方途をアートマンに見出すことができなかった彼は、欲望に固執するがゆえの煩悩の苦しみから自らの苦行と瞑想によって解脱に至り、悟りを開いてブッダになった。その意味でゴータマ・ブッダは、バラモン教の枠から離脱して人間の実存としての悟りを開いたと言えよう。

ヘーゲルは仏教を「バラモン教的なものの改革によって生じることができた」として、ブッダをバラモン教の改革者として位置づけ、その革新性を次のようにブッダの精神の自由に求めている。「彼〔ブッダ〕は涅槃すなわち最高の解脱の状態に至っている。そこでは精神は自らのうちに滅して何ものにも執着することなく、あらゆるものから自由になっていて、そのかぎりでわれわれはそれを至福の状態と呼ぶことができる」（上三三三）。解脱した状態の「涅槃」は、その原語「ニルヴァーナ」が「炎の消えた状態」を意味するように、煩悩の炎を断ち切って欲望への執着から解放された悟りの境地をいう。ヘーゲルは涅槃に至ったブッダに精神の自由を見るのである。さらに一人の人間ブッダから始まる仏教の基本的なあり方が次のように述べられる。「この宗教〔仏教〕はあらゆる観点からして、よりいっそう人間的である。……すなわち仏教徒にとって、彼らの最高の神は一面では〔ゴータマ・ブッダという〕人間であったということである」（上三三二）。このようにブッダは超越的な神として崇拝されるのではなく、むしろ一人の人間として尊崇されており、そこに仏教の人間的な性格が見られるのである。その点でブッダは、キリスト教の神を前提とする神の子イエスとは性格を異にしている。

ブッダの死後、仏教がインドにおいて最も隆盛したのはマウリヤ朝時代で、その第三代アショーカ王（在位前二六八～二三二年）はインド全域を統一して各地に僧院や仏塔（ストゥーパ）を建設し、仏教は国家と結び付いて広がった。さらに仏教は部派仏教として宗派に分かれ、その上座部仏教に対して大衆部が大乗仏教として分離する。こうした仏教宗派は大きく南伝の上座部仏教と北伝の大乗（大衆部）仏教としてアジア各地へと伝播してゆく。出家者の自己救済に重きを置く上座部仏教は、セイロン（現在のスリランカ）、ミャンマーやタイなどインドシナ半島に伝播し、これに対して衆生の救済に重きを置く大乗仏教は、インドからチベット、さらに中国や極東の日本にまで伝播した。より民衆に広がった大乗仏教の理論は、ナーガールジュナ〔中国名で龍樹、一五〇年頃〜二五〇年頃〕の『摩訶般若波羅密経』に表現されている。その中でも「空」[7]の概念が特徴的で、「法〔ダルマ〕」の実体性つまり「自性」を否定して「無自性」へと転じることによって、すべてを相互依存の関係〔縁起〕に解消する。

大乗仏教は唐代には、玄奘がインドから膨大な大乗仏教経典を長安に持ち帰って『大般若波羅蜜多経』〔六六三年〕として漢訳し、「般若経」として広がってゆく。般若経の「空」は、それ自体として存在する実体を否定し、現象をすべて無常とする大乗仏教の中心思想である。ヘーゲルは中国に伝わった大乗仏教を「仏の宗教」として次のように論じている。「この〔仏の〕宗教の信奉者は無のうちに至高のものを据え、そうしてこそ人間は自らを神にまで高めるのだという。……こうして完全に空虚なものが求められるべきだというのである」〔上二三二〕。ここで言われている「無」や「空虚なもの」が、大乗仏教の「空」に他ならない。ヘーゲルがここで言っている「神」はもちろん超越的な唯一神ではなく、真如を悟った「如来」のことである。如来はもともとブッダ〔仏陀〕を意味するとともに、大日如来のように無限宇宙に遍在する仏として信仰されるのである。

チベット仏教もまた北伝の大乗仏教の系統に属しており、そこにおいて崇拝されているのは、生きているラマ僧である。ラマ僧には仏が現前していると考えられており、仏の化身として化身ラマと呼ばれる。ヘーゲルはそのようなラマ僧のあり方について、「生きている人間への崇拝はその人間が最高位のラマ〔僧侶〕であることと結び付いており、神は仏教徒にとってそのラマのうちに現前している」〔上三二四〕というように、ラマを生ける神として論じている。彼らは「精神的な指導者であるとともに世俗的な指導者でもある」〔上三二五〕として、人格的に尊崇を受けていることが強調されるのである。こうしてヘーゲルはラマの高潔な人格に自由を見て取り、ラマを尊崇するチベットの人々について「自由における彼ら〔ラマ〕のより高い位置によって、そもそもインド人からは区別される」〔上三二七）として、バラモン教のもとでカースト制に縛られたインド人から際立たせられるのである。チベット仏教の僧侶についても、インドのバラモンと違って「こうした僧侶たちが特別なカーストをなすことはけっしてなく、諸個人として民衆全体から出て〔出家して〕いる」（上三二八）というように、出家して「比丘」と呼ばれる修行僧となって、「布施によって生活している」という。彼らはインドの「冷酷で高慢であり、不親切」なバラモンと対照的で、「高慢さがまったくなくて慎み深く、よく教育されていて思いやりがある」（上三二六）と高く評価されるのである。

2　中央アジアのゾロアスター教

ゾロアスター教の成立

インドの宗教に続いて、インドの北西部で接する中央アジアに興ったゾロアスター教について考察することにする。ゾロアスター教の開祖ゾロアスター（ペルシア語で「ザラスシュトラ」）は祭司で、アフラ・マズダーを最高神とする預言者であり、その神との応答の言葉が伝承されてきた。しかしその活動時期は、紀元前一一世紀から一〇世紀頃とも紀元前九世紀から七世紀ともされ、定かではない。いずれにしてもその時期がインドでバラモン教の成立した後であることは間違いない。

ゾロアスターの活動の本拠地は中央アジアのバクトリアであると想定される。ヘーゲルもまたゾロアスター教の本拠地を、「あらゆる調査によって、オクソス川流域のバクトラを首都とするバクトリアであるように思われる」（上三三九）と推定している。そのバクトラは、ヒンドゥークシュ山脈に源を発するオクソス川（現在のアムダリヤ川）流域の現在のアフガニスタン北部に位置するオアシス都市で、ゾロアスター教の聖典『アヴェスター』にもその名が登場し、そのバクトラ周辺にはゾロアスター教の祭壇の遺跡が遺っている。そのゾロアスター教を担ったのが、バクトリアに古くから定住していたイラン系アーリア人[8]である。

このイラン系アーリア人は、中央アジアからインド北西部に入ってバラモン階級となったインド系アーリア人と、言語学的に見てインド＝ヨーロッパ語族として共通している。『アヴェスター』をもともと表記していた言語（アヴェスター語）は、「ヴェーダ」を表記したサンスクリット語と同根の言語であると考えられている。そのことについてはヘーゲルも当時最新の言語学的成果に基づいて、「かの文書（『アヴェスター』）が部分的に書かれているゼンド語はインドのサンスクリットに似ており、したがって両言語は同じ根を持っているように思われる」（上三四二）としている。彼が「ゼンド語」としているのは次のような経緯による。ヨーロッパで『アヴェスター』解読の道が開かれるようになったのは、フランスのインド・イラン学者アンクティル・デュペロン（一七三一〜一八〇五年）が、西インドに住むゾロアスター教徒の末裔パールシー教徒[9]から『アヴェスター』の写本を入手して、一七七一年に全三巻としてフランス語で出版したことによる。その写本には中世ペルシア語（パフラヴィー語）で訳注（ゼンド）が付けられており、そのことからこの文書は『ゼンド・アヴェスター』と呼ばれることになった。ヘーゲルは『アヴェスター』がもともと書かれていた言語をデュペロンに従って「ゼンド語」とし、さらにそこからゾロアスター教を担ったイラン系アーリア人を「ゼンド民族」として想定した。ヘーゲルはゼンド民族とゾロアスターの本拠地バクトリアを結び付けて「ゼンド民族については、ゼンド文書のなかに「アーリア人」が名前として現れ……この土地の本拠地はバクトリアである」（上三四一）と論じている。こうしてイラン系アーリア人の担うゾロアスター教が、バクトリアから「アーリア人の国」すなわち「イラン」全土へと広がっていったと考えられるのである。

イラン南西部のパールス（ギリシア語でペルシア）地方に定住したアーリア人の一派が、紀元前六世紀にはイラン全域に領土を拡大してペルシア帝国アケメネス朝（紀元前五五〇〜三三〇年）を樹立し、東はインダス川流域から西は小アジアにまで及ぶ全オリエント世界を統一した。遅くともこの王朝の第三代国王ダレイオス一世（在位前五二二～四八六年）の時代に、ゾロアスター教が国王によって庇護されることになる。しかしマケドニア王国セレウコス朝のペルシア支配によってゾロアスター教も一時衰退したが、紀元前三世紀に復活したペルシア帝国アルサケス朝の時代に、伝承されてきたゾロアスターの言葉が編纂され、『アヴェスター』として文書化された。そしてアケメネス朝の再興を目指したササン朝（二二六～六五一年）の時代に、ゾロアスター教は国教化され、教義も統一されたと考えられる。(10)

ゾロアスター教の教義と伝播

ところでこうした歴史的変遷を経てきたゾロアスター教の教義は、どのようなものであろうか。ゾロアスター教の成立以前、もともとペルシアでは古くから自然の神々が信仰されていた。その中でもミスラは太陽神として闇を打ち払う軍神であり、また契約の神でもある。またフラワシは自然の森羅万象に宿る精霊で、人間の生死を超えて持続する霊ともされていた。神聖な家畜である牛の食するハオマは神聖な植物とされ、またそれから神酒が造られるというように神格化された。こうした多神教の中に成立したゾロアスター教は、それらの土着の自然神を取り込んで、光と善の神アフラ・マズダーを最高神とする宗教になった。そのアフラ・マズダーはとりわけ対立する神の契機をそのうちに含んでいることに注目しなければならない。すなわちアフラ・マズダーには悪の神アンラ・マンユが対立しており、そこにアフラ・マズダーは善の神スプンタ・マンユを送り込んで、悪の神アンラ・マンユと戦わせたとされるのである。ゾロアスターは、このような戦いのうちにあるアンラ・マンユとスプンタ・マンユの二元論的対立を、アフラ・マズダーの神へと統合した宗教改革者として見ることができよう。

悪なるアンラ・マンユと善なるスプンタ・マンユの対立については、『アヴェスター』「ヤスナ」書[11]の中に確認することができる。例えばゾロアスターを介した牛の魂とアフラ・マズダーとの言葉の応答が次のように記されている。「牛の造成者」がスプンタ・マンユとされ、そのことについてアフラ・マズダーは「なんじ（牛）を牧畜者と牧養者とのために造成者（スプンタ・マンユ）は創造した」（一二頁）と語る。それに対して、スプンタ・マンユによって創造された牛の魂は、「不義者」によって自分たちが侵害されていることを次のように訴える。「不義者どもにとりかこまれては、正しい生活者にも生きゆく道がなく、牧畜者にも［それが］ありません」と。この「不義者」がアンラ・マンユであり、牛を殺すがゆえに邪悪な不義者とされている。このアンラ・マンユは北方からの侵入者として、次のように語られている。「北の方処から／北のもろもろの方処から／魔中の魔にして多殺の／アンラ・マンユは奔り来った」（一〇二頁）。牧畜を営む定住民にとって、牛は重要な家畜として位置付けられ、その北方から侵入する遊牧民は脅威であり、まさに「不義者」であった。こうした背景から、「ヤスナ」書においてゾロアスターは、スプンタ・マンユに牛の造成者として讃辞を贈り、それとは対照的に、牛を殺すアンラ・マンユを邪悪な不義者として非難するのである。ゾロアスターは、悪なるアンラ・マンユに対する善なるスプンタ・マンユの対立から、アフラ・マズダーに絶対的な善という最高神の位置を与えるのである。

ヘーゲルはゾロアスター教に「善と悪、光と闇」の「絶対的な対立」が見出されるとして、そうした「対立」の「偉大な二元論」こそ「まさにペルシア人の直観の偉大さをなすと言わなければならない」（上三四五）と指摘している。その対立は、自然の側面からすれば光と闇との対立であるが、思想の形式という側面からすれば、善と悪との「絶対的な対立」であるとされる。しかしこの対立は二元論的な対立のままに止まるのではなく、善と悪は対立しながらも結び付いて統一をなし、この「対立の統一」が真理の原理をなす」というわけである。こうしてアフラ・マズダーは、思想の形式からして善と悪の対立を統一する絶対的な善であるとされる。アフラ・マズダーは、闇に対立する相対的な光であるわけでも、悪に対立する相対的な善であるわけでもない。むしろゾロアスターは、闇と悪としてのアンラ・マンユ（悪霊）に対する光と善としてのスプンタと・マンユ（聖霊）の対立を統一する最高神としてアフラ・マズダーを立てる。このアフラ・マズダーこそ光と闇の対立を統一する光の最高神にして、善と悪の対立を裁く最高善として位置づけられるのである。

それではヘーゲルはアフラ・マズダーの本質をなす光をどのような存在として理解しているのであろうか。この神への信仰は、自然としての光への「自然崇拝」ではあるが、「しかしそれはただ思想のように純粋な、普遍的で単純な物理的本質としての光に対する自然崇拝である」（上三四四）とされる。ヘーゲルはそのように崇拝される光を、ニュートン光学におけるような「感覚的な直観」に現れる自然光からは明確に区別し、あくまでも一なる普遍的な存在としている。すなわちその光は「完全に普遍的なものとしての感覚的なものであり、したがって思想という形式のうちにある」として、「善」という精神的な原理と結び付けられる。こうしてアフラ・マズダーの光は、直観される自然の所与ではなく、「光という純粋な対象の自己内存在がそのまま思想という精神的なもの一般になっている」ものとして、精神のうちに内面化された善とされるのである。

ゾロアスター教は、光と闇という自然的な対立概念とともに、善と悪という思想的な対立概念を含んで、光と善の神アフラ・マズダーを最高神にする。ゾロアスター教はそれまでの自然の神々を排除することなく取り込み、それらの神々を包摂した光と善の宗教として確立した。そのことによってゾロアスター教はペルシア帝国全体に広がりえた。ヘーゲルはそのようなゾロアスター教のあり方が、統一性を保持しながらその領土内の異民族に一定の自立性を認めるという、ペルシア帝国としての国家体制のあり方とつながっていると考えている。アフラ・マズダーはあまねくこの世を照らす光として、土着の神々を抑圧することなく、その特殊性に応じて許容する神であることによって、ペルシア帝国内の諸民族の多様な神々を取り込んで存続させたのである。

最後に、ゾロアスター教の伝播について触れておきたい。ゾロアスター教には本来、神殿も偶像もない。しかしアフラ・マズダーの光の実在的な象徴として火が礼拝の対象となり、ゾロアスター教はその儀式から拝火教とも呼ばれた。ゾロアスター教を国教化したササン朝ペルシア時代の拝火神殿の遺跡が、イラン高原の各地に見られる。またゾロアスター教は五世紀頃にはササン朝ペルシアから中国に伝播し、拝火教の神を火祆と称したことから「祆教」と呼ばれた。ゾロアスター教そのものがローマ世界に伝播することはなかったものの、アフラ・マズダーの下位に位置づけられていたミスラの神は、地中海を介してローマ帝国に伝播して、ミトラ教[12]として命脈を保つことになる。しかしササン朝ペルシアは、六四二年にはイスラーム帝国の拡大によって滅亡し、ゾロアスター教は衰退してゆく。

3　中東のユダヤ教と原始キリスト教

ユダヤ教の成立と唯一神ヤハウェ

続いて中央アジアから中東に目を移そう。ユダヤ民族の『聖書〔旧約聖書〕』冒頭の「創世記」は、唯一神による世界創造とユダヤ民族の由来の物語で、そこには多神教の自然神話は前提になっていない。「創世記」の中に神による人間の始祖アダムとエヴァの創造、および堕罪の物語が含まれる。ヘーゲルはこの物語について、「〔『旧約聖書』に〕人間〔アダムとエヴァ〕の創造と堕罪の歴史という形で保存されている。人間が神の似姿として創造されながら、〔善と悪を〕知ってしまった後に、その罪深さによって楽園という自然のままの幸福な状態を失ってしまった」（下一九一）というように論じている。そうした人間の堕罪にもかかわらず、「人間が意識を持つに至ったこと、しかも善と悪を知るに至ったという二重のこと」が「人間の普遍的な本性」をなすこと、すなわち「一面ではそこに罪があるが、しかし他面では人間は神の似姿として創造され、そして善と悪を知ったことで神に等しくなったということ」が指摘されるのである。こうして見るとヘーゲルは「創世記」に、知という人間本性の誕生を見ていると言えよう。この「創世記」は、キリスト教の『新約聖書』の前提をなすものでもある。

さらに「創世記」によると、アダムの子孫が次々と増え、地に悪がはびこったために、神は人間をこの地上から一掃しようとする。ただノアとその家族および選ばれた動物が、大洪水の中で箱舟によって生き延びる。ノアの子供のうちの一人セムの子孫アブラハムは、神の啓示によって家族とともにメソポタミアのウルを出て、カナン（パレスチナ）に移住する。そのカナンの地が、外来の者であるアブラハムとその子孫にとって、神から約束された地とされた。そのアブラハムの孫にあたるヤコブは自らをイスラエル（「神の勝者」の意）と称し、イスラエル人の始祖となったのである。このような「創世記」の物語の背景には、もともとカナン一帯では古代オリエントの嵐と慈雨の自然神バアルが信仰されていたが、しかしイスラエル人にとっての神は「エル」として、自然神を否定して唯一の神として信仰の対象になったという経緯がある[13]。

ヤコブの息子の一人ヨセフはカナンの飢饉によってエジプトに移住したが、それに続いたイスラエル人はファラオのラムセス二世の下で奴隷状態に置かれることになった。しかしイスラエル人はそうした苦境にあっても民族意識を維持し、モーセに導かれてエジプトを脱出し（「出エジプト」紀元前一三世紀）、カナンの地を目指す。この途中でモーセは神から「あなたはわたしのほかに、なにものをも神としてはならない」（「出エジプト記」二〇－三）[14]と告げられ、イスラエル人はこの言葉に従ってヤハウェを唯一神として信仰することになったとされる。イスラエル人は放浪の末に紀元前一二世紀にはカナンに戻って定住することになったのである。

こうした歴史の中でイスラエル人は唯一絶対の神ヤハウェを信仰し、そこにユダヤ教が成立する。ヘーゲルはこうしたユダヤ教について、「東洋的な原理を転換する契機、すなわち自然から精神へと転換する契機が始まることになる」（上三八六）というように、自然性を脱した「精神性の原理」を見ている。ただしヤハウェは、自然を超越した存在であるという意味でいまだ「抽象的な観念」であり、「観念の神」とされる。神ヤハウェが「抽象的な観念」であるというのは、神が自然を超越してあり、その神のうちに固有の自然性が欠落しているということにほかならない。ヘーゲルから見て、ユダヤ民族の神ヤハウェは、「その存在は非感覚的なものとしては、ただイスラエル的な表象のうちに思想の普遍的な神として現れている」（下一八一）という制限のうちにある。したがって神ヤハウェはユダヤ民族以外の民族を排除する特殊な「地域性」に限定されているがゆえに、人間の「普遍性」へと開放されていないということになる。「この〔ユダヤ人の〕宗教は、その精神性という原理にその普遍性をいまだ付与するには至っていない。精神的なものはいまだ自由な観念ではなくて、むしろその観念は〔ユダヤ人の〕地域性と結びついている」（上三八六）というわけである。ユダヤ民族の「地域性」とは、神に約束されたカナンの地に他ならない。ヤハウェはユダヤ民族にとってその地域性と結び付いた唯一神であり、ユダヤ民族にのみ帰属して他の民族は排除されるのである。

こうしてヤハウェは、その地域性に限定されたユダヤ民族に、絶対的な唯一神として立ち現れたと言えよう。ヘーゲルはそのようなユダヤ民族にとっての神のあり方を、次のように論じている。「しかしそれ〔ユダヤ民族にとっての神〕は直接的な上昇というあり方でもあって、すなわちそれは精神のうちでの直接的な立ち現れとか上昇というあり方で、ユダヤ民族の中に現にあったものである」（下一八七）。そのような神は遡ればすでに「アブラハムとともに始まり」、そして「一なるもの〔一者〕のこうした表象に至ったのだった」として、カナンの外来の者であるアブラハムに立ち現れたのだと理解される。そうだとすると、カナンの土着の自然神から断絶した形で、まったく新たな一なる神がアブラハムに立ち現れたことになる。そしてヤハウェの名が、『旧約聖書』の「出エジプト記」に記されているようにモーセに啓示されるのである。

その後、イスラエルに古代イスラエル統一王国がダビデによって建国されるも、ソロモン王の死後紀元前九二八年に分裂して、イスラエル王国とユダ王国になった。しかしイスラエル王国は紀元前七二一年にアッシリアによって滅ぼされ、ユダ王国も紀元前五八七年に新バビロニアによって滅ぼされて、一部はバビロンに捕囚された。イスラエル国家の滅亡という危機的状況の中から『旧約聖書』が成立したのは、バビロン捕囚からユダヤ人が解放された後のことで、紀元前五世紀から後一世紀末にかけてヘブライ語で伝承が記録されたことによる。

原始キリスト教の成立

ところで、キリスト教はどのようにしてユダヤ教から分離し、成立したのであろうか。それはイエス・キリストの出現とその教え、そして使徒たちによる教団の形成による。イエス（前六年か四年頃〜後三〇年頃）はパレスチナ北部ガリラヤ地方のナザレで、ヨセフの婚約者であるマリアの子として生まれたとされる。それだけのことであれば、一女性が婚前に婚約者との間に子供を出産したという珍しい話ではない。そのイエスが後に神の子であると信じられることによって、神が聖霊となってマリアを受胎させ、マリアは神の子を産んだ聖母であるという物語が成立する。「マタイによる福音書」では、「マリアの胎内に宿っているものは聖霊による」（一－一八）として、イエスが聖霊によって神の子としてマリアに受胎したとされている。こうして受胎という生殖現象が、神の受肉という宗教的表象によって神聖化されることになる。こうしてイエスは一人の人間にとどまらず、神の子として信じられたのである。

イエスを神の子とする物語が後付けだとしても、人間イエスの言動にユダヤの人々が奇蹟を感じたことは、福音書に記されているとおりである。成人したイエスは、人々の病気を治し、悪霊を人々から追い出すなどの奇蹟を行いながら信仰を集め、キリスト（救済者）として特別な存在になってゆく。イエスが山上で説いた教えは、例えば「貧しい人たち」や「飢えている人たち」を「さいわいだ」とし、それに対して「富んでいる人たち」や「満腹している人たち」を「わざわいだ」とするものである（「ルカによる福音書」六‐二〇‐二五）。これらの言葉は、弱い立場の人々や虐げられた人々こそが神に近いとするものである。また「敵を愛し」（同六‐二七）罪を赦すという教えは、それまでのユダヤ教の律法主義とは異なるものである。このイエスの教えがユダヤ教と根本的に異なるのは、神は人間を罰するのではなく、愛するということである。こうした民族を越えた普遍的な愛の原理によって、キリスト教はユダヤ教から分離し独立することになったのである。キリスト教のこうした特徴を、パウロは「ローマ人への手紙」の中で、「主の御名を呼び求める者はすべて救われる」（一〇‐一三）という信仰に求めている。『新約聖書』の中ではユダヤの神「ヤハウェ」という固有名はもはや使われず、一般的に「主」と呼ばれて、しかも唯一であるからこそ等しく誰にでも信仰される普遍性を持ちえたのである。

肉体を持った人間キリストの死（受難）後の復活が使徒たちによって信じられて、初期の宗教共同体がイェルサレムに形成されることになる。『新約聖書』成立（二世紀）以前の原始キリスト教の時期は、キリスト教はいまだユダヤ教の一分派（ナザレ派）であって、キリスト教としてユダヤ教から独立していたわけではない。『新約聖書』の成立によってキリスト教はユダヤ教から明確な形で独立し、キリスト教徒の教団がイェルサレムからローマ帝国内の都市に広がって普遍的な宗教になってゆくのである。

4　ギリシア神話とローマ帝国のキリスト教

ギリシア神話の神々と美の理想

ここで時代を戻して、古代ギリシアに目を向けよう。ギリシア神話は自然をもとにしながらも、精神性を帯びた神々の系譜と物語によって成り立っている。ギリシア民族はさまざまな外来人がギリシア各地に入ってきて、先住民を支配し、あるいは先住民の文化を改造して独自の文化を作ってきた。ギリシア神話の形成にはそうした歴史が背景にあり、ギリシア人はティターン神族のヘレンを祖とする「ヘレネス（ヘレン人）」としてのアイデンティティを共有していた。ヘーゲルもまた、「ギリシア民族自身の内なる外来性」を強調し、そして「そのような外来性とその克服から、ようやくギリシアの自由で美しい精神が生じえた」（下二二）としている。

そのようなギリシア民族の形成の歴史が、ギリシア神話の中の神々の系譜に痕跡を残している。それは大きくティターン神族からオリュンポス神族へという神話の物語に見られる。ティターン神族は、大地の女神ガイアとそのガイアが生んだ天空の神ウラノスの自然神に発する。このガイアとウラノスが、農耕の男神クロノスや大地の女神レアー以下ティターン十二神を生むことになる。さらにこのクロノスとレアーからゼウスを含む兄弟姉妹の神々が生まれる。しかしクロノスは、子供たちに権力を奪われるのを恐れて次々と飲み込むが、末っ子のゼウスが、飲み込まれた兄弟姉妹の神々をクロノスから吐き出させる。このゼウスを主神とするオリュンポス十二神がクロノスを主神とするティターン神族との大戦争を繰り広げ、オリュンポス神族が勝利することになる。

ヘーゲルはギリシア神話を、オリュンポス十二神に先立つティターン神族を視野に入れて論じて、一連の神々の系譜を自然から精神へという移行のなかに配している。ギリシアの神々は自然性を残しながらも、精神の自由を表現するに至るというのが、ギリシア神話の系譜についての見方である。彼はティターン神族を「〔オリュンポスの〕ゼウスの神族とはまったく別の神族」と位置付ける一方で、ティターン神族がそれでもなお、オリュンポス神族のなかに自然神としての影を落としているとして、「この神々は、一部では自然神として保持されており、一部ではなおもこのより新しい神々のうちに自然力の名残が——しかし名残とはいっても要素として——保持されている」（下六四）と論じている。

オリュンポス神族のなかでも次のような神々には、ティターン神族とのつながりが見られる。豊穣の女神デメテールは大地の女神ガイアからレアーを経てつながっている。海と地震の神ポセイドンは、外洋の海流を司るオケアノスを引き継いで、圧倒的な自然力を象徴している。アポロンはヒュペリオンを引き継いで、光明の神としての側面を有している。ティターン神族に支配的な自然性は、このようにオリュンポス神族にも受け継がれている。しかしオリュンポス十二神は、例えば婚姻の女神ヘラ、知恵の女神アテナ、伝令の神ヘルメスなどというように、むしろ精神に関わる役割を担っている。アポロンは太陽だけではなく予言や芸術を司るし、アフロディーテは性愛とともに美という精神性を具現している。「ギリシアの神々はただ自然力であるだけではなくて、本質的に精神的な個体性でもある」（下六三）というヘーゲルの評価は、こうしたオリュンポスの神々に与えられたものである。

ティターン神族からオリュンポス神族への系譜は、ギリシア民族形成の歴史を映し出している。ギリシア神話の草創期は紀元前一五世紀頃に北方のアッティカ地方から南下してきたアカイア人がペロポネソス半島東部に定住して、ミケーネ王国を築いた時期に当たっている。ホメロスによる『イリアス』（紀元前八世紀半ば頃に成立）の物語は、単なる空想上の創作ではなく、ミケーネ文明時代のトロイア戦争（紀元前一三世紀中頃）を基にしたもので、この戦争は小アジアのトロイアに対するミケーネのアカイア人遠征軍による史実上の戦争である。

『イリアス』で語られるトロイア戦争は、神話の物語と史実が入り混じっている。女神テティスの婚儀に招待されなかった女神エリスが逆恨みをして、「最も美しい女神へ」と書いた黄金のリンゴを宴席に投げ入れ、このリンゴをめぐってヘラ、アテナ、アフロディーテの三女神が競い合う。ゼウスによって審判を委ねられたトロイアの王子パリスは、アフロディーテを選ぶ。アフロディーテによって美しい女性として指名されたのがスパルタ王メネラオスの王妃ヘレネーで、パリスはヘレネーを奪ってトロイアへ帰還してしまった。スパルタ王の兄でミケーネの王アガメムノンがそのことを知り、ヘレネー奪還のため自ら総大将となって、アキレウスやオデュッセウスを含めてアカイア軍を組織してトロイアに遠征し、一〇年に及ぶ攻防の末にアカイア軍が勝利する。こうしたトロイア戦争の物語は神話として古代ギリシア人の記憶のなかに生き続けた。ヘーゲルはトロイア戦争を「ギリシア全民族の現実的な統一の始まり」とし、また『イリアス』を「〔ギリシア〕精神の表象の始まりにとっての基本書物」（下一六）であるとしている。

ミケーネ文明も紀元前一二〇〇年頃には崩壊し、その後ミケーネに侵入してきた外来のドーリア人によって征服された。ドーリア人は先住民のアカイア人を奴隷（ヘイロタイ）として支配し、スパルタを拠点にしてペロポネソス半島に勢力を拡大していった。またミケーネ文明の崩壊に伴って、紀元前八〇〇年頃からギリシア各地にポリス（都市国家）が形成され始め、ゼウスを主神とするオリュンポス十二神のギリシア神話が各ポリスのギリシア人によって共有されることになるのである。

オリュンポス神族が外来の神々を含むことについては、ヘーゲルは当時すでに指摘されていた見解を踏まえて、「ギリシア人は彼らの神々をアジアとエジプトから受け入れた」（下六七）というように論じている。ただし彼は外来説をそのまま受け入れるのではなく、「外来のものを改造する」ことによって独自の神話を作り上げたとする。それでは彼はギリシアの神々の由来について、エジプトの神々との連関で具体的にどのように論じているのであろうか。

例えば、古代エジプトのサイスの守護神ネイトとアテナの関係について、「ネイトは〔エジプトに〕限定された意味であるのではなく、〔一般にギリシア化されて〕パラスつまりアテナでもある」（上四四九）としている。こうして戦いの女神ネイトが古代ギリシアに受容され、戦いと知恵の女神アテナとしてオリュンポス十二神のうちに取り込まれたと考えられている。また冥界の神について、エジプト神話のオシリスとオリュンポス神族のハデスの関係が、「オシリスは地下に埋葬されて、死者の国の王ハデスという不可視の〔地下〕世界の審判者になる」（上四一二）というように論じられている。オシリスは死者を冥界へと迎えるという役割を担うのに対して、ハデスは冥界にありながら地上の美しいペルセポネーに恋をして、大地を裂いて地下に引きずり込み、母親デメテールを激怒させるというように、人間的な性格を帯びている。そのようにオリュンポスの神々は人間的で、自然と融合した古代エジプトの神々とは異なっている。その点でヘーゲルは、ギリシアの神々を「擬人化」という言葉で特徴付けるのである。

ヘーゲルはギリシアの神々に、古代エジプトの神々とは異なる特徴を「美」に見ている。「真なるものであり本質的なものである神そのものは、ギリシア人にとっては美であり、感覚的なものの現象のうちにある精神である」（下五四）と論じられているように、ギリシア人にとっての神は美的であり、またそこに人間的な精神が現象するものでもある。古代ギリシアの神々の美しさは、大理石に彫られた神像として感覚的であるとともに、精神的なものの表現でもある。したがってギリシアの神々は地上を超えた不可視な存在ではなく、人間的な形姿をもって目に見える美的現存なのである。ヘーゲルは「ギリシア人はなぜ神をただ大理石のうちに、つまり空想上の〔神々の〕彫像という形で刻んだのか」（下五八）という問いを立て、それに対して、「ただ人間は自らを際立たせ、自らを鍛え上げ高めて理想的なものにする」ためであるとしている。すなわちギリシア人にとっての神は理想的な存在であり、しかも人間がそれに向けて自らを鍛え上げてゆく目標であったということである。こうして「ギリシア人にとっての神は、美として理想化された人間である」（下六二）ともされるのである。

それでは具体的に、美の理想化された人間をどのように考えればよいのであろうか。美は古代ギリシアにおいてアフロディーテのような女神にのみ限定されたものではなくて、男性にも求められた。とりわけ男性の場合の美は、体育によって鍛え上げられた肉体の美が理想とされた。それは古代オリンピアの競技に代表されるように、各ポリスで鍛え上げられ選び抜かれた肉体の美が競われたのである。この競技はもともと主神ゼウスに奉納する目的で開催された。競技場から発掘されたヘルメス像から推測して、その鍛え抜かれた肉体美は、体育競技の神でもあるヘルメスを理想とするものと考えることができる。ヘルメスはもともとアルカディアの先住民の牧畜の守護神であったが、オリュンポス十二神の一柱に取り込まれてゼウスの子として伝令役を担い、また商業と旅人の守護神としても信仰を集めた美青年の神である。

ところでギリシア人が何ごとにつけ重要な選択をするときに伺いを立てたのが神託であり、ギリシア人の中で最も権威のあったのがデルフォイの神託である。デルフォイ神殿に祀られていたのがアポロンの神である。そのアポロン神の起源は小アジアの植物神に求められ、すでにミケーネ文明ではデルフォイが聖地になっており、さらにアポロン神はオリュンポス十二神の一柱に取り込まれて光明と予言の神となった。ヘーゲルはアポロン神殿の銘文から、この神の特徴を次のように論じている。「ギリシアのこの光の神アポロンについては、その〔デルフォイの〕主神殿の銘文「人間よ、汝自身を知れ！」が知られている。アポロンは知る神である」（上四五〇）。すなわちアポロンは知の神であり、人間の知の働きに「ギリシア的な精神」の特徴を見ようというわけである。ただしヘーゲルは、ギリシア人が神託に依存していたことによって、精神の自由を充分に実現していないとする。すなわちギリシア人が神託に捕らわれ、重要な事柄を自ら決定することができずにいたというわけである。

古代ギリシアに続く古代ローマの神々は、先行するギリシア神話の神々と関連づけられる。例えば、ローマ神話の主神ユピテルはギリシア神話の主神ゼウスと同一視され、ユピテルの妻ユノはゼウスの妻ヘラと同一視されるというように。ただしローマ神話の神々は美を理念とするギリシア神話の神々と比べて現実的で、生活上のさまざまな特殊な目的と結び付いている。ヘーゲルはこのような古代ローマの神々を念頭に置きながら、「ローマ人の宗教は、合目的性やご利益の宗教であり、そしてそのように限定された宗教である」（下一四九）と論じるのである。例えばギリシアでは婚姻や家族を司る「普遍的な生命の女神」であったヘラが、ローマ神話では「貨幣の女神」ユノという実利的な神になりさがっている、というように。ローマ人は現実的な利益を優先し、神々は特殊な目的に限定されていて、ギリシアの神々の精神性を受け継ぐものではなかったのである。

ローマ帝国のキリスト教

ところで多神教のローマ世界に、ユダヤ教から派生した一神教のキリスト教がローマ帝国内に伝播してゆくことになる。ユダヤ教はユダヤ民族に限定された宗教であったために、民族を超えて広がることはなかった。それではキリスト教はユダヤ教から派生した一神教でありながら、なぜ多神教のローマ世界に広がりえたのであろうか。

キリスト教が古代ローマ世界で広く信仰されるようになった背景に、ヘーゲルは帝政ローマ期における諸個人のあり方を見ている。皇帝を頂点とするローマ帝国において、諸個人はすでに共同体的な紐帯を失ってばらばらに存在する抽象的なアトムのようなものになっていた。ばらばらな個人としてのローマ市民はその内面に不安や苦しみを抱えて、そこからの救いを求めていたと考えられる。そうした諸個人の内面性に対応する神は、もはや民族に共有される自然神でも人間を超越した抽象観念としての神でもなく、人間の形態をもつ現実的な存在でなければならなかった。

不安や苦しみを抱えたローマ市民は、奇蹟を起こす人間イエスに救済者としての姿を見ようとした。そこにイエスを神の子とする物語が成立する。こうしてヘーゲルは、人間イエスに神が啓示されるという物語を次のように論じている。「神は人間として、人間的な形態をもって啓示されなければならなかった。人間としての神が人間に啓示されるということこそ、世界の切望するところであった」(下一八七)。それは神が一人の人間イエスに受肉して、自らを啓示するということである。そこにおいて神は、その超越性が否定されて、父なる神の子イエス・キリストとして顕現するのである。

このようにキリスト教において、神は地上のこの世界に人間イエスとして降下するという物語が生じることになる。キリスト教の神は、ヘーゲルによって父と子との関係として次のように論じられる。「キリスト教において神は、第一に父として言い表され、それは力であり、いまだ覆い隠されたままの抽象的に普遍的なものである。第二に神は、自ら対象として自分を分裂させるものであり、神自身にとって他なるものを据えるものである。この他なるものが子と名付けられる」(上五七)。このように神は自らを分裂させて、自らの子イエスとして地上に遣わす。しかしそのことによって神の一者性が否定されるわけではなく、神は子として「自分自身の他なるものを生み出し」ながらも、イエス・キリストの死からの復活によって「他なるもの」から「自らに還帰する」(下一七七)というわけである。

イエス・キリストには、肉体を持つ地上の人間としての側面と神としての側面という二義性があることになる。そこでイエス・キリストは人間なのか、それとも神の子なのかという問題が、キリスト教の教義にとって重要な論争をなしてきた。イエスをあくまでも人間とするアレクサンドリアの司祭アリウスに対して、司祭アタナシウスはイエス・キリストを神の子であるとして反駁した。ローマ皇帝コンスタンティヌス一世によって招集されたニカイア公会議(三二五年)においてこの問題が議論され、その結果、神とイエスの位格に類似性を認めないアリウス派が異端とされ、イエス・キリストを神の子として神との同質を認めるアタナシウス派が正統教義とされた。さらにカルケドン公会議（四五一年）は、イエス・キリストに神性しかないとする単性論を異端として、神の子としての位格のうちに神としての性格と人間としての性格の両方が含まれるという両性論を正統教義とした[15]。このことによって、神と聖霊と子の三位格を一体とする三位一体論が確立され、その後、正統教義として維持されることになる。ヘーゲルもまた、基本的に三位一体論の立場に立っている。

キリスト教と中世ゲルマン国家の成立

ところでキリスト教は、テオドシウス治世下で三九二年にローマ帝国の国教として公認され、世俗国家と結び付くことになる。さらにライン川を挟んでローマ帝国に接していたゲルマン民族が、すでに一部にはローマ領内に入ってキリスト教に接触し、アリウス派の宣教師によってゲルマン神話からキリスト教に教化されていった。イエス・キリストを人間とするアリウス派は、ゲルマン人に受け入れられやすかったのであろう。四～六世紀の民族大移動によってローマ帝国へと流入したゲルマン民族は、ヨーロッパ世界に諸国家を形成することになるが、その際にキリスト教が世俗国家の統一のために政策上利用された。その意味でキリスト教のゲルマン民族への伝播と浸透は、ゲルマン国家の形成と不可分である。国家形成において、国民の教化と精神的統合のためにキリスト教が意図的に導入されたのである。

ゲルマン民族の大移動の後、その一派であるフランク人がフランク王国を建国し、そのメロヴィング朝の王クローヴィスが四九六年に、ローマ・カトリック教会が正統教義とするアタナシウス派に改宗し、ローマ・カトリック教会と結んでアリウス派に対抗した。カール大帝（在位七六八～八一四年）によって西ヨーロッパがフランク王国として統一され、その王国の版図はイギリス、スペインの一部、イタリア南部を除いて西ヨーロッパ全域に及んだ。キリスト教を積極的に受容したカール大帝は、八〇〇年にはローマ教皇レオ三世によってローマ皇帝に任ぜられ、宗教的な権威ともなる。このように世俗の権力がローマ教皇による戴冠によって宗教的な権威を付与され、カール大帝は神聖ローマ帝国の初代国王とも見なされた。カール大帝が首都にしたアーヘンには、皇帝の王宮に向かい合ってアーヘン大聖堂が建ち、カール大帝はその「墓のなかで何世紀にも渡って自らの玉座に座っていた」（下二四〇）という。

しかしカール大帝の死後、フランク王国は大きく三つに分割される。すなわち西フランクのフランス王国、東フランクの神聖ローマ帝国、中フランクのイタリア王国である。ヘーゲルによれば、フランスでは世俗の権力と宗教の権威の間に対立はなく、衝突はほとんど生じなかった。それに対して神聖ローマ帝国では、世俗の国家と教会の間に対立や葛藤が生じた。ヘーゲルは中世のヨーロッパ世界、とりわけ神聖ローマ帝国（ドイツ）におけるキリスト教について、キリスト教会の世俗化という視点から考察している。すなわちそれは、宗教的権威である教会と世俗の権力である国家がどのように相関し合ったかという問題である。ドイツでは帝国がそれぞれの区域の領邦に分かれて皇帝の権力基盤は弱く、それは「〔皇帝の〕最高支配権が空虚であったのも、ドイツがただ言葉の上で一つの統一であったからである」（下二五八）というように、神聖ローマ帝国の内実の空虚さが指摘される。そうした世俗の権力に対して教会の方がむしろ、大司教区として「世俗的な権威」となり、「聖職者たちは、世俗の支配者と同じような権力を所有するに至った」（下二五五）という。その結果として教会と国家の関係が逆転して、聖職者が国家運営を担うことにもなった。ヘーゲルの指摘するように、「宗教と教会があらゆる私的かつ国家的な関係における力にまで高まり、またあらゆる生活上の関係やあらゆる学問の主となり、皇帝すべてにとっての支配者にまでなった」（下二六二）というわけである。こうしたドイツにおけるキリスト教会の世俗化が宗教改革の歴史的背景をなすことになるのである。

5　イスラーム教とヨーロッパのキリスト教

イスラーム教の成立と拡大

中世キリスト教のゲルマン世界は外の世界から断絶して自己完結していたわけではなく、外からの脅威にさらされることになる。それがイスラーム勢力であり、その宗教としてのイスラーム教である。

イスラーム（「神への絶対的帰依」の意）教は、アラビア半島の交易都市メッカに生まれた預言者ムハンマド（五七〇年頃～六三二年）によって、ユダヤ・キリスト教の影響下に創始された唯一絶対の神アッラー（アラビア語で「神」の意）を信仰する一神教である。その意味で、ユダヤ・キリスト教の唯一神がイスラーム教成立の前提になっている。ヘーゲルは「ユダヤ教の一なるものはそもそもオリエントの宗教であるイスラーム教において完成される」（下二三二）というように、イスラーム教をユダヤ教の完成形として理解している。神アッラーは、ユダヤ教の神ヤハウェと共通して唯一絶対の神でありながら、しかしムハンマドによって、ユダヤのアブラハムやモーセが神アッラーの預言者と位置づけ直される。またキリストも神アッラーの使徒とされ、ムハンマドからすれば、キリストは神の子などではない。なぜなら唯一絶対の神アッラーが受肉して地上に姿を現すことなどありえないからである。ムハンマドは自らを神の最後の預言者として位置づけ、その意味でアッラーは、ユダヤ教とキリスト教をそのうちに包括する絶対的な神として崇拝される。したがってイスラーム教は、ユダヤ教徒やキリスト教徒に対しても唯一神アッラーへの服従を求めることになる。

イスラーム教の一神教的原理は、聖典『クルアーン』（「読誦されるもの」の意）のなかで、「すべての感謝は世界の神アッラーただ一人へ」「われわれはあなたのみを崇拝し、あなたのみに助けを求める」という言葉に表現されている。メッカのカーバ神殿にはイスラーム教に先立って自然の神々が祀られていたが、ムハンマドはそれらの神々を否定して、自然を超越した唯一神アッラーへの信仰を表明した。ヘーゲルはこのように自然性の否定された唯一神について、「その一なるもの〔神〕を純粋な観念として、自然的な特殊性すべてから解放して捉え」、そして「このような一なるものは、そのことによってあらゆる自然的なものに対して、また個々の特殊性に対して否定的なものとなる」(下一三三)と特徴づけている。このようなアッラーは、地上世界を超越しているがゆえにこの地上世界に姿を現すことはないし、特殊な地域性に制限されているわけでもない。メッカにあるカーバ神殿はムスリムにとっての聖殿とはいえ、神アッラーの顕現する場であるわけではなく、ムスリムが世界のどこからでもその方角(キブラ)に向かって礼拝を行う徴として共有されているだけである。

地上世界を超越したアッラーは、それではこの地上世界においてどのようにして現実的になるのであろうか。それは、ムスリムが唯一神アッラーへの帰依を唱え、その教えを広げるということによる。イスラーム教の教えがどのように実現され、そしてその結果がどのようなものであるかを、ヘーゲルは次のように論じている。「この一なるものが絶対的なものとして意識されることによって、一なるものの宗教もまた現実的になり現存するものでなければならない。このような一なるものだけが単独で妥当し実現されることによって、この一なるものはあらゆる区別を破壊することになり、それは狂信である」(下一三三)。すなわち、唯一神アッラーへの信仰心は「一なるもの」をこの現実世界に実現しようとするのであり、そのことによって「一なるもの」に対立する「区別」を破壊することにもなるというわけである。その「区別」とは「特殊なものや規定されたもの」であって、したがって「カーストの区別とか血統の正しさ」(下一三四)といった伝統的な習俗も否定されるべき対象になる。唯一神アッラーの前では、キリスト教会に見られるような位階秩序はなく、同胞の平等という公正の実現こそがイスラームの目指すものである。ただアッラーへの信仰を唱えることだけが、ムスリムであることの必要条件である。その意味でヘーゲルは、ムスリムの意識を「その輝きや自由、その深化の広がりと濁りのない明晰さ」として特徴づける。アッラーに帰依するムスリムの意識は純粋であるだけに偶像は破壊の対象になり、その結果として狂信的にならざるをえないというわけである。

イスラーム教はあらゆる偶像を破壊するとはいえ、自然との関係を完全に断ち切っているわけではない。ヘーゲルがイスラーム教のうちに次のような自然存在との関係を見ていることは注目すべきである。「この宗教〔イスラーム教〕は、普遍的なものが自然存在として自然的かつ元素的なあり方で空気や火などとしてイメージされ、そのことによって、またもやさまざまな諸形式を取りうる」（上一二八）。イスラーム教はアッラーを唯一絶対の神としながらも、自然を記号化したアラベスクという幾何学文様が宮殿やモスクなどの内壁を飾っている。アラベスクは偶像崇拝を排するイスラーム精神の表れであって、植物や動物といった有機体の曲線のみならず、火・空気・水・地の四元素を象徴する四角形をも文様化して表現する。[16]イスラーム教のスーフィズム〔神秘主義〕は、その「存在一性論」[17]によって神の超越性とともにその遍在性を説き、神のこの世界における遍在がアラベスクとして表現されるのである。イスラーム教における自然性を論じるヘーゲルは、そうしたアラベスクをイメージしているように思われる。

ところで、イスラーム帝国は正統カリフの時代にビザンツ帝国を東方から脅かすようになり、ウマイヤ朝〔六六一～七五〇年〕の時代にその領土は、西は北アフリカからイベリア半島のスペインを越えて南フランスにまで及び、西ヨーロッパ世界に迫ることになる。アッバース朝〔七五七～一二五八年〕においてイスラーム帝国は分裂するが、イベリア半島では後ウマイヤ朝〔七五六～一〇三一年〕がスペインのコルドバを首都とする。こうしてイスラーム帝国は地中海を挟んで東西からヨーロッパに迫って、キリスト教圏にとって常に意識せざるをえない脅威になったのである。

中世ヨーロッパの停滞した封建制社会に対して、イスラーム帝国はアッバース朝や後ウマイヤ朝において代表的な都市が形成され、文化の黄金時代を迎えた。例えばバグダードはアッバース朝下でティグリス川西岸に円城都市として建設されて、カリフの宮殿やモスクが壮麗な外観を呈した。ヘーゲルは「とりわけバグダードの宮殿はその外面的な壮麗さにおいて、また詩情と慣習の単純明快さによって輝き際立っていた」（下二三八）というように、都市バグダードの文化を高く評価している。またバグダードの「知恵の館」[18]には哲学や自然科学などの学者が集められ、古代ギリシアの学問を基礎にアラビア数字によるイスラーム科学が発達した。イベリア半島の後ウマイヤ朝の首都コルドバでは、中心のモスクの他に大図書館が建設されて多くの学者が活動し、またスペイン中部の都市トレドでは古代ギリシアの文献がアラビア語に翻訳され、後にラテン語に翻訳されてヨーロッパに伝わることになる。イスラームはキリスト教によって忘れられた古代ギリシア文化をヨーロッパに媒介する歴史的役割を果たした。イスラーム文化はキリスト教圏のヨーロッパ人にとって確かに非ヨーロッパ的な異文化ではあったが、中世ヨーロッパはアラブ人との接触によってイスラーム文化を受容してゆく。ヘーゲルはイスラーム文化を「西洋の原理を補完するもの」（下二二四）として位置づけ、例えば「ヨーロッパ人はアラブ人と接触することで、スペインにおける騎士道になった」（下二三七）というように、後の十字軍にもつながるヨーロッパの騎士道の源がアラブ人の勇敢さに求められるのである。

十字軍とその影響

キリスト教の中世ヨーロッパ世界がイスラーム教の脅威を宗教的に意識して反応したのは、十字軍である。この宗教運動は、セルジューク朝イスラームによるパレスチナの支配に対して、東ローマ帝国皇帝の要請を受けたローマ教皇の呼びかけによって、聖地イェルサレムを奪回するために、一〇九六年の第一回十字軍から始まった。分裂状態にあった西ヨーロッパのキリスト教世界がこの十字軍の運動によって一体になった歴史的意味について、ヘーゲルは次のように論じている。「このような侮辱を払いのけること、このことがキリスト教徒を完全に一つにしたのであり、そこにおいて戦争はあれやこれやの目的ではなく、むしろ唯一の目的〔聖地奪回〕を持つことになった」（下二七一）。確かに第一回十字軍は当初の目的であった聖地奪回に成功したにもかかわらず、しかしその後、イェルサレムでの攻防を繰り返しながら一三世紀末まで続いたこの運動も、その当初の目的を見失うことになる。ヘーゲルはキリスト教徒の思い込みの顚末を、「ここでこの〔聖〕墳墓において、究極の教えを感覚的なこのもののうちに見出すというキリスト教徒の思い込みは、消滅せざるをえなかった」（下二七三）と論じている。確かに十字軍は、ゴルゴタの丘の聖墳墓を奪回したものの、しかし現実に見たのは石で造られた「墳墓」や「十字架の木材」といった過去の物質的な遺物でしかなく、そこにキリストその人を感じることはできなかったというわけである。キリスト教徒はキリストの幻想を追い求めた反面、手に入れた物質的なものに失望した。ヘーゲルはこのような十字軍の結末を、偶像崇拝の幻滅として否定的に見ている。

しかし、キリスト教文化のなかに自己完結していた中世ヨーロッパ世界は、十字軍をきっかけとして近世への転換が開かれることになる。農耕中心の中世ヨーロッパの中でも西ヨーロッパの諸都市に、地中海を介した東方貿易によって商工業の発達が促されることになった。ヘーゲルはこうした新興都市のうちに、中世キリスト教世界が近世へと転換する萌芽を見ようとしている。すなわち都市の市民はもはや教会の中に閉じこもることなく、「感覚的なこのものがもはや教会の内にではなく、教会の外に見出される」（下二七五）というように、現実的な利益を教会の外に求めてゆくことになる。そのような活動の新たな形態は、「あらゆる種類の産業や手工業や商業」であり、それらが生じたのはイタリアのフィレンツェやヴェネツィア、北ドイツのハンザ同盟都市、そしてフランドル地方の諸都市である。これら世俗化の進んだ諸都市が、古代ギリシア文化再生のルネサンスや人文主義の舞台になった。またイスラーム文化圏からもたらされたアラビア数字による代数学などは、ヨーロッパ近代科学の基礎となったのである。

宗教改革と政治革命

こうした中世ヨーロッパ世界の世俗化を背景にして、中世から近世への宗教上の転換が生じたのは宗教改革によってである。カトリック教会の堕落を批判するボヘミアのフス（一三六九〜一四一五年）は、聖書に信仰の基礎を据える改革運動の先駆者となった。またドイツのマルティン・ルター（一四八三〜一五四六年）による宗教改革は、カトリック教会の販売する免罪符（贖宥状）に対して、一五一七年に九五カ条の論題によって批判したことを端緒とする。彼自身、アウグスティヌス修道会の修道士であるから、それは教会の外部からの批判ではなく、カトリック教会の堕落に対する内部からのプロテストである。ルターは魂の救済を外面的な善行（善行義認）などではなく、神への内面的な信仰（信仰義認）に求めた。神への信仰は、教会への金銭の寄進や善行によって代えることのできるものではないというわけである。

ヘーゲルは教会の堕落の原因について、「堕落の原理は教会のうちにこそあり、教会そのもののうちで形作られてきた」（下二八九）というように、カトリック教会そのもののうちに求めている。その堕落の原因は、救済を内面的な信仰ではなく、外面的な「感覚的なもの」に求める教会のあり方にあるとされる。ヘーゲルは堕落の最たるものを、信徒の救済の代償として金銭で購入される免罪符に見る。「教会が魂を堕落から救済するはず」でありながら、しかし「〔魂〕の救済という絶対的な目的そのもの」を免罪符（贖宥状）によって「まったく外面的な仕方で満たす」ということこそが「教会の究極の堕落」（下二九〇）であるというわけである。こうした教会の堕落に対して、「魂の憤激は最高度に高まらざるをえないし、そのような所業に対する憤激は必然的なものである」（下二九一）というように、宗教改革の動機が論じられる。

ルターはカトリック教会そのものに対立したわけではなくて、カトリック教会が本来の信仰から逸脱して堕落したことに対してプロテストしたのである。ヘーゲルはそうしたルターの立ち位置を次のように論じている。「ルターの教説はまったくカトリック的である。しかし〔ルターの教説からは〕外面性の関係に属するあらゆるものが切り離されているのであって、そしてただカトリック教会がこの関係に固執するかぎりで、カトリック教会はルターの教説に対立しているということである」（下二九五）。ここで言われている「外面性の関係」とは、本来の信仰に反する、教会が信者に求める免罪符などのまやかしである。したがってルターは、そもそもキリスト教の正統教義である三位一体を否定するのではなく、むしろそうしたキリスト教の原点に立ち返ろうとするのである。ヘーゲルもまた「三位一体の精神」をキリスト教の精神の「絶対的な本質」として、そこに「自由」の精神を結び付けて次のように論じている。「主観的な精神としての主観は、その本質である真なるものに自分自身の特殊性を否定して、自分のうちで関係することによって自由になる」（下二九六）。前にも触れたように、ヘーゲルは三位一体論のうちにイエス・キリストにおける神の啓示を見ていたが、それは神への服従ではなく、イエス・キリストとともに自分自身のもとにあるという信仰の自由なあり方を示すものである。

ヘーゲルはルターの宗教改革の精神を、端的に「精神的な自由の原理」（下二九二）のうちに見ている。ルターのその精神は、神の前ではキリスト教徒はすべて信仰において平等であって、いかなる権威に服従するものでもないという自由にある。ヘーゲルの言う「精神的な自由の原理」は、そうしたルターの自由の精神を踏まえたものである。「〔ルター派の〕教会のうちでは、宗教にふさわしい魂の絶対的な誠実さという自由が獲得されている」（下二九五）

というわけである。その意味でヘーゲルはプロテスタントとしての信仰の「内面性」に、外面性に捕らわれない精神的な自由を見ているといえよう。

しかし宗教改革は、精神の「内面性」には止まらず、現実世界における宗教戦争、世俗国家間の戦争へつながっていかざるをえなかった。それは、神聖ローマ帝国を舞台にして一六一八年から旧教カトリックと新教プロテスタントの間で戦われた三十年戦争で、ヘーゲルもまた「ほとんどヨーロッパ全体が関心を持った最も激しい闘いが、その後のドイツにおける有名な三十年戦争であった」（下三〇九）としている。その三十年戦争はドイツ国内における新旧両派間の宗教戦争から、ヨーロッパ諸国家の参戦する国際戦争にまで拡大することになったのである。最終的には一六四八年にウェストファリア講和条約が締結され、宗教的にはカトリックとプロテスタントの同権と並存が承認されることになる。この講和条約による三十年戦争の終息について、ヘーゲルの評価は必ずしも肯定的なものではない。「闘いは両〔カトリックとプロテスタント〕党派という両方の部分が非干渉で存立しうるという形で終結した」が、しかしそうした新旧両派の相互不干渉は「思想上の結果を残すこともなく」、また「宗教の統合が実現したわけでもなかった」（下三一〇）というわけである。しかしヘーゲルはこの講和条約が「宗教の自由を維持すること」を保証するという点では、肯定的に評価してもいる。またこの宗教戦争によって、政治的には名ばかりの神聖ローマ帝国の実質的支配が崩壊して主権国家体制が確立し、ドイツでもプロイセンなどの領邦国家に主権が認められたのである。

近代的な国家体制の確立によって、ヨーロッパ各国は絶対王政の時代に入り、そのことが政治革命へとつながってゆく。とりわけカトリック国フランスでは絶対王政に政治的自由主義が対立し、フランス革命が勃発する。それに対して宗教改革をなしとげたドイツでは、それが政治革命につながることはなかった。宗教改革と政治革命に関するヘーゲルの基本的立場は、「宗教の変革なくしては、真に政治的な変革である革命が生じることはありえない」（下三二五）というものである。政治革命については、「ロマン系諸国における主要事は王位の転覆」であり、「宗教の変革もなくただ政治的な革命だけが」遂行されたというように、フランスではカトリック教会の宗教上の変革もなしに王権の打倒だけが先行したというわけである。その結果、自由が「国家体制の原理」として据えられたとはいえ、その自由が既成の体制の暴力的な破壊に終わって、「精神の自由」が真に実現されることはなかった。それに対して、「プロテスタント教会の諸国はその革命をすでに成し遂げ、プロテスタント教会の諸国において革命はすでに終わっている」（下三三六）として、ヘーゲルは「精神の自由」がプロテスタントの諸国家において実現されていると強弁する。しかし領邦諸国家間の分裂を抱えたプロイセンは、統一国家としての政治的自由にはほど遠い現実だったのである。

フランス革命の混乱の中から登場して皇帝になったナポレオンは、神聖ローマ帝国の諸侯をライン同盟に組み込んで帝国から離脱させ、これにより神聖ローマ帝国は一八〇六年に消滅することになる。その後、一八一三年のライプツィヒの戦いでナポレオン軍にプロイセンやオーストリア等の連合軍が勝利し、ライン同盟もまた解体する。ナポレオン戦争後のウィーン会議によって、一八一五年にはオーストリア帝国を盟主とするドイツ連邦が成立するが、その中で今度は、カトリックのオーストリア帝国とプロテスタントのプロイセン王国が対抗するというウィーン体制の対立軸があらわになる。このようにヘーゲルの時代のヨーロッパの国家体制は、政治的のみならず宗教的な対立と葛藤の中にあって、その現実は「自由」とは乖離していたのである。

おわりに

世界史上に現れた宗教は、民族の神話に由来しながらも、その神的観念によって民族を越えて広がってきた。しかし普遍的になった宗教も、自然の中から形成されてきた歴史的経緯の痕跡を消去できるわけではなく、それぞれの民族の固有性を帯びている。民族を超えて広がった宗教でも、それを受容した民族に固有の自然と文化によって多様性を帯びざるをえない。世界史上の代表的な宗教を現代の文化圏という大きな区分でいえば、仏教文化圏、ヒンドゥー教文化圏、イスラーム教文化圏、キリスト教文化圏というように分けることができよう。こうした文化圏の違いを無視して、世界共通の統一宗教を構想することは不可能であろう。現代のＩＴ革命によって情報が瞬時に伝わる時代になっても、宗教の違いを解消して均質化することは難しい。なぜなら異なった宗教的文化圏は、自然の地域性と文化的伝統を基礎にして形成されてきたものだからである。

それぞれの民族の宗教は、自らの神を絶対化して他民族の神を排斥しがちである。その意味で、宗教を歴史的に考察する際に必要なのは、多文化主義の視点である。ヘーゲルの「世界史の哲学講義」（一八二二／二三年）を素材にしたのは、世界史上に現れた民族の宗教を理解しつつ、宗教をそうした多文化主義的な視点から論じているからである。しかし時としてヘーゲル自身のキリスト教プロテスタントとしての顔を覗かせ、また自らの宗教的立場を率直に語るのは、彼の宗教的生い立ちと当時の政治的－宗教的状況からしてやむをえないところではある。そこを割り引いて見てみると、世界史上に現れた神話の固有性と宗教の成り立ち、そして宗教の伝播と受容の多様な姿への視点が見えてくるのである。

科学技術を背景にした現代の文明がキリスト教文化圏に発することは、つとに論じられてきたところである。科学技術文明が生み出した成果と、そして現代に顕著に現れているその負の側面もまた、その源流にまで遡って解明されなければならない。それと同時に改めて目を向けなければならないのが、東洋世界の神話と宗教であり、そこにわれわれは人間と自然との根源的な関係、そして現代におけるその可能性を見出すことができよう。

注

（1）この邦訳については、ヘーゲル『世界史の哲学講義』（ベルリン、一八二二／二三年）、伊坂青司訳、講談社学術文庫、上・下巻、二〇一八年を参照。この邦訳からの引用箇所については、引用文の後に上・下の区別と頁数を付す。引用文中の〔　〕は訳者による補足である。

（2）サンスクリット語はインド・ヨーロッパ語族のインド・アーリア語派に属する言語で、その最古層は「ヴェーダ」にあり、ゾロアスター教の聖典『アヴェスター』の言語であるアヴェスター語とも共通する。

（3）インドにおけるカースト制の成立については、山崎元一『世界の歴史3 古代インドの文明と社会』中央公論社、一九九七年を参照。

（4）辻直四郎『ウパニシャッド』講談社学術文庫、一九九〇年、一六五頁。

（5）梵我一如を不二一元論として展開したヴェーダーンタ学派のシャンカラ（七〇〇〜七五〇年頃）によれば、経験世界の知は無明（無知）に捕らわれて梵我一如が覆い隠されており、アートマンが真の自己に目覚めることによってブラフマンとの一体性を自覚することができるとされる。シャンカラ『ウパデーシャ・サーハスリー』前田専学訳、岩波文庫、一九八八年、一八頁を参照。

（6）ヒンドゥー教における三神一体については、山下博司『ヒンドゥー教―インドという〈謎〉』講談社、二〇〇四年を参照。

（7）龍樹の「空」の思想については、立川武蔵『空の思想史』講談社学術文庫、二〇〇三年を参照。

（8）インド＝ヨーロッパ語族のアーリア人のうち、イランに広がったのがイラン系アーリア人でゾロアスター教の中核を担い、他方でインダス川上流域からインドに入ったのがインド系アーリア人でバラモン教を担うことになった。アーリア人の系譜については、青木健『アーリア人』講談社選書メチエ、二〇〇九年を参照。
（9）ペルシア帝国はアレクサンドロス大王の東方遠征によって一度崩壊し、インド西部に避難したゾロアスター教徒はパールシー教徒と呼ばれ、『アヴェスター』の写本によってゾロアスター教の教義を後に伝えることになった。
（10）ゾロアスター教の歴史については、青木健『ゾロアスター教』講談社選書メチエ、二〇〇八年を参照。
（11）『アヴェスター』「ヤスナ」書第二九章からの引用は、『アヴェスター』伊藤義教訳、ちくま学芸文庫、二〇一二年からで、引用文に頁数を付す。
（12）ミスラの神がミトラ教としてローマ帝国に伝播したことについては、メアリー・ボイス『ゾロアスター教』山本由美子訳、講談社学術文庫、二〇一〇年、一九五頁、およびフランツ・キュモン『ミトラの密儀』小川英雄訳、ちくま学芸文庫、二〇一八年を参照。
（13）イスラエル人にとっての唯一神ヤハウェの容赦なく裁くイメージに、バアル神の荒々しいイメージが投影されていることについては、山我哲雄『一神教の起源』筑摩書房、二〇一三年を参照。
（14）以下、『旧約聖書』と『新約聖書』からの引用は、『聖書』（日本聖書協会刊、一九九〇年）によって、当該箇所を頁数とセンテンス番号で示す。
（15）キリスト教史における三位一体論の論争については、山我哲雄『キリスト教入門』岩波書店、二〇一四年を参照。
（16）四元素を四角形として文様化した図については、ラレ・バフティヤル『スーフィー　イスラムの神秘階梯』竹下政孝訳、平凡社、一九八二年、八二頁を参照。
（17）同一九頁以下を参照。
（18）高山博『ヨーロッパとイスラーム世界』山川出版社、二〇〇七年、五七頁を参照。

第二章　日本の自然観の変遷
——神信仰と外来思想との関係をめぐって

上原雅文

本論考は、日本で展開してきた自然観の変遷を、古代から近世まで辿ることを目的とする。対象とする思想（時代）は、神信仰（古代）、仏教（古代・中世）、儒学（近世）である。ここでは、「自然観」という概念を、「自然」・「超越観念」・「人間」という三項の相互関係もしくはシステムの中での「自然」の意味として用いる。「超越観念」とは、（本論考に関係するものでは）日本の神信仰における「神」、仏教における「真如・仏」、儒学における「天（天道・天理）」、セム的一神教の「神（God）」などの総称である。

日本にはインド由来の仏教、中国由来の儒学（儒教）が移入され、それぞれの移入以前の神信仰とともに相互に関係しつつ展開してきた歴史がある。幸いなことに、インド・中国・朝鮮で失われた伝統が、変容しつつも残存している。そのことを岡倉天心は、日本の「民族のふしぎな天性は、この民族をして、古いものを失うことなしに新しいものを歓迎する生ける不二元論《アドヴァイティズム》の精神をもって、過去の諸理想のすべての面に意を留めせしめて」おり、日本はあたかも「アジア文明の博物館」と言ってもいいような状況にあると述べている。[1] 換言すれば、日本はアジア諸思想がせめぎ合う実験場だった。であるならば、日本で展開してきた自然観の変遷についての考察は、アジアで展開した様々な思想についての、もしくはそれらの相互関係についての原理的研究につながると考えられる。それは、西洋の超越観念（主に「イデア」「神（God）」）や自然観と比較する際の前提となるであろう。

1　神信仰の自然観と「神」

1-1　意味づけられた自然物と「もの神」

外来思想移入以前に日本人が抱いていた信仰を、本論文では「神信仰」と呼ぶことにする。そこでの超越観念は、文字が移入されて以降、「神」と表記されたが、大和言葉で「カミ」と呼ばれていた存在に当てられた文字であって、「カミ」の意味と中国での「神」の意味とが全く同じというわけではない（本論考ではその比較は省略する）。「カミ」とその信仰・儀礼などについては、縄文・弥生・古墳時代の遺跡・遺物などからも類推されているが、本論考では文献に見られる事柄に限定してその内容を辿ることとするため、「神」の表記を採る。主に八世紀に文字化された『古事記』『日本書紀』『風土記』『万葉集』などがその題材となる。

以下の引用文は、日本の神や自然観を描こうとした先行研究に必ずと言っていいほど引用されている箇所である。

　葦原中国は、磐根・木株・草葉も猶し能く言語《ものい》ふ。夜は熛火《ほへ》の若《もころ》に喧響《おとな》ひ、昼は五月蠅如《さばへな》す沸騰《わきあが》る。（『日本書紀』神代下第九段一書第六、一五一頁）

　彼の地（葦原中国）に、多《さは》に蛍火なす光る神と蠅声《さばへ》なす邪神と有り。復、草木みな能く言語《ものいふこと》有り。（『日本書紀』神代下第九段正文、一一一頁）

この引用文は、神話において、天空にある「高天原」から地上の「葦原中国」を見た際の（文字通り上から目線での）、地上の様態を表現したものである。「高天原」では、「磐根」「木株」「草葉（木）」や「言語」「光」はそれぞれ意味づけられ区別され、同一性をもった様態を持ち、決して草木や岩が燃える火のように騒いだり五月蠅く語ったりはしない。それが前提になった記述だろう。「高天原」はそれら個々の自然物への意味づけが十全な秩序ある世界であり、地上は意味づけが欠けた世界、あるいは意味づけ以前の不可思議な様態にある世界として表現されているのである。

そしてここでは、その不可思議な、火のように光り、言語を発する岩・草木のわき上がるような（「沸騰る」）威力を持った存在の様態が、「神」「邪神」と表現されている。つまり、意味づけを欠いた不可思議な威力ある存在が「神」とされているのである。「神」は、「磐根・木株・草葉（草木）」に内在しているようでもあり、あるいは「光る神」や「熛火」がそれら自然物に憑依して働いているようでもある。いずれにせよ、不可思議な「なにものか」としか言いようのない威力ある存在としての「神」は、岩や草木といった自然物に即する形で存在している。本論考では、そのような自然物に即して働き存在する神を「もの神」と呼ぶこととする。(2)

1-2　「もの神」の立ち現れと祭祀

上記の、岩や草木が五月蠅く言語を発する地上の様態は、とても人間と共存できる世界とは言えない。だからこそ、「高天原」からみて人間の住めない大地と見なされているのである。単に住めないだけではない。『肥前国風土記』には、「昔者、この川の西に荒ぶる神有り。行路く人多に殺害され、半ばは凌ぎ、半ばは殺にき」（『風土記』、三八三頁）という記述がある。「荒ぶる神」はある特定の場所（「この川の西」）に存在し、そこを通る人々の半数を「殺」す。また『常陸国風土記』では、「天より降」って来た「天つ神」が「東の大きな山」の「松の樹の八股の上」に居て、その「神の祟り」が甚だしく、その方向に向かって「大小便」をなすと「わざわひを示し疾苦を致」したと語られている(『風土記』、八五頁)。

川や松の樹という自然物に即して働き存在するところから、『風土記』に描かれた「荒ぶる神」なども「もの神」と考えられる。そしてこれらの例から、「もの神」は、決して自然物全般ではなく、生活世界の辺境にある〝特定の〟「川」や「山」「樹木」などに限定的に存在していると考えられていたことが分かる。『常陸国風土記』の例では、「もの神」は「天」や海山の彼方から突然やってきて、特定の自然物に依り憑き、それに触れた人間に対して「祟り」をなす(3)。

「祟り」とは、「立ち現れ」を意味する古語である。「春立つ」の「立つ」と語源的に共通し、目に見えない、隠れていたものが目に見えるようになること、の意である。「もの神」の立ち現れ(祟り)は「わざわひ」即ち災厄として捉えられていた。ここから、「もの神」は災厄をもたらすほどの畏怖すべき威力をもった存在である、という古代の神観念の端的な特徴が窺えるだろう。不可思議で荒々しい威力を持つ「もの神」の立ち現れは、人々が生きている生活世界にとって災いなのである。

しかし人々は神の「祟り」に対して無力だったわけではなく、「祭祀」という神への対処を行った。神の祟りと祭祀について記述された端的な例を、以下に挙げる。

(欽明天皇)の御世、天の下国こぞりて風吹き雨ふりて、百姓うれへき、その時、卜部、……卜へしめたまふに、乃ち卜へて、賀茂の神の祟なりと奏しき。よりて……祀るに、馬は鈴を係け、人は猪の頭を蒙りて、駈馳《はせ》せて、祭祀をなして、能く禱ぎ祀らしめたまひき。よりて五穀成就り、天の下豊平《わたか》なりき。馬に乗ること此に始まれり。

（『風土記』、四一六頁）

「風吹き雨ふりて、百姓うれへき」というような暴風雨などの自然災害・災厄も「神の祟り」とされている。ここでは、人々は祟った「神」を「卜」（占い）によって名を持つ神（「賀茂の神」）として特定した後（つまり、人間との関係を取り付けるための最初の〝意味づけ〟を行った後）、「もの神」を「禱ぎ祀」った。そして、神への「祭祀」によって「五穀成就り、天の下豊平」という事態が生じたと語られている。

「もの神」の不可思議で荒々しい威力は人間の祭祀を介することによって、人間に豊穣（「五穀成就」）や安穏（「豊平」）をもたらす安定した生成力へと変容すると考えられたのである。「もの神」の生成的な威力を表現した代表的な言葉が「ムスビ」である。「ムス」は「こけむす」と言うように、生成・繁殖・増殖の意であり、「ビ」は「ヒ」であり神としての霊力を意味する。すなわち、「ムスビ」は万物を生成する霊力を意味する言辞であり、『古事記』においては「産巣日」、『日本書紀』では「産霊」というように神名として漢字表記されている。生成力それ自体は穏やかであるとは限らない。雨（水）や風（空気）や太陽は生成力の要因であるが、暴風雨や日照りなどの過剰な働きをなす場合は、人々に災厄をもたらすからである。災厄をもたらすほどの過剰で荒々しい生成的威力こそ、人々が「神」と名付けたものであった。荒々しい威力が強大なほどに、祭祀後の豊穣の大きさも期待されたのである。

祭祀による神の変容は、古語において神の「和み」「和らぎ」と表現されている。祭祀においては、「もの神」は擬人化されている。「和み・和らぎ」は、擬人化された「もの神」の様態であり、人々と「もの神」とが融和した事態を表現した言葉とも言えよう。暴風雨など、自然物に即して現れた不可思議で荒々しい威力を持つ「もの神」を、占いなどによって名前を持つ神として擬人化した時から、融和は始まっているとも言える。

折口信夫は「まつるという語には、服従の意味がある。まつらふも同様である」[4]。と言う。つまり、祭祀とは擬人化された「もの神」の意思を推し量り、その意思・欲望に適うように、饗応し、「もの神」の威力を和らげ、安定的な生成力へと変容させること（もしくは安定的な生成を祈願すること）であった。酒食（神饌）、音曲、巫女による舞などによる神の饗応は、現代でも見られる祭祀の方法である。

一般的に（宗教学などで）、神的威力は、生成と破壊、豊穣と災厄という相反する事態を引き起こす両義的な威力であるとされる。心的志向性においては、それに対応して畏怖と魅惑という相反した感情・志向性が抱かれることになる[5]。日本の神信仰における「もの神」も同様である。しかし、「もの神」の災厄と豊穣に見られるのは静的な両義性ではない。そこには祭祀儀礼を介した時間的・空間的なプロセスがあることを看過してはならないだろう。動的・時間的な関係において、はじめて両義性が実現しているからである。

1-3　祭祀という〝哲学〟

ここには、祭祀儀礼や神話において表現された、古代人の〝隠れた哲学〟が窺える。自然物が「もの神」の威力によって生成したものであると見なすことは、自然物の存在根拠、そして我々人間の存在根拠としての超越的な「存在そのもの」が「もの神」の背後に予感された（あるいは同一視された）、ということである。本論考では、「存在そのもの」という概念を、「なぜ」存在するのかという我々人間の問い、換言すれば、究極の生きる意味への問いに対する〝答え〟にかかわる概念として用いる。「もの神」は、祭祀を介して、存在根拠としての「存在そのもの」を予感させる存在として意味づけられているのである。また、豊穣や安穏が「和」らいだ「もの神」によってもたらされると見なすことは、〝幸福〟が、単なる衣食住の充足（自然物との関係の充足）を超えて、「もの神」と融和した事態に希求されたということが窺えるだろう。つまり、神信仰における〝答え〟は、「もの神」との融和それ自体（同時にそれによって実感される幸福感）にあったと言える。「もの神」との融和のうちに、人々は、生きていること自体の〝答え〟、つまり存在していることへの絶対的な肯定感情を抱いたと言えるだろう。

この神信仰に見られる自然観を、西洋のいわゆる物活論もしくはソクラテス以前の自然哲学者（フォアゾクラティカー）に見られる生成的自然観と同一視してはならない[6]。この〝哲学〟の求めた〝答え〟は、テオーリア（「観相」）の対象なのではなく、人間の行為が介入した時間的・空間的な動的プロセスにおいて現実化し体験されるものである。人間と「もの神」との乖離（祟り）・緊張を孕みつつ人間と「もの神」との協働によって融和に至る過程とその結末において、〝答え〟が実感される。そこで実現している「知」とは、いわば「演劇的な知」なのである。

その「演劇的な知」は、筋書きがあるにせよ、「もの神」という「他者」とともに協働するプロセスであるため、安定的に獲得できるわけではない。祭祀を行ってもそれが失敗するかも知れないという不安定さは避けられない。興味深いことに、神話においてはむしろ失敗が積極的に語られているのである。『古事記』上巻神話では、イザナミの死、スサノヲの高天原での祭祀の妨害、アマテラスの岩戸隠れなどである。神話の作者（祭祀の実修者達）は、これら祭祀者達の蹉跌の語りにおいて、むしろ「もの神」の見通しがたい、不可思議性（以下、「外部性」とも表記する。通常の思議（知）では把握不可能な「外部」という性質の意）を際立たせようとしたのではないだろうか[7]。神信仰における「もの神」の外部性は、日本人の超越観念を考察する上で重要である。「もの神」が擬人化されていたにもかかわらず、平安時代初期に至るまで神像（偶像）が造られなかった（それ以降も部分的である）ことにも、外部性・不可思議性を際立たせようとする持続した意識が窺われるのである[8]。

1-4 神話と「ひと神」

神信仰的自然観においては、自然が自然として成立するためには（〝答え〟が実感されるためには）、祭祀とそれを実施する祭祀者は不可欠な存在である。しかも祭祀は不安定さが避けられない動的なプロセスである。それ故に、その不安定さに対応して、優秀な祭祀者が神格化され神聖視されるようになったと考えられる。

優秀な祭祀者の能力とは、神を強く希求し、神の意思を推し量り、求めに応じて時に神を憑依させ、神と融和する働きに長けていることである。(9)

『古事記』上巻神話は、それら優秀な祭祀者をめぐって語られた神話である。そこで語られているのは自然物が擬人化・神格化された「もの神」の神話ではない。皇祖神「天照大神」（以下、アマテラスと表記する）は、「高天原」で「もの神」を祀っている巫女でありながら、その特権的な優秀さの故に、「神」と呼ばれている。アマテラス以外にもその弟スサノヲ、彼らの父母とみなされるイザナキ・イザナミ、オホクニヌシなど、『古事記』上巻神話に登場する「神々」のほとんどは、「もの神」を祀る祭祀者である(10)（『古事記』上巻神話で一例使用されている「八百万神」は高天原の祭祀者達を指した言葉である）。『古事記』上巻神話は、アマテラスの子孫としての天皇の特権的な神聖性を語る政治的な神話である。天皇は地上で「もの神」を祀る祭祀者であり、神話に裏付けられることによって尊貴性・特権性を付与され、『万葉集』で「大王は神にし坐せば」あるいは「明つ神」とも詠まれることになるのである。

天皇を含む、神と見なされた祭祀者は、外部の「もの神」と内部の人々との「媒介者」である。そのような媒介者を神格化することは「もの神」の外部性からの必然だったのであり、『古事記』神話以外にも見られた、一般的な神信仰における重要な要因であったと言えるだろう。『古事記』上巻神話は、一般的な神信仰を背景にして政治的に構想されたものである。問題は多いが(11)、ここでは、天皇の神聖性を根拠づけようとした『古事記』神話に見られる神観念を整理しておこう。

アマテラスやイザナキなどの祭祀者は人間であるため、「もの神」ではない。本論考では、人間を「神」（もしくは「神に準じる存在」）と見なした存在を「ひと神」と呼ぶことにしよう（死後の霊魂を神として祭った場合も含む）。神話は「高天原」という天空にある祭祀空間を設定している。そこにいる祭祀者「ひと神」は「天つ神」と呼ばれている（例えばタカミムスビは「もの神」としてのムスビ（生成力）を祀る祭祀者である）。アマテラスは、数多くの「天つ神」によって祀られる特権的な「ひと神」である（和辻は「祀られるとともに祀る神」と表現した）。地上にも、地上の「もの神」を祀る祭祀者「ひと神」がいて「国つ神」と呼ばれる。神話において、天皇の祖先は特権的なアマテラスの子孫として地上に降臨したが故に、他の「国つ神」よりも優秀で神聖な祭祀者とされるのである。

天空や地上には多数の「もの神」が想定され、それらを祀る数多くの祭祀者としての「ひと神」が想定されているのである（多くは「もの神」の名を名乗る）[12]。憑依が祭祀の基本だからであろう）。多数の「もの神」においては唯一性の強調は見られないし、それらを抽象化することも見られないが、多数の「ひと神」においてはアマテラスと天皇という系譜で唯一性が析出されている。排他的ではなく、多数性を統括する（あるいは縁戚関係で関係づける）ピラミッド型の頂点に位置するような唯一性の表現である。

1-5　神と自然景物・景観

これまで見てきたように「もの神」は自然物に即して働く、荒々しく不可思議な生成的威力である。しかし少なくとも、自然物全体に「もの神」が実感されていたわけではない。先に引いた『風土記』では、生活世界の辺境にある〝特定の〟「川」や「山」「樹木」という自然物の場所やその「上」に「もの神」が限定的に存在しているという表現がされていた。暴風雨の形を取る「もの神」は〝特定の〟時間に雨風という自然物に即して立ち現れる。「もの神」が特定の時空に現出するという点は、いわゆるアニミズムとの相違点として押さえておきたい点である[13]。

では、その「もの神」が自然物に内在しているのか外在するのかは、どう考えられていたのだろうか。『風土記』の例では、「もの神」は天空や海山の彼方から突然やってきて、特定の自然物に「依り憑き」、それに触れた人間に対して「祟り」をなす。暴風雨もそうであると言えようが（『風土記』によれば「賀茂の神」も天空から降ってきた神である）、空間的な外部から突然やってくる存在であると考えられたようである（折口信夫が日本の神を「客人（まれびと）」「外来魂」と呼んだように、である）。

『古事記』で語られる古代最大の祟り神である「大物主」は、オオクニヌシの時代に海の彼方からやってきて大和の三諸山（後の三輪山）に祀られ、オオクニヌシの「国作り」に協力し、それ以降その山に祀られて憑着する（憑依・定着する）ことになったと語られている。崇神天皇条で語られる、民の半数をも疫病で殺すほどの祟りは、その三輪山に憑着していた「大物主」の仕業であった。ここには、自然物に外在する「もの神」が遠くから来臨し、特定の自然物に憑依・定着し（内在化し）、内在化しつつもその由来が外部にあるために不可思議で荒々しい性質、つまり外部性を発揮し続ける、という関係が見られる[14]。

外部性という性質の空間化表象として、天空や海山の彼方に「もの神」の世界が想定されている。つまり、外部の「もの神」への畏怖の志向性が、「もの神」が生活世界の「空間的」外部に存在するという形象化をなさしめたのであろう。海山の彼方（奥山・海原）に「もの神」の集中する世界が想定される（「常世」とも表記される世界。沖縄などでは「ニライカナイ」などと呼ばれる海の彼方の神々の世界）。

しかし、遠ざけつつも「もの神」にはこの世界に来てもらわなければならない。豊穣や安穏をもたらす（生きる意味を実感させる）ものとして魅惑的な威力だからだ。その両義的で相反する志向性が、「もの神」が外部から来臨して特異な自然物に内在しているという表象として語られていると考えられる。

また、具体的な例は省略するが、両義的な志向性は神の祭祀儀礼にも反映している。祭祀は、神を外部から迎える→神を饗応し和め神と融和する→神を外部へと送る、という空間的・時間的形式をとる(15)。神は魅惑の対象として迎えられ、融和の後は、畏怖の対象として帰ってもらわなければならないのである。

以上の、神と自然に関する思想を反映して、環境としての自然景観が意味づけられて構造化される。海山の彼方から「もの神」を迎える場所、あるいは「もの神」が憑依してくる自然物（「依代《よりしろ》」と呼ばれる）が特定され、聖別される。円錐形をした特定の里山（「神奈備《かんなび》山」）や島（「神島・御島・三島」など）、奥山と海原とをつなぐ川、滝、井泉、池など水に関する特定の場所、特定の樹木・岩（「磐座《いわくら》」）、動物（蛇・狐・狼など）である。時には、人為的に木を立て（「神籬《ひもろぎ》」）、岩囲い（「磐境《いわさか》」）をつくって神を迎える場合もある(16)。

そして自然物の場合、依代でありつつもそこに「もの神」が憑着し、それ自体が神と見なされたもした（「神島」などは島自体が神と見なされている名辞であろう。「神体山」という現代でも使用される名辞は、その山が神そのものと見なされていることを物語る。三輪山がその典型）。その他、水の神、川の神、風の神、石神、そして猿神や蛇神など、多くの自然物が「もの神」が憑着した「神々」と見なされて、祀られることになった(17)。祭祀の場所の多くは、「もの神」が畏怖の対象であるゆえに、当然ながら、日常的な生活世界の周縁（辺境）に設定される(18)。

それら、聖別され、神聖視された自然物は、祭祀という特定の時間において「もの神」に触れるために意味づけられた「媒介物」である。それらは祭祀という動的プロセスが実施される場所であり、祭祀者とともに、そのプロセスにおける重要な役割を担う自然物なのである。祭祀の場において、それらの自然物を見、その場所に立つことは、

「もの神」と融和した豊穣と安穏を実感し、「存在そのもの」を実感することを可能にさせたのである。

1-6　和歌と自然観

祭祀を通じて豊穣を実感させる自然物・景観の様態は、和歌に詠まれた。

『万葉集』では、祭祀者としての天皇の「国見」儀礼（国土の「もの神」を祀り予祝する儀礼）が次のように詠まれている。

やすみしし　わが大君の　見し給ふ　吉野の宮は　山高み　雲そたな引く　川速み　瀬の音そ清き　神さびて　見れば貴く　宜しなへ　見れば清けし　この山の　尽きばのみこそ　この川の　絶えばのみこそ　ももしきの　大宮所　止む時もあらめ（巻第六・一〇〇六）

この歌は、天平八（七三六）年、聖武天皇の吉野行幸に際して山部宿弥赤人が詠んだものである。天皇が国見という祭祀を行ったとされる吉野宮は、奈良の都からほど遠い、（今の感覚で言えば）山奥の地にある祭祀場である。むろん奈良の都は見えない。「国」全体の豊穣をもたらすほどの強力な神が宿る場所だからこそ、都から離れた奥山に祭祀場が設けられたのだろう。その場所は狭い盆地で、荒々しい巨岩がむき出しに連なった吉野川の渓流に囲まれ、その川のはるか向こうの連山の彼方に円錐形の神奈備山である青根ヶ峰が際立つように望める場所である。「もの神」の祭祀にふさわしい辺境的な景観と言える。

そしてここで、「吉野の宮」を囲む高くそびえる「山」や「川」そして「瀬の音」が「清し」「清けし」「神さびて」

と、自然物が賞賛されている。祭祀を通じて立ち現れ実感された自然物についての表現であろうが、「清し」「清けし」「神さびて」という言葉はどのような意味として用いられているのだろうか。

『万葉集』で、自然物を賞賛して表現する文字（訓）は、「貴」もあるが圧倒的に「清」が多い。「清」という形容詞の対象となっている自然物は、「川・川の音」「瀬・瀬の音・川の瀬」「滝」「河内」「白波」「川原」「走井水」などの川に関する自然物、および「浜・浜辺・白浜」「荒磯・磯」「波・波の音」「（海の）底」「渚」などの海に関するものが圧倒的に多い。「山」に関しては「高」の文字（訓）が使用されているが、多くは「川」とセットであり（「山川」が「清」と詠まれている例もある）、上記の川に関する自然物もその背景に「山」が見据えられていたことが窺える。「山」が「清」と賞賛されている例としては数少ないが「山辺」がある。また「月・月夜・（月の）光」も「清」として多く詠まれている。その他、「風の音」「野辺」「（秋風の）夕」「松原」「御田屋」「道」などが、数少ないが「清」として詠まれている自然物である。(19) 詠まれている場所や自然物の多くは、総じて言えば現代語の「清」（きよらかさ、すがすがしさ、透明）のイメージを持っていないように思われる。辺境にあって、寂しく近寄りがたいイメージである。水に関する場所は、「荒磯」「滝」「瀬」など、むしろ荒々しいイメージを持つ。

つまり、「清し」「清けし」として詠まれた自然物は、不可思議な「もの神」の憑依あるいは憑着を予感させる景物だったのではないだろうか。自然物・景物を、「もの神」が生成し、「もの神」がそこに宿って働いている実感の表現、とも言える。故に「神さびて」とも詠まれたのである。

和歌はまた、祭祀の一部でもあったと考えられていた。祭祀が、荒々しく祟っている「もの神」の「名」を特定すること（言葉によって「もの神」と融和しようとすること）から始まっていたように、言葉は「もの神」に作用する力を帯びていると考えられていた。そして、折口信夫の言うように、歌の言辞が「神授（と信ぜられた）」「呪言」「神憑《がゝ》りの精神状態から来る詞章」、つまり神を祀る祭祀者が発する神の言葉に由来するとすれば、その言辞は日常的言語とは異なり、「もの神」により強く作用すると考えられたのだろう。[20]「もの神」が実感されるような自然物・場所などを和歌に詠むことによって、その空間に、和らいだ「もの神」の生成力の顕現を願ったと言えよう。

時代は下るが、『古今和歌集』(一〇世紀初頭)では、「花鳥風月」といった美的自然観が成立したとされる。本論考で論じた神信仰の自然観とは多少異なる自然観として改めて考察しなければならないが、少なくとも、『古今和歌集』で詠まれている「美」的な自然物は、『万葉集』の「清」としての自然物の延長上にあり、「もの神」による自然物の穏やかな生成と豊穣を表現したものであることは言えるだろう。

『古今和歌集』の「仮名序」に、「やまとうたは、……力をも入れずして天地を動かし、目に見えぬ鬼神をもあはれと思はせ」る、とある。また同じく「仮名序」で、三十一文字の和歌の始まりを祭祀者である「すさのをの命」に帰したように、和歌の始まりを祭祀者の言辞として捉え直している。実際の祭祀で和歌が用いられたのではなく、和歌の意味と正統性を比喩的に表現したものであるにせよ、「もの神」祭祀の展開の一つとして、つまり新たな〝祭祀〟として和歌は捉え直されたのである。その〝祭祀〟は、言葉の表現技巧(修辞)による祭祀と言えるだろう。

しかし言葉はそれ自体が理念性を帯びて独立する傾向を持つ。「もの神」が穏やかに生成した豊穣的世界が言葉によって理念化され、抽象的・理念的で独立した形而上的な世界を構成するに至る。佐藤によれば、それが「花鳥風月」の〝美的世界〟である。[21]佐藤の論を敷衍して言えば、『古今和歌集』においては、外部の「もの神」の世界とは別に、あるいはそれに重ねられるように、同じく外部に美的な理念的世界が想定されている。理念的世界としての「花鳥風月」はいわばイデアである。そして、歌に詠まれる美的な自然物は、外部の美的世界のイデアを宿して立ち現れたものとして詠まれている。「花」においては春の梅、桜、山吹、夏の花橘、秋の紅葉、女郎花、萩、菊、「鳥」

において は春の鶯、帰雁、夏のほととぎす、秋の雁、というように。

佐藤の論じた、美的な理念的世界の成立を、「もの神」祭祀との関係で考えてみよう。「もの神」は五穀を生成し豊穣をもたらすとともに、花などの美的な自然物も生成する。その意味では、美的自然物は「もの神」に内在する生成意思の一つとしてあると考えられたであろう。しかし五穀と同様に安定的生成は確約されないし、なによりも美は移ろいやすい。無常である。和歌の言葉は、その美を「もの神」に内在する生成意思として理念化し永遠化しようとしたことに由来するものだと言えるだろう。

神信仰における祭祀では、「もの神」の荒々しく不可思議な威力が和められて穏やかな生成力として働くことになり、豊穣がもたらされ、人々との融和が実現する。和歌の言葉による理念化においては、「もの神」の荒々しい威力は、内在する美的な方向性へと固定され、あらかじめ祭祀が完了した美的豊穣の世界を理念として構成したと言えよう。「花鳥風月」という美的世界は、美的豊穣へと向かう「もの神」の意思とそれを願う我々人間との協働によって成立した理念的・抽象的で形而上的な世界なのである。

人々は和歌を詠むことによって美的自然物に（それがたとえ現前していなくとも、つまり題詠であって、観念的な景物であっても）、「もの神」の生成的威力を実感し、そこに「存在そのもの」を感じ取ったと言えよう。一例を挙げよう。「年ふればよはひは老いぬしかはあれど花をし見ればもの思いもなし　巻一春上　前太政大臣」の歌では、「花」を見ることで、老いた自己の「もの思い」という悲苦が忘れられると詠む。今の自己の、限られた命を持って存在していることが超えられて、永遠な美的世界と一体となり、存在の根拠としての「存在そのもの」の側から肯定されている。その実感が詠まれているのであろう。

（以上の神信仰に関する論は、拙稿「日本の自然観の変遷（その一）─原初神道における─」（『人文研究』№１９０、神奈川大学人文学会、二〇一七年）の一部を改稿したものである。）「花鳥風月」は、その後の日本人の自然景物を見る理念型となったとされている。

2　仏教の影響による自然観と神観念の変容

2－1　仏教および大乗仏教

「もの神」とそれに関わる自然観は、六世紀以来の仏教移入によってどのように変容したのであろうか。まずは仏教思想の概要をまとめておこう。

ブッダ buddha（仏陀・仏）とは「覚者」と意訳される一般名詞である（「仏陀」は音写）。現代では一般に「普遍的な真理を悟った者」と説明される。ここでいう「真理」とは、サンスクリット語のダルマ dharma であり、「法」と漢訳される。あるいは「真如」「如」「諸法実相」「法性」などとも表現される。「真如」「如」は tathatā（「そのよう（tathā）であること（-tā）」）の意訳で、「ありのまま、真実のありよう」の意である。対象としているのは、人間（自己・他者）の身体や自然物などの事物、また事物の働きや自己と他者・事物との関係（心の様態）などの事象、つまり「すべての存在するもの」（諸法）、である（以下、存在するものを「存在者」と呼ぶ）。これらの漢語の意を汲み取り（「諸法実相」に近い意味で）、ブッダとして「悟る」べき存在者のありようを本論考では「真実相」と呼ぶことにする。[22]

「真実相を認識すること、知ること」の意で用いられる「悟」「覚」は、サンスクリットの bodhi の意訳で、音写が「菩提」である。しかしそれは、通常の認識や知とは異なる。通常の認識や知は「煩悩」（自己中心的な知と情欲、我欲）にまみれており、真実相が捉えられないとされる。その煩悩が「滅したとき」に、目覚めたように真実相が顕現するとされた。この認識と知のありようを、本論考では「覚知」と呼ぶこととする。[23]

真実相の内容としては、「無常」「無我」「縁起」「因果の理法」などが代表的である。大乗仏教では、端的に「空」（「無自性」、すなわち「自性」（実体性）が無いこと）と表現される。しかしこれらの言語で表現された内容が真実相そのものというわけではない。大乗仏教で「空を空ずる」ということが強調されるが、それは「空」という言語にすらとらわれてはならないということであり、真実相は「空」という言語をも超えた事態としてある、という意味である。経典は教祖であるゴータマ（釈迦仏）が人々に合わせて教えた言葉（対機説法）の記録であり、真実相を伝えようとしたものであるにせよ、それは真実相に近づくための単なる手がかり（方便）に過ぎないとされる。

仏教には、通常の認識や知、つまり人間の側からの主体的な知を、その背後に我欲があるとして根源的に批判した認識批判という面がある。そして、通常の自我による言語を用いた知の働きが滅したとき、あたかも〝向こう側から〟立ち現れてくるとしか言いようのないのが、真実相なのである。

仏教の教えの中心は苦悩からの救済である。人間を含む生きとし生けるもの（衆生《しゅじょう》）は、真実相を覚知せず（無明《むみょう》）、自己中心的な知と情欲（煩悩）によって存在者を実体として捉えて執着し、そのために苦悩している。真実相を覚知するならば、絶対的平安（涅槃《ねはん》）に至ることが出来るとされる。

苦悩する世界（娑婆）は、人間界だけではない。衆生は、生前の善悪の行為（業）の応報として、六道（天、人、阿修羅、畜生、餓鬼、地獄）へ生まれ変わる（輪廻転生）。六道はすべて苦悩の世界であり、仏になること以外に救済はない。六道のうちの「天」は、サンスクリットのデーヴァ deva（神）の漢訳である。インドでは、自然神などの神々は仏教的世界観に取り入れられ、死すべき者であって、苦悩は免れられないとされたのである。

紀元前後に仏教改革運動としておこった大乗仏教は、自利・利他（自己救済・他者救済）ともに実現しようとする目的を持った。仏とその前段階にある菩薩（bodhisattva の音写である「菩提薩埵」の略とされる。観音菩薩など）は他者救済（慈悲）を行い続ける超越的存在とされた。

2-2 仏教の存在論と神

仏教は、存在論としては、創造神ブラフマン（梵天）を存在の根拠とみなす。ブラフマン（梵天）はウパニシャッド哲学において説かれた汎神論的な神であり、世界全体を生成もしくは創造する「存在そのもの」である[24]。その梵天がゴータマに教えを説くよう勧めるという伝説がある（梵天勧請）。

仏教の開祖ゴータマが三五歳で菩提樹の下で覚知を得たとき、梵天がゴータマの前に現れて教えを説くよう勧める。梵天は、ゴータマの教えがなければ「この世は滅びる」と考えたからであると伝説は説く[25]。そして三度目の勧めでやっとゴータマは伝道を決意する。

この伝説の意味については様々に論じられているが、ここでは仏教の説く真実相と「存在そのもの」との関係を告げている伝説として考えたい。

世界を生成・創造し、すべての存在者を存在させている生成的な働き（梵天）から、その「知」がなければ「世界が滅びる」と見なされていることは、つまり、真実相は世界を生成・創造し存在させる、その秩序や関係の真実のありようであると言えるのではないだろうか。真実相が失われれば、世界は安定的に秩序をもって生成しない。逆に言えば、生成力そのものは混乱と破壊へと向かう可能性を持っているということである。

一般に、存在の根拠としての「存在そのもの」には、存在させる・生成するという存在の質料的側面（いわば事実存在）と、形や秩序をもたせるという形相的側面（いわば本質存在）という両契機が等根源的に想定される。梵天勧請伝説を通じて仏教が主張しようとしたことは、ゴータマの覚知した真実相が、「存在そのもの」の、いわゆる形相的側面（本質存在）に該当するということである。しかしその形相的側面は、「形」という実体的なものなのではなく、実体性を否定した無常・無我・縁起といった、存在者同士が相互に関係し生成・変化する様態としての「様相」なのである。擬人化したレベルで言えば、真実相とは、生成・創造するブラフマン（梵天）の「精神」であり、生成・創造の本来的な意思であるといえよう。

後の大乗仏教では、真実相それ自体が擬人化・神格化される。代表的なものが密教の大日如来（華厳経では毘盧遮那仏）であり、宇宙に遍在する真実相（「法 dharma」）を身体とするという意味で「法身仏」と呼ばれる。そして、大日如来そのものが法を説いたり（法身説法）、法身仏が人間世界へと救済のために下降し、現実の人間としての仏となったりする（化身仏）という思想も生まれた。それら仏身論と呼ばれる議論は本来「空」であるはずの真実相を実体化した思想として批判もされたが、インド・中国で盛んに行われた。日本でも独自の展開を見せている。

仏教においては、通常の自我（我欲）を滅して真実相を覚知することが究極目的であり、絶対的幸福である。真実相を実体化した思想において言うならば、真実相あるいは法身仏と一体化すること（融和すること）が、生きる意味の〝答え〟として目指されることになる。真実相こそが質料的側面を超えた新たな存在の根拠としての「存在そのもの」とされたのである。

その思想は、日本の「もの神」とどう関係し、変容させたのだろうか。それは何段階かを経て変容していく。

2-3　日本の神々と仏教

日本に伝来した仏教は、人々が覚知を目指すための仏教というより、国家を安泰にするための（いわゆる「鎮護国家」のための）呪術的な国家仏教儀礼としてまずは興隆を見せる。

天武五年（六七六）の夏の「旱《かんばつ》」に際して、「諸の神祇に祈らしむ」と同時に「三宝（仏法僧）に祈らし」めている。そして十一月に、「使を四方の国に遣はして、金光明経・仁王経を説かしむ」と、いわゆる「護国経典」の読誦儀礼が行われた。つまり、「旱」という「もの神」の祟りの後、従来の「もの神」祭祀とともに、経典を読誦する儀礼が行われているのである。

七世紀の後半から、国家仏教儀礼において盛んに読誦された経典が『金光明経（金光明最勝王経）』、『仁王般若経』であり、後に『法華経』を加えて「護国三部経」[26]とよばれた。そして諸国における仏教儀礼の制度化が、後の国分寺制度へと発展していくのである。これらの儀礼は、「もの神」とどのように関係したのであろうか。

『金光明最勝王経』に書かれた内容を見よう。本経の「四天王護国品」で、持国天・広目天などの四天王による護国の活動を説く。四天王などの「天」は「神」（「ひと神」）の意で、いわゆる「護法善神」である。具体的には、どこかの「国王」がこの経を「聴受し、称歎し」、またこの経を受持する僧を擁護して説法させるならば、四天王は「我、彼王及び諸人典を護り、皆安穏にして憂苦を遠離し、寿命を増益」させ、「国土の悪災は、変じて悉く消滅せしめん」と、王や人々の「安穏」や国家レベルの滅災殖福を誓う（大正十六、四二七〜九）。

なぜインドの神々が滅災殖福の活動を行うのか。その経典によれば、読誦される内容が「天衆（神々）の常に歓喜を生ずるところ」の教えであるからであり、神々は「この甘露無上の法味を聞いて、気力充実し、威光を増益し、……ますます勝れ」、滅災殖福という慈悲を行うのである（大正十六、四二七）。

ここには、真実相の知が、輪廻し苦悩の境涯にある神々を喜ばせ、それによって神々が慈悲を実践する「気力」を充実させる（慈悲的な力へと変容する）という論理が見られる。

聖武天皇は天平十三年（七四一）の「国分寺建立の詔」で、「塔」には金字の『金光明最勝王経』を安置して寺院の中心とし、「僧尼、毎月八日に最勝王経を転読すべし」と命じた。そして「僧寺」を「金光明四天王護国之寺」と名付けた。つまり、四天王という外来の神々に「無上の法」を聞かせて「歓喜」させること、つまり「祀る」ことによって、神々による護国・豊穣・滅災を期待したのである。国分寺の僧は、神を祀る祭祀者であると言えよう。

もう一つ『仁王般若経』の思想を見よう。本経には「護国品」があり、次のような護国の論理を説いている。

汝が国土の中に、百部の鬼神あり、是一一の部にまた百部ありて、この経を聞かんことを楽《ねが》ふ。この諸鬼神は、汝が国土を護るべし。大王、国土乱るる時は、先ず鬼神乱るる。鬼神乱るるが故に、万民乱れ、賊来たりて国土を却《をか》し、百姓亡喪して……天地怪異にして、……日月も時を失し、度を失し、……。大王、若し火難・水難・風難一切の諸難あれば、またまさにこの経を講読すべし。（大正八、八三〇）

天災（「天地怪異」「火難・水難・風難」）であれ内乱であれ、「国土」の「乱」れという一切の災厄の原因は、その国土に存在している多数の「鬼神」にある。「先ず鬼神乱るる」ことが災厄となって現象する。しかし、その神々は「この経を聞くことを楽」い、聞くことによって、「国土を護る」存在へと変貌する、という。

ここには明らかに、災厄をもたらす「もの神」を迎えて饗応し、その荒々しい威力を和めて、豊穣と安穏をもたらす存在へと変貌させる、という仏教伝来以前に一般的であった「もの神」祭祀と同様の論理が見られる。『仁王般若経』の説く護国のための仏教儀礼とは、「汝が国土」つまり日本国土の神々を祀る儀礼なのであり、経典は、「百部の鬼神」のそれぞれの一部にさらに百の鬼神を想定しているほどに多数の神々を想定している。まさしく日本「国土の中」のすべての「もの神」を祀ることを促す経典なのである。

ここには神を祀る祭祀方法の新しさがある。従来の神饌・舞・性的饗応などとは異なり、神々に経典を読誦して聞かせ、仏の教え（真実相の知）よって神々を喜ばせ和ませるという饗応となっているのである。それは仏の説く真実相の知による「もの神」祭祀と言っていいだろう。ここでも僧は、神を祀る祭祀者なのである。

これらの護国経典による儀礼とその内容理解が、日本人の神観念に影響を与えたであろうことは想像に難くない。これらの護国経典が一般的に読まれるようになった七世紀末から八世紀にかけて、日本の神観念は捉え直される。

2‐4　輪廻転生し仏法を求める「神」

護国経典の論理を踏襲したように、日本の神々が新たな内容の託宣を始める。

『類聚國史』は養老年間（七一七〜七二三）の出来事として次のような説話を載せている。若狭で疫病が流行し、病死する者が多く、「水旱時を失い、年穀稔ら」ない事態が続いていた。若狭比古神社の神主赤麿は「心を仏道に帰し、身を深山に練」っていた。それを感じた神は「我れ神身を稟け、苦悩すること甚だ深し。仏法に帰依して以て神道を免れむと思うに、この願を果たすこと無く、災害を致すのみ。汝能く吾が為に修行せよ」と赤麿に告げる。赤麿は道場を建て、仏像を造り、「神願寺」と名付け、「大神の為に修行」した。その後、「年穀豊かにみのり、人夭死することもなくなった[27]。

この説話が語る疫病の流行や天候不順による凶作は典型的な「もの神」の祟りである。若狭比古神は「宿業に因り」「神身」（輪廻する衆生としての「天」）となったために「苦悩」が「甚だ深」く、その苦悩が疫病・自然災害などの「災害を致す」原因となっていると語る。赤麿は、神のために仏像を造り、修行し読経した（真実相の知を説いた）。神に対して読経することを「神前読経」という。神が経典を聞くことによって、神の「苦悩」が和らぎ、疫病はなくなり、五穀豊穣がもたらされたのである。若狭比古神の言う「神道（六道の一つとしての「天」）を免れむ」願いとは、いわゆる「神身離脱」の志向である。

同様の「神身離脱」的な託宣と、「神前読経」を行う「神宮寺」の建立は奈良時代を通して相次ぐ。天平宝字七年（七六三）、満願禅師に対して「我れは多度の神なり。吾れ久劫を経て重き罪業を作し、神道の報ひを受く。今冀はくは永く神道を離れむが為に三宝に帰依せむと欲す」という託宣があった。満願禅師は、小堂を建てて神像を造り「多度大菩薩」と名付けた。その後人々の協力で神宮寺が完成し、人々は多度の神に「一切の神達、威光を増益して永く仏教を隆し、風雨序に順ひて五穀豊かに稔り、速やかに業網を截ちて、同じく菩提を致さん」と願っている[28]。この文面にある神々の「威光を増益」させるという言葉は、『金光明最勝王経』そのままである。

ここでは、神に「大菩薩」の称号が与えられ、「菩提」（真実相の覚知）の獲得が祈られている。同様に大菩薩の称号を与えられた神に、八幡神がいる（八幡大菩薩[29]）。しかし菩薩号は、神を称えるために授けられた号であり、ごく少数である。

九世紀頃までの「もの神」のあり方をまとめよう。見てきたように、「もの神」は輪廻する衆生の一つである「天（神）」と見なされ、煩悩のために苦しみ、祟りをなしている。仏教的には、衆生が真実相を覚知することは、煩悩が滅し、苦悩の滅（涅槃という平安）が実現することであった。そして大乗仏教的には、菩薩や仏は涅槃を実現しつつも慈悲の活動を行うが、それが神々を含む衆生すべてに内在する本来的で潜在的な性質（仏性）だからであるとされる。神へと輪廻した「もの神」に読経し、真実相の知を伝えることは、「もの神」の本来的な意思にかなった饗応となり、「もの神」を喜ばせ、その威力を和らげるのみならず、五穀豊穣をもたらすという慈悲の「威光」が「増益」することになるのである。

しかし日本の神々は、菩薩や「護法善神」になってしまわない。災厄は完全には無くならない。神々は「もの神」としての不可思議で荒々しい威力を失わず、儀礼のたびに和められ、豊穣をもたらすと考えられた[30]。故に、従来の神饌や歌舞などによる神祭りも並行して実修されたのである。

2-5 草木成仏と真実相（真如）

インド・中国仏教では、成仏するのは「有情」（心のはたらきのあるもの）たる衆生（六道を輪廻する生きもの）のみである。一方、山川草木や石などの自然物は「非情（無情）」（心のはたらきを持たないもの）であり、それ自身が成仏することはあり得ないとされた。しかし、日本でそれが主題的に論じられ、非情も含めてすべての存在者が〝それ自身のはたらき〟で成仏するという、日本独自の「草木成仏」の思想が生まれた。

草木成仏論の大成者は、天台僧の安然（八四一－九一五）であり、天台密教（台密）の大成者でもある。草木成仏を理論化した『斟定草木成仏私記』（八六九年以降成立）などの著書がある。

安然は、密教的な「大日如来」「曼荼羅」、および『大乗起心論』で展開された「真如」を理論化の中心概念とする。「真如」はすべての存在者（有情も非情も含む）の真実相の意であるが、安然は『大乗起心論』に従って「不変真如」と「随縁真如」に分ける。「不変真如」は不動の真実相そのものであり、「随縁真如」は現実世界に展開した存在者における動的な真如のありようを言う。つまり、この世界のすべての存在者は真如の展開であり（最澄が『法華秀句』で語った「草木また空に従ひて成ず」とほぼ等しい）、また真如の実現に向けて生成しているということでもある。よって安然によれば、草木もそれみずからのはたらきによって真如を実現する。すなわち、成仏するのである[31]。

安然の草木成仏論は、その後の「本覚思想」へと発展していく。院政期頃から形成され中世で発展した思想である。

鎌倉中期（十三世紀半ば）頃までに成立したとされる『三十四箇事書』は本覚思想の典型的な内容を示した書とされるが、その中に「草木成仏の事」の項がある。その記述によれば、草木は有情として成仏するのではない（「草木不成仏」）。自然物は自然物のままに、非情は非情のままに「常住」（永遠の真実相そのもの）である。「草木非情といへども、非情ながら有情の徳」がすでに実現している。[32] 以上のように、本覚思想は、現実世界の現象を差別相のままに（現実の苦悩、地獄、餓鬼などの輪廻の苦も含め）、そのまま絶対的に肯定する「ありのまま」主義である。そこでは、有情の衆生も、煩悩にまみれたままで仏であることになり（「煩悩即菩提」）、覚知を目指して修行するという契機が失われる。

当然ながらこの思想を批判する理論も興る。証真（十二世紀後半－十三世紀前半）は、草木成仏は理論的にはあり得るにしても、現実的にはあり得ないし、衆生も煩悩を抱えたままであり、覚知からはほど遠いことを自覚しなければならないと説いた。そして、「一仏成道観見法界、草木国土悉皆成仏」の言葉（『中陰経』）を取り上げ、「仏眼の照らすところでは、わずかな物質、わずかの香りも毘盧遮那仏でないものはない」と説明する。[33] つまり、あらゆる存在者が成仏しているという光景は、覚知を得た者がはじめて捉えることができる光景である、ということである。

道元（一二〇〇－五三）も本覚思想に疑問を抱いて天台宗から禅宗へと向かい、中国で覚知を得て曹洞宗の祖となった僧であるが、同様の言葉がある。

正修行のとき、渓声渓色・山色山声ともに、八万四千偈を惜しまざるなり。自己もし名利・身心を不惜すれば、渓山また恁麼の（このように）不惜あり（『正法眼蔵』「渓声山色」）

「正修行のとき」、つまりあくまでも正しく修行するときに、自然物が真実相の知を語るものとして立ち現れる（「現成」する）という。谷川の響きも深山の景色も、真実相の知をつげる無数の言葉（「八万四千偈」）を惜しまない。修行する自己が「名利・身心」を惜しみなく捨てるなら、つまり煩悩を滅するなら、谷川や深山も真実相の知をつげる言葉を発して惜しまない、と。つまり、修行者の覚知と協働する事ではじめて自然物は真実相を現成させるのである。

また道元は、「本来の面目を詠める」として、「春は花　夏ほととぎす　秋は月　冬雪冴えてすずしかりけり」という歌を残している。「本来の面目」とは本来的な姿の意である。真実相が現成した姿と言ってもいいだろう。道元にとってその光景は、「花鳥風月」的な美的理念の世界とも重なるのである。

2-6　本地垂迹説と中世神道

本地垂迹説とは、日本の神々は、本体（本地）である仏菩薩が人々を救うために姿を変えて日本にあらわれた（垂迹した）ものであるとする思想である。本体を「本地仏」、現れた神を「垂迹神」「権神」（あるいは「権現」）などと呼ぶ。十世紀から十二世紀にかけて次第に成立し、中世から近世にかけての神仏関係の基本的な説明原理となった。

その思想の背景はいくつか想定されているが[34]、その一つに法身仏の思想がある。大日如来や毘盧遮那仏は、前述したように、真実相そのものを人格化・神格化した仏で、世界に偏在する法身仏である。その思想の展開の中に、安然の草木成仏思想もあった。そこでは、すべての個々の存在者が法身仏の展開であり現れであると見なされ、神々もまた、法身仏の中に位置づけられることになる。

本地垂迹説は中世に様々な神道教説となって展開する（両部神道、伊勢神道、山王神道、吉田神道などの中世神道）。その展開の詳細には今は触れないで、神観念と自然観に関する思想のみを辿ることにする。注目すべきはこの時期、日本人が、神話に語られ祭祀を通じて関係していた伝統的な「神」をめぐって、抽象的な形而上学的思索を深めたという点である。

元久二（一二〇五）年に貞慶が草した『興福寺奏上』は、神々を「権化・実類」に分ける。[35]「権化（神）」は「権社の神」とも呼び、「宇佐（八幡）」「春日」「熊野」などが挙げられる。それらは垂迹神とされ、「帰敬」すべきことを論じている。「実類（神）」は「実社の神」とも呼ばれ、「権化（神）」以外の神々であり、本論考での荒々しい「もの神」と祟る（祀られなかった）「ひと神」を指すだろう。[36]元亨四（一三二四）年に存覚が著した『諸神本懐集』では、「権社ノ霊神」「実社ノ邪神」の二分類がなされている。[37]内容的には『興福寺奏上』と同様である。

両者ともに垂迹神を信じ崇敬すべきことを説くが、それ以外の神々に対する信仰は排除する。『興福寺奏上』では「実類の鬼神においては、置いて論ぜず」とし、『諸神本懐集』では「実社ノ（邪）神」に対して「承事（仕えること）ノオモヒヤムベキ」ことを説き、「コレニ帰スレバ……悪道ニシヅム」「カヘリテ災難ヲアタエン」と厳しく排除する。ただ、「モシハ畜類ニテモアレ、タ、リをナシ、ナヤマスコトアレバ、コレヲナダメンガタメニ神トアガメタルタグヒナリ」と、荒々しく祟る「もの神」を「ナダメ」る（和める）祭祀自体を否定はしていない。『興福寺奏上』の「置いて論ぜず」は、仏教的には論じないという意味であろう。

本地垂迹説は、祟りをなす「もの神」の存在と価値を否定しているようでそうではない。本覚思想が、神々を含むすべての存在を平等に仏と見なす理想論であるに対し、現実的な立場から、古代以来の荒々しい「もの神」の不可思議性、外部性を改めて強調し、位置づけたとも言えるのである。八世紀の神身離脱的な「もの神」祭祀においても、「もの神」は護法善神や菩薩になってしまうのではなかった。中世神道書では、「実迷神」とも呼ばれる。[38]

しかし同時期、荒々しい自然神としての「もの神」をも垂迹神と見なす思想も現れている。それは前節で取り上げた道元の、修行者の覚知と協働する事ではじめて自然物が真実相を現成させるという思想に通じる。浄土思想の一派、時宗の祖となった一遍（一二三九 - 八九）は生涯を遊行の中で過ごすが、寺院のみならず数多くの神社で念仏を称えた特異な念仏者であった。『一遍聖絵』は淡路の二宮に詣でたときのことを記している。二宮の神は「たたり」の激しい「霊威あらた」な神だが、そこの神職は、垂迹神とは考えていなかった。しかし一遍は「本地の真門うごく事なく、利生の悲願あらたなるものなり」（『一遍聖絵』第十一）と、垂迹神であると断定して「出離生死」を祈願するのである。『一遍聖絵』の作者聖戒は、「山たかくそびけて、無上高妙の大智を表し、海ふかくたゝへて、弘誓深重の大悲をあらはす」（『一遍聖絵』第十）と語る。荒々しくもある海山の自然をたたえる比喩的な表現であるにせよ、「山」や「海」という自然物に宿る「もの神」の働きは、「大智」「大悲」の仏が垂迹した神としての働きであるという本地垂迹的な思想で「もの神」を捉えているのである。(39)

一方、中世神道では、神々（「ひと神」）の中でもアマテラスのみは垂迹神を超えるものとされるようになる。(40) アマテラスは、十一世紀頃には観音菩薩の垂迹とされていた。しかし鎌倉初期（十三世紀）に成立した『三角柏伝記』『中臣祓訓解』などでは、アマテラスのみを垂迹神とは別の「本覚神」と呼び「本来清浄の理性、常住不変の妙体」と定義しているが、それは法身仏と同体であることを意味する。鎌倉・南北朝以降成立の慈遍による『豊葦原神風和記』では、アマテラスを「法性神」と呼び、「法身如来ト同体、……。故ニ此神ニハ、本地垂迹トテ二ツヲ立ル事ナキ也」とする。

さらに伊勢神道では、「豊受大神」（外宮の主神）を「大元神」と呼んで、アマテラスよりも根源的な神とする。その後の吉田神道の『唯一神道名法要集』（十五世紀半ば）では、『日本書記』の「国常立命」を「大元尊神」と呼び、アマテラス・豊受大神（内宮・外宮）をも超越した、世界の根源神とした。その根源神は、天地に先立ち、しかも天地を定める存在であり、人間の心をはじめ、天地万物に遍在するという。始原を世界（天地）の外部に持ちつつも汎神論的で、しかも創造神とも言える性質を持つ。また、仏菩薩もその根源神から生じたものであるとし（反本地垂迹）、神道を仏教や儒学の根本に位置づけて三教一致とする「三教枝葉果実説」を吉田神道は説いたのである。[41]

「国常立命」という記紀神話に現れた神が、儒教や仏教をも包み込む「大元尊神」という根源神と解された。それは抽象的で普遍的な神の観念が日本で誕生したことを意味しているだろう。「大元尊神」は、仏教の「真如」「法身仏」と「もの神」とを契機としてそれらを止揚した、新たな「存在そのもの」の表象である。質料的側面と形相（様相）的側面を同時に含む究極的な存在根拠としての「存在そのもの」としての神観念である。しかも多数の「もの神」や「ひと神」をも否定せずに包み込む神観念であったと言える。[42]

中世を通じて、本地垂迹説は仏教・神道の双方で様々に展開し、抽象的な神観念を生み出した。しかし逆説的であるが、一般的には古代の神信仰と「もの神」の外部性を背景とした自然観は存続し、むしろ尊重され続けたと言えるのである。なぜなら、本地の仏菩薩や抽象的な根源神よりもすでに祀られていた日本の神々の方が、日本人にとって「存在そのもの」に通じる確実な通路とされたからである。

古代の神信仰において海山の彼方に「もの神」の世界が想定され、そこから「もの神」はこの世界の自然物に憑依してくるとされていた。仏教の受容によって、その、彼方にある「もの神」の世界の外部性が、煩悩故に覚知からほど〝遠い〟真実相の世界の外部性と重ね合わせられた。抽象的で根源的な神観念はその結節点に生じたのである。真実相（真如・法身仏）を背景に、その〝遠さ〟が想定される限りにおいてであるが、自然物に対する不可思議性、外部性の感覚はその場所に存続し続け、「もの神」は（「ひと神」とともに）一層威力を発揮する。[43]神信仰を基礎としたいわゆる神仏習合思想は、一般的には明治の神仏分離に至るまで各地の神社で存続する。

3　儒学の影響による自然観と神観念の変容

儒学[44]は六世紀には日本に伝来し、様々な影響を及ぼした。鎌倉時代には朱子学[45]がもたらされて禅僧達によって受け入れられ、中世神道論にも影響が見られる。しかし、本格的な受容、つまり朱子学が自然観・神観念などに大きな影響を及ぼすようになるのは近世になってからである。

朱子学は天地自然の内に、おのずから万物を生成し、動的な秩序をもたらす超越的な働きとしての「天道」を想定する。それは内在的超越と言っていいだろう。自然観の変容で言えば、朱子学の受容は、生成的自然観（物活論）の受容でもあった。

3-1　朱子学の存在論

朱子は、すべての存在者は形而上的な「理」と物質的な「気」から構成されるとした（理気二元論）。「理」は存在者の意味、本質・本性であり、自然界の運動に秩序をもたらしている法則でもある。理は、宇宙全体が一つの秩序をなしている根拠としての「天理（太極）」と、個々の存在者の本質・本性としての理があり、後者は前者の「分有」とされる（「理一分殊」）。

「気」は物質ではあるが単なる物質ではない。ガス状の霊的なエネルギーを帯びた物質であって、この世界に充満し、陰と陽（動静）という運動の中からあらゆる存在者を生成する。そしてまた存在者を構成している構成要素としての物質でもある。すべての存在者は気の海の中にあると言ってもいいだろう。

気はしかしそれだけでは存在者を生成できない。理が気に「付着」（内在）してはじめて、個々別々の存在者が生成し、存在している（桜は、桜の「理」（本質・本性）が内在しているから、梅とは異なる桜として存在する）。

理と気との関係は「理先気後」とされる。理が無ければ、世界はただ茫漠とした混沌であり、存在者は存在しないからである。つまり形而上的な理があらゆる存在の根源であり、存在の根拠なのである。その理は、前述したように、天理（太極）と個々の理（万理）に分けられ、「理一分殊」という関係にあったが、それをさらに説明する概念がある。個々の理は、個々の存在者をそのようにあらしめている本質・本性として、個物の「所当然之則」（まさにしかるべきの則）と呼ばれる。天理（太極）は、「所以然之故」（しかるゆえんの故）と呼ばれ、個々の理が理としてある存在根拠として、個々の理の上位に位置づけられる全体的・統一的な理とされるのである（例えば、山川草木は、山・川・草・木それぞれの個々の理が内在しているから山・川・草・木の区別を以て存在している。その区別と秩序がなぜあるのかの理由・根拠が天理（太極）なのである[46]）。

3-2　朱子学の人間学

人間にも理（各具太極としての天理）は内在しており、それは「本然の性」と呼ばれる（「仁義礼智信」の「五常」、完全な善）。しかし身体（気）に基づく性質（「気質の性」）から「人欲」（自己中心的な情欲）が発現し、本然の性の発現を妨げている。人欲を滅し、天理のままの本然の性に帰ること（復初）が倫理的目標となる。天理のままの人間が「聖人」であり、その状態は天理と合一した状態であるので「天人合一」と表現される。聖人になることが人間としての究極目的となる。聖人になるための学が「窮理」（あらゆる物事の理を窮める、自然学・倫理学）と、「居敬」（天理に合致するよう人欲をとどめる修養）である。

天理に適い、天理と合一した聖人はまた、『易経』に「天地の道を裁成し、天地の宜を輔相し、もって民を左右す」

（泰象伝）とあることを根拠に、天道の生成作用を補完し、天地自然の豊穣なる秩序を完成させる能力があるとされた。

朱子学においては、聖人になることが生きる意味の〝答え〟として目指されている。合一し実現すべき天理（太極）こそが存在の根拠としての「存在そのもの」なのである。

3-3　日本の儒学受容における自然観と神観念

3-3-1　神儒一致論

近世初期の朱子学研究者として、林羅山（一五八三–一六五七）や山崎闇斎（一六一八–一六八二）がいるが、彼らはいずれも中世神道を学んだ上でその神仏習合的な思想を批判し、朱子学の天理と日本の神との同一性を語った。一般に「儒家神道」と呼ばれる教説である。

林羅山の神道は「理当心地神道（王道神道）」と呼ばれる。羅山によれば、朱子学の「天理」と中世神道で根源神とされていた「国常立尊」は同じものである。アマテラスから天皇が受け継いできた、世を治める道（「神道」）は、儒学で言う「王道」と同じものである。天皇の心が「清明」なのは清明なる神が宿っているからであり、天皇によって善政（仁政）が行われるのは、心に宿った神の徳である。すなわち日本の世が治まるのは国常立尊に由来する神の力である。

このような羅山の朱子学が近世社会（幕府政治）に与えた影響は、それほど大きくはなかった。林羅山が儒者としてではなく、僧の身分で幕府に仕えていたことにもそれは表れている。確かに影響力はほとんど無かったにせよ、朱子学を中心とした儒学は、徐々に近世社会に広まっていったことも事実であろう。[47]

十七世紀半ば頃、朱子学的な世界観・人間観が表現された和文が書かれた。作者は不明であるが、林羅山に連なる思想を表現したものとされている。

天道とは神にもあらず仏にもあらず、天地のあいだの主にしてしかも躰なし。天心は万物に充満して至らざる所なし。……彼天道の本心は、天地の間太平にして、万民安穏に万物成長するを本意とす。（『本佐録』）

天道とは天地の間の主人なり。かたちもなきゆえに、目に見えず。しかれども春夏秋冬のしだひ（順序）のみだれぬごとくに四時をおこなひ、人間を生ずることも、花さきみなることも、五穀を生ずることも、みな天道のしわざなり。（『仮名性理』）

羅山の思想及びこれらの和文から窺える、自然観と神観念の特徴を考えてみる。

まず、「天道とは神にもあらず仏にもあらず、天地のあいだの主」と、従来存在の根拠とされてきた神・仏にかわるものとして「天道」が提示されている。「天理＝国常立神＝天道」が新たな究極の「神」とされるのである。そしてそれが「春夏秋冬」の循環、「人間を生」じること、「花」や「五穀」の豊穣、すべての存在者を生成しているという。「天道」は、古代の「もの神」を内部化して安定的に総合・統一したあり方にも見える。

またそこには「天地のあいだの主人」や「天道の本心」という言葉に見られるように、朱子学の抽象的な天理とは異なった実体化・擬人化（人格化）がみられる。[48]「天心」という表現は朱子も用いている（『朱子語類』）が天理の意で用いており、そこに人格化は見られない。羅山の場合、人格的な神名を持つ「国常立尊」と天理（天心）とを同一視したことが、天道の人格化に影響を及ぼしたのではないだろうか。

羅山における天道の人格化には、キリスト教の影響もある。[49]羅山の思想におけるキリスト教の影響は、「造化（天道）は天地万物を作るものなり。……「造物者」と云は是なり」（『性理字義諺解』）と、天道を「造物者」として表現していることからも明らかである。そして「生々やまずしてめぐりて窮りなき理を以て天地の心を見るべし」（同）と、「理」を天道という造物者の「心」と見なす。羅山は、様々な自然物の秩序あるあり方のただ中に、「天地の間太平にして、万民安穏に万物成長するを本意とす」る、「万物に充満」した「天道の本心」を見ようとするのである「天道の本心」とは、生成活動を行う天道の本来的意思と言えるだろう。

貝原益軒（一六三〇－一七一四）も神儒一致を説いた朱子学者であるが、晩年の『大疑録』（一七一三年）で朱子学を批判する。益軒は、朱子の抽象的な天理、本然と気質の二性説など、理気二元論と理重視の思想が仏老（仏教と老荘思想）に基づくものであると批判し、理気を一体のものとして考える。そして理気一体の「天道」の生成活動それ自体を重視し、それが日本の神の働きと同じものであると、普遍性を強調する。「神道は、即天道」（『神祇訓』）であり、「天地の間、道は一のみ」である（同）と。また益軒は、天道（神）の生成する自然のあり方を「花鳥風月」的な美的自然としても語っており、四季折々の自然美を眺める「大いなる楽《たのしみ》」の意義を強調している（『楽訓』）。益軒にとって「花鳥風月」的な自然の美は「存在そのもの」を実感させるものだったのである。

3−3−2　有用の学—天道と人道

益軒にはまた、朱子学の窮理学を受け継いだ独特の実学思想がある。益軒の実学は「人の益」となる「有用の学」である。益軒によれば、天道は我を生じ、その後、衣食住などにおいて我が身を養う物を備えてくれている。それは「天の賜」「恩徳」である。そして「天の人をあはれみ給ふ心にしたがひて益ある事をなす」ことが天の恩に対して「万一に報」じることである。そのために益軒は広く「物の理」を窮めようとした。植物学・博物学の先駆けとなった『大和本草』は広く知られているが、それ以外にも、礼法、制度、語法、倫理・道徳、医学、農業、物産、地誌[50]、算法など多岐にわたる。その学は、天道＝神道の生成したこの世界のあり方に従いつつ、それをよりよいものとすべく、「老圃の教をたすけて民生の業の万一の小補となりなん事をねが」（『菜譜』）った営みであった[51]。

益軒の実学は実証的な学であった。実証的でなければ「有用」とならないからである。この朱子学に由来する実学（有用の学）への指向は、益軒以外にも見られる（新井白石（一六五七－一七二五）の地理学、歴史学など）。詳細は省くが、それら有用の学のあり方が蘭学に始まって幕末明治期の洋学（西洋近代科学）の受容をきわめてなめらかにしたことは歴史的事実とされる[52]。

しかし幕末明治に至るまでは、彼らの学の基本姿勢は総じて、益軒の言うように、万物を生成する天道のあり方（「天地の生徳」「天地物を生ずるの心」）を具体的に知り、それに従い、天道の恩恵を感じ、その大いなる働きに報じる（あるいはその働きを助ける）ことに、倫理・道徳であれ実学（有用の学）であれ、「人道」としての位置づけがあったと言える。彼らの「有用」概念は、西洋近代思想に特有の「有用性」概念とは異なったものである。

幕末になると、従来とは若干異なる人道論が出現する。小田原藩に仕えて、農村復興政策を指導した二宮尊徳（一七八七－一八五六）の報徳思想である。尊徳は天道と人道とを切り離して、人道における作為の重要性を説く。天道はおのずからの生成する働きであり、そのままだと雑草が繁茂するように、「天道の自然に任すれば忽に廃れて行われ」（『二宮翁夜話』）ない。その自然に対する作為としての農業などが「人道」であるという（「農は万業の大本」）。

3‐3‐3　伊藤仁斎の「天道」論

山鹿素行、伊藤仁斎（一六二七－一七〇五）、荻生徂徠（一六六六－一七二八）等を古学派と総称する。共通しているのは、『論語』などの古典を朱子学の理解を交えず（そこに仏教・老荘思想の影響を見て取る故に）、直接原典を読解し解釈するという方法である。その解釈学的方法によって、朱子学の形而上的な天理（太極）を根源とする存在論を批判し、本然・気質の性という人性論を否定し、気の活動を重視した存在論を背景にして、情・欲を肯定的に捉えるという傾向が見られる。

京都の町人出身の伊藤仁斎は、理気二元論を否定して気一元論を説いた。仁斎によれば、「一元気」（唯一の根源的な「気」）の活発な運動（「天道」「天地の道」）が、万物をおのずから生成している。

「天地の大徳を生といふ」。いふこころは生生して已まざるは、即ち天地の道なり。（『語孟字義』「天道」）
天地は一大活物、物を生じて物に生ぜられず、悠久極まりなし。（『童子問』中六七）
日は昼に輝き、月は夜に輝き、水流れて已まず、物生じて窮まらず。……造化の工、亦何ぞ巧みなるや。（『同上』中七〇）

「天地」（自然全体）に内在する根源的な「気」がすべての存在者を生成し、運動させている。天地自身がみずからを「巧み」に生成し続ける。その大いなる永遠（「悠久」）の活動を表現したのが「天地は一大活物」という言葉であろう。

理に関しては、「理は本死字、物に在って物を宰どること能はず。……一元の気が本と為て、理は則ち気の後に在り。故に理は萬化の枢紐と為るに足らず」（同上、中六八）と言う。根源的な気の生成活動の、その「巧み」なあり方を事後的に人が捉えて抽象的に表現したもの（「気の後」）が「理」であるということであろう。理は気の筋道ある活動（「気中の条理」）を固定して捉えたものに過ぎない故に「死字」[53]とされる。

仁斎は「一元気」の生成活動と生成した天地のあり方を「誠」と表現する。朱子が「誠」を「真実無妄」（理と一致していること）と解していることに対し、たまに生じる四季の天候の不順さを例に挙げて反論し、たとえ不順の生成であっても天地は「誠」であると主張する。そして「誠」とは「真実無偽」の意であるとする。「偽」とは、根源的で永遠な生成活動と、生成されて存在者が存在していることとが一致している状態を表現しようとしたと考えられる（擬人化して言えば、意思と行為との一致である）。つまり、自然界が「誠」として存在する「一大活物」と把握されたとき、仁斎は、「日は昼に輝き……水流れて止まず」という具体的な個々の自然物の働きにおいて根源的で「悠久」な生成的威力を感じ取り、そこに「存在そのもの」を実感しているのである。

注目すべきことは、仁斎の捉えた天道（天地の道、天）の生成活動は、理のままに活動しているのではないという点である。天道は人間が捉えた理を超えている。その観点から言えば、仁斎が捉えた天道には、人間にとって捉えがたい不可測性、不可思議性（いわば外部性）の面があるということでもある。そのことは、仁斎の「天命」論に窺える（『語孟字義』「天命」など）。

仁斎によれば、「天命」は「吉凶禍福死生存亡」が「天」から降されることである。その際、天には「善に福し淫（悪）に禍す」という因果応報的な「主宰」としての面がある。例えば、周王朝の「文王の徳の純」に対して天がその王朝の持続を助けたように、天は文王の「善」に対して「福」をもたらす。しかし仁斎は、孔子の高弟であった「伯牛の疾」や古代の伝説的聖人である「堯・舜の子みな不肖」であるという事態、つまり「善」に対して「禍」が降されることもまた「天命」であるという。「その道を尽くして後至る者は、是れ命」であって、人事を尽くさないで至るのは（不摂生で病気になるように）「人為」であると説明するが、「善」の道を尽くした後に降される「幸不幸」

は不可測であると言わざるを得ないだろう。仁斎は、「その遇うところの幸不幸、みな自然にして至り、これを如何ともすべきことなし、故にこれを命と謂う」と説く。その「命」は、逃れられないものとして「順受」すべきである。故に「天命を畏る」と『論語』に語られているのだと説く。

そしてまた仁斎は、「天命を知る」「安んずる」という、どんな外的状況（幸不幸）にも動じない心の境地を、「学問の極巧」として語る。その論の詳細は省くが、少なくとも言えることは、仁斎にとって「天命」は両義的な働き、つまり災いと恵みを降す両義的な働きであり、そのいずれもが天という人知を超えた根源的な生成活動として捉えられているということである。不可思議性、外部性をもっているからこそ「天命を畏」れるのである。そして、その恐るべき根源的生成活動それ自体に「存在そのもの」を実感するとき、おそらくはすべてを受け入れる（「順受」する）存在肯定の実感、「存在そのもの」の実感があったのではないだろうか。それが「天命を知る」「安んじる」という境地であろう。(54)

仁斎の自然（天地）観と天道について見てきた。仁斎の「天道」は儒家神道や益軒の「天理（天道）＝神」の文脈から見ればそれに類似する「神」であるが、両義的な「もの神」の面が強く押し出されているように見える。しかし仁斎は天道を従来の「神」との関係で論じてはいない。この点は仁斎論として残る問題であるが、論を先に進めることにする。

3-3-4　荻生徂徠と本居宣長

荻生徂徠は天道を「天神」と呼び、その神秘性、不可測性をさらに強調する。「聖人」のみが、その「天神」の人知では捉えられない生成活動の様態を、すなわち存在者に内在する多様で複雑な理を「窮理」できた（人間は理を窮めることは不可能であり、聖人になることは不可能である）。そして人々が安定して暮らせるような（「天下を安んずる」ための）行為の様式を「制作」して、人々に残した。その様式が「礼楽刑政」という具体的な「物」としての「道」である。人々は「天神」を畏敬し、「聖人」を信じ、「道」を学んで自分自身のものにするならば、自然に人間性が育成され、個性（「多端」性）を発揮しつつ社会に有用な人間になることができると徂徠は言う。

聖人は神秘的で不可思議な「天神」と人々との媒介者（「ひと神」）であり、「道」は「天神」の生成活動と人々とをうまく媒介させてくれる媒介「物」と言えよう。

徂徠では、天理および窮理の批判、天道の外部性が仁斎よりもさらに強調されていることが分かる。そして天道が新たに「天神」と名付けられているとともに「聖人」が「ひと神」として強調されている点が新しい[55]。神の外部性は、古代の神信仰と同じく、人間との媒介者としての「ひと神」を要請するのである。

朱子学派から仁斎、そして徂徠への流れの中で、明らかに存在者や道徳などを知的・客観的に探求するという姿勢が後退しているとされる[56]。しかし、仁斎では「徳行を以て本と為る」学、そして徂徠では「礼楽刑政」という「物」を習うことによって「黙してこれを識る」という、存在者を対象化する知ではなく、存在者と協働し行為・活動するなかで直観・実感される「新たな積極的な「知」」が説かれていることは見逃してはならないことだろう。それは存在の根拠としての「存在そのもの」に関係するための「知」の新たな様態なのである。

仁斎と徂徠の切り開いた自然観と神観念を「受け継ぐ」のが本居宣長（一七三〇－一八〇一）である。

本居宣長は、まず端的に、朱子学派の儒家神道で主張されていた「天理＝国常立尊」を否定し、根源神としてムスビの神（「高御産巣日神」）という生成活動それ自体を表現した神を置く。その神自体の意思は、善・秩序を目指す生成意思であり、数多くの善神を生み、その意思が受け継がれ、ついにはアマテラス➡天皇と受け継がれて統治者の心となっているとする。人間もムスビの神から「まごころ」を与えられているが、ムスビの神の活動は捉えることは不可能であり、全体の統治に関しては携わることができない。ゆえに、統治においては天皇という「ひと神」が要請される。アマテラス→天皇は、根源神としてのムスビの神と人間との媒介者としての「ひと神」である。

しかし宣長は、世界の生成途上で「マガツヒ」という悪神が生じたとする。宣長は、神話において「もの神」祭祀の失敗が語られていたことを存在論として位置づける。仁斎の「天命」論では、善人に災いがあることは、ただ天の降した事態として「順受」すべきとされていたが、宣長は災いを悪神の働きと位置づけるのである。祟りをなす神々が、本来善なる秩序あるものとしてあるはずの世界を乱している。悪や災いは悪神の働きとして生成する。その働きは人知では見通せない。仏教における因果応報思想や、儒学における福善禍淫論・天譴論（天は善人には福をもたらし悪人には災いを降すという思想）は、事実に基づかない空論である。宣長は、善神であれ悪神であれ、神の活動を知で捉えることが出来るとする合理的な精神を「漢意《からごころ》」として批判する。宣長はそこに知の傲慢さ（自己中心性）を見るのである。宣長にとって、物語（神話）や和歌が表現する存在者の情態としての「もののあはれ」こそ、不可測であるあり方をありのままに捉えたものである。「もののあはれを知る」ことは、宣長にとって「存在そのもの」と関係しそれを実感する積極的な「知」の様態なのである。

宣長は悪神に対しては「祭祀」で和めることしかできないと言う。古代より実修されてきた「祭祀」は善神・悪神を問わず、今でも不可測である神と関係する有効な手段であると言う。そこに、古代の「もの神」祭祀による「演劇的な知」の再生が見て取れよう。しかし、宣長の説いた根源神としてのムスビの神は、前述したように善なるものであり、理気一体の生成活動をなす天道概念の影響を強く受けていると言えよう。古代的な「もの神」とは異なる。その意味で宣長の神観念は、近世的な思想的枠内で構想されているのである。

4　近代以降

古代の神信仰から近世の本居宣長までの自然観（存在論）と神観念の歴史を、駆け足ながら概括してきた。宣長以降の神観念では、平田篤胤（一七七六－一八四三）の復古神道と明治の国家神道に連なる思想が重要であるが、稿を改めたい。最後に近代への見通しも語っておく。

西洋近代思想は、仏教・儒学と同様、存在者についての新たな説明原理をもたらした。その原理は、儒学（朱子学）や国学、同時に庶民の間では併存していた神信仰や本地垂迹説における「存在そのもの」の実感とは別の、新たな「存在そのもの」の実感をもたらした。

それは、人間理性が存在者を有用な物と見なす、「有用性」の概念を軸にした、新たな「神」の移入であった。キリスト教における「神（God）」の神的理性を分有した人間理性が、神の創造した物質世界を有用性の観点から構成する（認識する）というあり方である。自然観としては「機械論的自然観」と呼ばれる。神的理性を分有する人間は、物質としての自然を認識して利用する、独立した新たな「ひと神」という意味を有したとも言えるだろう。[57]

西洋近代思想がもたらした新たな神観念・自然観と、古代の神信仰、仏教、儒学が有していた（それらを関係づけ止揚しつつ思索してきた日本の思想家達の）神観念・自然観との原理的な比較および止揚の模索は、和辻哲郎[58]、西田幾多郎達から始まったと言っていいだろう。そしてそれは未完であり、現在進行形なのである。

古来の神社は今でも存続し、「もの神」や「ひと神」が祀られ、四季折々の自然の美（花鳥風月）は人びとを癒している。熊野などで神仏習合的な修験道は今も行われ、その聖地は観光の名所ともなっているが、畏怖すべき外部性の感覚は存続している。日本の伝統的な自然観（神・仏・天にかかわる）は形を変えながらも存続し、機械論的自然観と共存している。日本人は、いわば、重層的な自然観と神観念を持っていると言える。従来までの思想史の問題は、その共存していること自体の構造的・原理的考察が欠けていることである。本論考は、その構造的解明のための材料を並べたに過ぎない。

注

（1）岡倉天心『茶の本　日本の目覚め　東洋の理想』一九九－二〇〇頁。

（2）「もの神」の「もの」は、古語で、不可思議な存在を「もの」と呼んでいることに由来する。「もののけ」の「もの」である。折口信夫は、古代日本の神観念を「たま」「もの」「かみ」に分類し、「たま」を最も古層にある観念とし、それが「もの」と「かみ」に分化したと考えた。テクスト史上はそうかも知れないが、本論考ではテクストを離れた分析概念として用いる。ちなみに益田勝実は『秘儀の島』所収の「モノ神襲来――たたり神信仰とその変質」という論考で「モノ神」という概念を用いている。佐藤正英『日本倫理思想史』および『日本の思想とは何か』などで、「〈もの〉神」が主要な分析概念として用いられている。それらの概念の影響を受けているが、全く同じというわけではない。

（3）先の『日本書紀』における「高天原」からの上から目線においては、その特定の場所が汎化されて作為的に表現されていたのだと言えよう。その神話的な表現の意図は、後述するが、「高天原」から降臨してくる祭祀者の優位性を語るためであり、その子孫としての天皇の尊貴性を際立たせるためである。

（4）折口信夫「大嘗祭の本義」、『古代研究Ⅲ　民俗学篇3』、一九四頁。

（5）人間が神的存在に相対した時、「畏怖」と「魅惑」という両義的な感情を抱くことについては、オットー『聖なるもの』

（岩波文庫、一九九二年）に詳しい。宗教学において一般的に論じられる内容である。

（6）むしろギリシア神話で語られている自然観に近い。丸山真男は「歴史意識の「古層」」論文（『忠誠と反逆』所収）で、「世界の諸神話にある宇宙（天地万物人間を含む）創成論を見ると、その発想の基底に流れている三つの基本動詞にぶつかる。「つくる」と「うむ」と「なる」である」と述べ、「つくる」論理の典型が「ユダヤ＝キリスト教系列の世界創造神話」であり、「日本神話では「なる」（生る・成る）発想の磁場が強く、「うむ」を「なる」の方向にひきこむ傾向がある」と述べている。この論に、生成的自然観との同一視が窺える。

（7）これに対して、古代ギリシアの物活論・生成的自然観においては、世界を安定的に生成するアルケー（原質）、あるいはエイドス（形相）という内在的超越が存在の根拠となっている。

（8）仏教伝来後、仏像が作られるようになってから部分的に神像が造られた。その仏像ですら「秘仏」としてその像を公開しないことが重要とされたのである。

（9）「もの神」を男性と見なし、女性を祭祀者（巫女）として、性的交渉が融和の儀礼となったりもした。その痕跡は現在の一部の祭祀に残存する。また異類婚姻譚などの神話・伝説に見られる。アマテラスが女性であることも「もの神」の性を男としたことから説明できる。

（10）和辻哲郎は神話で語られている神を大きく二種類に分類し、「祀られる神」と「祀る神」と呼んだ。後者が、神を祀る祭祀者を神と見なした存在である。『日本倫理思想史（上）』で提示された。また佐藤正英『古事記神話を読む』は、『古事記』神話を祭祀者の物語として一貫させて解釈している。

（11）政治的神話としての『古事記』上巻神話の思想と、人々が抱いていた神信仰の思想とを同一視することは避けなければならない。ほとんど別の神話とも言える『日本書紀』との比較考察も必要である。松本直樹『神話で読みとく古代日本』が参考になる。

(12)佐藤正英は、「もの神の祭祀者はみずからが祀るもの神の名を負って「神」を名乗るのである」(『古事記神話を読む』、三一頁)と述べている。

(13)末木文美士は、「歴史的に知られる範囲では、神は特殊な自然物(山、岩、巨木など)に下ってきたり、蛇や狐などの特殊な動物が神、あるいは神の使いとされるのであって、あらゆる自然物がそのまま神というわけではない」(『日本宗教史』、四頁)と述べている。十九世紀後半の、イギリスの人類学者タイラーが『原始文化』(一八七一年)で使用し始めた「アニミズム」という概念がある。一般的に、生物・無生物などあらゆるものに霊(アニマ)が宿っているという考え方、とされている。また、その弟子マレットの「プレアニミズム(アニマティズム)」という概念もある。いずれにせよ、古代の「もの神」には適合し得ないと考えられるが、縄文時代以降の変遷も考慮しつつ、注意深い比較が必要である。

(14)ここでの自然と神との関係は、アニミズムでもなければ、汎神論でもない。

(15)いつの頃からか、多くの場合、神は神社の本殿に存在しているとされ、祭祀の時には本殿から拝殿に神を迎えるようになった。しかし現代でも、古い神迎えの形式を残している神社はある。京都の上賀茂神社(賀茂別雷神社)は丸山の「御生野」(古代は神奈備山である神山の山頂)が神迎えの聖地、下鴨神社(賀茂御祖神社)は神奈備山である御蔭山(御生山)の御蔭神社が神迎えの聖地である。神迎えの神事は、前者では「御阿礼神事」、後者では「御蔭祭」(以前は「御生神事」)と呼ばれる。現在ではいずれも五月十五日の葵祭の前、五月十二日に実施されている。前者の場合、真夜中に秘儀として行われている。

(16)神に関する自然景観論としては、野本寛一『神と自然の景観論』、上野誠『日本人にとって聖なるものとは何か』が参考になる。

(17)『延喜式』（九二七年）の巻九・十の「神名帳」に記載のある神社を、一般に「式内社」と呼ぶ。そこに記載されている神社は、文献で確認される最も古い神社群である。そして、その多くが自然景物に由来する名称である。山の神（御上神社、浅間神社、白山神社、月山神社など）。木の神（杉桙別神社、須義神社、楠本神社、大楠神社、桜神社、椙本神社、椿神社など）。石の神（石神社、磐神社、石座神社、天乃石神社、平群石床神社（本殿がない）、高石神社など）。井泉の神（御井神社、三井神社、井上神社、温泉神社、湯神社、など）。滝の神（滝本神社、多伎神社など）。川の神（小川神社、河上神社、広瀬神社、川合神社、神川神社、丹生川神社など）。海の神（志加海神社、和多都美神社、海神社など）。島の神（伊都伎島神社＝厳島神社、大島神社、三島神社、奥津島神社、宗像神社、神島神社など）。動物で最も多いのは蛇神（オカミ、ミツチ）（意加美神社、多賀宇加美神社、蛟蝄神社など）。その他動物神は少数（隼神社、御馬神社、白鳥神社など）。菱沼勇は『日本の自然神』で、詳しい調査に基づいて説明している。

(18)拙稿「神に関わる聖地の景観構造」で、神社の立地景観のパターンを図示し、三輪山と大神神社、春日山と春日大社など代表的な神社の地形図とを根拠として例示した。

(19)佐藤正英『日本の思想とは何か』、一五三頁以降参照。

(20)折口は、「私は、日本文学の発生点を、神授（と信ぜられた）の呪言に据ゑて居る。……さうした神憑りの精神状態から来る詞章が、度々くり返された結果、きまつた形を採る様になつた。……むすびと言ふのは、すべて物に化寓らねば、活力を顕す事の出来ぬ外来魂なので、呪言の形式で唱へられる時に、其に憑り来て其力を完うするものであつた」（傍線は折口）と述べている（「国文学の発生（第四稿）」、『折口信夫全集1』、一二五－六頁）。「物に化寓」る「外来魂」が、本論考で言う「もの神」である。

(21)佐藤正英「花鳥風月としての自然の成立」(金子武蔵編『自然　倫理学的考察』所収論文)が詳細に論じている。
(22)「真理」は西洋哲学の翻訳語として手垢にまみれ、真理概念も多様だからである。
(23)西洋近代哲学で確立した「自我(超越論的自我)」による世界の構成という認識は、仏教からすればどこまでもその背後に我欲(煩悩)を潜在させた認識に過ぎない。
(24)バラモン教では、火の神アグニ、太陽神スーリア、天神ディアウス、地神プリティヴィーをはじめ、雷・風・雨など多くの自然神が祭られた。本論考で言う擬人化された「もの神」に該当するだろう。これらの自然の神々は、ヴェーダ文献の中で次第に抽象化・精神化され、一なる神「ブラフマン」へと統合された。
(25)『原始仏典』、二四頁。
(26)『金光明経』は曇無讖訳の四巻本。『金光明最勝王経』は義浄訳の新訳で十巻本。護国経典として『法華経』が重視されるようになるのは、天平六年(七三四)からであり、他の護国経典からは少し遅れる。
(27)『類聚國史』巻百八十「仏道部七」、天長六年条。
(28)『続群書類従』第二七輯下、「多度神宮寺伽藍縁起閉并資材帳」。
(29)東大寺大仏建立に助力したことで国家と結びつき、九世紀初等には「護国霊験威力神通(大自在王)大菩薩」の号が朝廷から授けられた。
(30)以上の神仏関係についての記述は、主に拙著『最澄再考』による。また初期の神仏関係思想については、辻善之助の先駆的研究(『日本仏教史』第一巻)、以降、様々に論じられている。論点を整理したものとしては速水侑『日本仏教史　古代』、一一三頁以下、また、中村生雄『日本の神と王権』、九七頁以下参照。
(31)安然は、草木が果たしてそれみずからのはたらきのみで成仏するのか、人間や他の諸仏のはたらきが必要なのかを巡ってその後も思索を重ねている。末木によれば、後期の『菩提心義抄』では、「真如の随縁だけでなく、諸仏の行と誓願や一切衆生の業の果報という要素を草木成仏の根拠として挙げて」いる。末木文美士『草木成仏の思想』一一〇頁。

(32)『天台本覚論』、一六七頁。

(33)末木前掲書、一二九－一三〇頁。

(34)「本地垂迹」は中国の天台教学の仏身論において使用された概念である。そこでは、この世に現れた釈迦仏は垂迹（化身）であり、本地（本体）は遥か昔より仏であった久遠実成の存在であるという主張がなされた。その本迹関係思想が、日本の神々に応用されたと考えられている。また、聖徳太子を観音菩薩の化身とするなど、仏教の化身思想も背景にあるとされる。

(35)『鎌倉旧仏教　日本思想体系十五』所収。

(36)『岩波仏教辞典第二版』では、「権化神・実類神」の項目を立て、「実類神」については「自然霊や死霊のままにとどまった自然神（民俗神）」と説明している。祟りをなす「ひと神」とは、いわゆる御霊《ごりょう》である

(37)『中世神道論日本思想体系十九』所収。

(38)『三角柏伝記』『中臣祓訓解』『豊葦原神風和記』に見られる。『日本史小百科　神道』八頁参照。

(39)拙稿「『一遍聖絵』に描かれた一遍と神々――「仏法を求める垂迹神」をめぐって――」参照。

(40)以下、アマテラスから「大元尊神」に至る記述は、『日本史小百科　神道』および『新アジア仏教史12日本　躍動する中世仏教』の伊藤聡の論考を参考にした。伊藤には『神道とは何か－神と仏の日本史』『神道の形成と中世神話』という中世の神仏関係を詳細に論じた書もあり、参考にした。

(41)すでに鎌倉末期には、『鼻帰書』で「根本枝葉果実説」が説かれていた。仏法の根本は日本にあり、それがインド・中

国で花開いたとする考えで、神道家においては通説であった。反本地垂迹とは、「（日本の）神ヲ本地、仏ハ垂迹」（『麗記制作抄』）とする考え方である。

（42）吉田神道は戦国時代を通じて発展し、近世においても幕府と結びついて存続していったが、地方の大社との軋轢やもう一つの神道家である白川家との争いもあり、その思想がすべてに及んだわけではなかった。『日本史小百科　神道』、二一二頁以下参照。

（43）修験道の自然観は重要であるが、注記するに留める。修験道は奥山や島に籠って修行し、霊的な力（「験力」）を身につけようとする仏教の一派であり、中世以降組織的に発展した。日本独自の宗教形態とされる。そこでは神々の世界であった奥山や島が、仏教的に意味づけられて修行の場となった。立山、熊野、出羽三山などが代表的な場である。山中は死後の世界であり、天・阿修羅・餓鬼・畜生・地獄界があり、山頂部は浄土に通じており、そこで阿弥陀仏や諸菩薩に出会うことができるという（浄土への近道）。吉野・大峰・熊野の峰々は密教の胎蔵・金剛界曼荼羅に重ねられ、多くの仏菩薩が点在する場とされた。

（44）一般的に、倫理学・政治学的な面から捉えた場合「儒学」と呼び、宗教的な面からとえられた場合「儒教」と呼ぶことが多い。本論考では宗教的な面も捉えるが、一応「儒学」表記で統一する。

（45）宋代に新儒学と呼ばれる思想運動が興る。その中で朱子（朱熹一一三〇－一二〇〇）は、『論語』『孟子』『大学』『書経』『易経』などの儒学文献のみならず、仏教（禅）、道教、陰陽道なども取り込み、儒学を体系化した。

（46）井筒俊彦は、朱子の天理（太極）を、イスラーム哲学者イブン・アラビー（一一六五－一二四〇）の「存在」（「無（経験的事物）」に対する）や大乗仏教の「真如」と同じ次元のものであるとする。

（47）山崎闇斎は、会津藩主保科正之に影響を与えた朱子学者である。闇斎は吉田神道や伊勢神道を学び、朱子学と神道を結びつけた「垂加神道」を説く。朱子学の天理（太極）と日本神話の神とを同一視することは羅山と同様であるが、普遍的な儒学の宇宙生成論が日本では神話としてすでに表現されているとした。そしてアマテラスと天皇は、「天理＝神」との一体（「天人唯一」）を実現した人であるとする。

(48) 天道の人格化は、中江藤樹（一六〇八‐四八）に著しい。万物を生成する根源を「太虚（神明）」とともに「天帝」・「皇上帝」という人格神的な呼び方もし、その根源的普遍的な働きを「孝」とする。

(49) 羅山はマテオ・リッチ（イタリア人イエズス会員、カトリック司祭で、中国で伝道した）の『天主実義』を読んでおり、一六〇九年に、キリシタンのハビアンと、太極（天理）とデウスの先後を論争している。『江戸の思想家たち　上』、四三頁参照。

(50) 『東路記』、『和州巡覧記』など多くの紀行文がある。『筑前国続風土記』は藩内をくまなく歩き回って書いている。

(51) 益軒は、宮崎安貞の『農業全書』の序で、孟子の徳治論を引用しつつ、農業が「民生」に欠くことが出来ないものであると述べている。

(52) 源了園『実学思想の系譜』、三七頁。

(53) 「死道理」とも表現する。それに対して活動して止まない筋道あるあり方を「活動理」と表現し（『童子問』下二五）、知によっては捉え尽くすことができないと言う。

(54) 天から降される事態が幸不幸という両義的なものであるとするのは、人間の側の判断（自己中心的な判断）である。「安んずる」という境地はその判断を超えている。そこには明らかに仏教的な覚知の境地（あるいは認識批判）と類似するものがあるだろう。徂徠が指摘している。

(55) 仁斎にも孔子を「最上至極宇宙第一の聖人」（『童子問』下五〇）とする、孔子の「ひと神」化がある。しかし聖人になることは可能であるとする。

（56）相良亨は、近世思想のみならず、日本人一般の傾向として指摘する。特に「日本人の理法のとらえ方」論文を参照。

（57）福沢諭吉は、東洋にないものとしての「実学」（物理学）と「独立心」を挙げた。独立心とは、カント的な啓蒙の主体であり、世界を構成する主体・人間理性の意であろう。

（58）拙稿「和辻哲郎と仏教」参照。

参考文献

伊藤聡編『日本史小百科　神道』東京堂出版、二〇〇二年

伊藤聡『神道とは何か―神と仏の日本史』中央公論新社、二〇一二年

伊藤聡『神道の形成と中世神話』吉川弘文館、二〇一六年

上野誠『日本人にとって聖なるものとは何か』中央公論新社、二〇一五年

上原雅文「神に関わる聖地の景観構造」（『日本における神仏関係思想をめぐる倫理学的基礎研究―神・仏概念の原理的解明―』平成十五～十七年度科学研究費補助金（基盤研究（C）（2））研究成果報告書、二〇〇六年）

上原雅文『最澄再考―日本仏教の光源』ぺりかん社、二〇〇四年

上原雅文「和辻哲郎と仏教―普遍と特殊をめぐって」、『理想 No.677　特集　和辻哲郎』理想社、二〇〇六年

上原雅文「『一遍聖絵』に描かれた一遍と神々―「仏法を求める垂迹神」をめぐって―」、『寺社と民衆』（民衆宗教史研究会）、第八輯、二〇一二年

岡倉天心『茶の本　日本の目覚め　東洋の理想』筑摩書房、二〇一二年

折口信夫「国文学の発生（第四稿）」、『折口信夫全集1』中央公論社、一九九五年
折口信夫「大嘗祭の本義」、『古代研究Ⅲ　民俗学篇3』角川ソフィア文庫、一九七五年
金子武蔵編『自然　倫理学的考察』以文社、一九七九年
相良亨編『江戸の思想家たち　上・下』研究社出版、一九七九年
相良亨編『講座　日本思想　第1巻　自然』東京大学出版会、一九八三年
相良亨「日本人の理法のとらえ方」、『相良亨著作集5　日本人論』ぺりかん社、一九九二年
佐藤正英『日本倫理思想史　増補改訂版』東京大学出版会、二〇一二年
佐藤正英『古事記神話を読む』青土社、二〇一一年
佐藤正英『日本の思想とは何か　現存の倫理学』筑摩書房、二〇一四年
末木文美士『日本宗教史』岩波書店、二〇〇六年
末木文美士編『新アジア仏教史12日本　躍動する中世仏教』佼成出版社、二〇一〇年
末木文美士『草木成仏の思想』サンガ、二〇一五年
辻善之助『日本仏教史』第一巻、岩波書店、一九四四年
中村生雄『日本の神と王権』法蔵館、一九九四年
野本寛一『神と自然の景観論』講談社、二〇〇六年
速水侑『日本仏教史　古代』吉川弘文館、一九八六年
菱沼勇『日本の自然神』有峰書店新社、一九八五年
益田勝実『秘儀の島』筑摩書房、一九七六年

松本直樹『神話で読みとく古代日本』筑摩書房、二〇一六年
丸山眞男『中世と反逆』筑摩書房、一九九八年
宮家準『修験道思想の研究』春秋社、一九八五年
源了圓『実学思想の系譜』講談社、一九八六年
和辻哲郎『日本倫理思想史（上）』岩波書店、一九五二年
『原始仏典』筑摩書房、一九七四年
『近世思想家文集　日本古典文学大系九七』岩波書店、一九九六年
『鎌倉旧仏教　日本思想体系十五』岩波書店、一九七一年
『天台本覚論　日本思想体系九』岩波書店、一九七三年
『中世神道論　日本思想体系十九』岩波書店、一九七七年
『風土記　日本古典文学大系二』岩波書店、一九五八年
『日本の思想一八　安藤昌益・富永仲基・三浦梅園・石田梅岩・二宮尊徳・海保青陵　集』筑摩書房、一九七一年
『日本書記（1）　新編日本古典文学全集（2）』小学館、一九九四年
『道元　上　日本思想体系十二』岩波書店、一九七〇年
『一遍上人全集』春秋社、一九八九年

第Ⅱ部　自然と女性

第三章　異類・女性・変身
――アンジェラ・カーターとアナ・マリア・パチェコの作品にみる民話的変身のモティーフ

村井まや子

1　異類婚姻譚と自然

「美女と野獣」の物語は、世界でもっともよく知られる異類婚姻譚のひとつだろう。裕福な商家に生まれた父親思いの美しい末娘が、父親の事業が傾いたことで突然貧しい暮らしを強いられるが、懸命に家事をこなして家族を支える。ある日仕事で旅に出た父親は森のなかで道に迷い、とある屋敷で夜を明かす。帰り際に末娘へのお土産にと、庭に咲く一輪のバラを手折った途端、屋敷の主人である恐ろしい姿の野獣が目の前に立ちはだかり、バラの花と引き換えに自分の命か娘のどちらかをよこせと迫る。帰宅した父親の話を聞いた末娘は、みずから野獣のもとへ向かい、共に暮らすうちに、しだいに心優しい野獣への愛が芽生える。美女の愛によって魔法が解け、野獣は元の美しい王子の姿に戻り、二人は結婚していつまでも幸せに暮らす。

十八世紀フランスの中流家庭に生まれ、イギリスに渡って家庭教師をしたのちに帰国し、児童教育に生涯を捧げたボーモン夫人（ジャンヌ＝マリー・ルプランス・ド・ボーモン、一七一一－一七八〇年）が、裕福な家庭の子女の教育を目的として書いた「美女と野獣」が下敷きにしたのは、古くは口承の物語に起源を持つ異類婚姻譚と呼ばれるおとぎ話である。世界各地に伝わる異類婚姻譚のうち、ヨーロッパでみられる多くの物語では、主人公は親の意向で異類のパートナーと結婚させられるが、やがてパートナーの正体が人間――多くはハンサムな王子様――であることがわかり、ハッピーエンドとなる。文字化されたヨーロッパ最古の異類婚姻譚とされる二世紀ローマのアプレイウスによる『黄金のろば』のなかの一挿話「クピードーとプシューケー」では、美しい娘プシューケーは、恐ろしい大蛇であると噂されている裕福な男性のもとに嫁がされるが、ある夜、決して姿を見ないようにと言われていた夫の姿を盗み見たところ、美しい愛の神クピードーであることを知る。姿を見られたクピードーは妻のもとを去るが、プシューケーは試練の旅を経て愛する夫との再会を果たし、ハッピーエンドを迎える。

人と異類との婚姻をめぐるこの古い物語は、多くの文化圏で幅広い世代の人々を魅了し続け、小説、映画、マンガ、アニメ、テレビドラマ、舞台芸術、アート、ファッションなど、現在もさまざまなメディアによる翻案が各国で生み出され、文化の違いを超えて広く共有されるグローバルな文化遺産となっている。本稿では、イギリスの作家アンジェラ・カーター（一九四〇－一九九二年）の短編小説「トラの花嫁」と、ブラジルからイギリスに渡った芸術家アナ・マリア・パチェコ（一九四三年－）のドライポイントによる銅版画のシリーズ『変身物語』を取り上げて、これらの作品における異類婚姻譚と、動物への変身という民話的モティーフの再解釈に、人と自然、特に女性と野生動物との関係がどのように表されているかを、フェミニズムとエコクリティシズムの接点であるエコフェミニズムの視点からみていく。二〇世紀後半、特に一九九〇年代以降に盛んになったエコクリティシズムは、生態学や哲学など複数の分野の概念を取り入れた文学批評の実践を通して、環境破壊の拡大がもたらす問題への対処に貢献することを意図している。エコフェミニズムとは、自然環境の破壊と女性の抑圧の構造に相似性を見出し、文化／自然、男／女といった二項対立の脱構築を目指す批評であり、本稿では、本書の第一章と第二章で論じられた諸文化の伝統的な自然観の基底にある思想を再検討し、今まさに起きている環境問題に文学と美術の批評を通して創造的にかかわることを目指す。

2　美女から野獣へ

「父はトランプの賭けに負けて、私を野獣に差し出した」という一文ではじまる「トラの花嫁」は、アンジェラ・カーターが一九七九年に出版したおとぎ話の再話集『血染めの部屋』に収められた短編小説である(1)（*The Bloody Chamber* 63）。『血染めの部屋』には、表題作のもとになっている「青ひげ」のほか、「美女と野獣」「赤ずきん」「白雪姫」などのヨーロッパの古典的なおとぎ話を、六十年代末から七十年代にかけて興隆した第二波フェミニズムを体験したカーターが、ジェンダーとセクシュアリティにまつわる固定観念を覆す目的で、大人の読者向けに書き換えた短編一〇編が収められている(2)。

ヒロインの一人称の語りによる「トラの花嫁」は、ボーモン夫人の「美女と野獣」のプロットを踏襲しつつ、家父長制的イデオロギーが女性と動物――つまり人間の男性以外の存在――の主体性と欲望を抑圧し、彼らを社会の周縁に追いやる仕組みを暴き出し、そのような支配構造からの脱出をハッピーエンドとする物語へと書き換えている。ボーモン夫人の物語では、美女は父親から夫へと、まるで男性たちの所有物であるかのように引き渡される。十八世紀のイギリスとフランスで子女の教育に身を捧げたボーモン夫人は、当時女性が幸せになるためには、地位と財産のある男性との結婚がかなめであった実情を踏まえて、結婚前の女性に実際的な教訓を与えるために「美女と野獣」を語ったのだった。その結果強調された美徳は、姿形が恐ろしいだけでなく教養のかけらもない、しかし莫大な財産を持つ野獣との社会から隔離された生活に、一時的にではあるが耐えねばならないヒロインが払う自己犠牲である。そしてそのような自己犠牲によって利益を受けるのは、ヒロイン以上に、父親と夫であるともいえる。父親は野獣に美しい娘を譲り渡した返礼として莫大な経済的利益を得ることになるし、野獣は元来の人間の姿を取り戻したことによって、再び社会に受け入れられ、社会的地位を回復する。この物語の最後に訪れる野獣の人間への変身は、女性の自己犠牲による男性の救済が、この物語の裏のテーマであることを示しているとも解釈できる。そして救済されるべき哀れな状態というのが、どの動物であるかがはっきりとは示されない「野獣」なのだ。

ボーモン夫人版の「美女と野獣」では、野獣は人間と明確に対比され、外見の醜さと知的能力の低さ、そして粗野なふるまいが繰り返し強調される。美女はこれらの欠点にもかかわらず、野獣を愛することを学ばなければならず、嫌悪感を克服したことへの報酬として、「人間以下」として定義されたこれらの「獣性」はすべて消え去る。ここで前提とされているのは、明らかに人間＞動物という階層秩序であり、野獣はそのままの姿で美女と結ばれることはなく、最終的に「人間」に格上げされる。

小澤俊夫が『昔話のコスモロジー――ひとと動物との婚姻譚』のなかで指摘しているように、人と動物を明確に区分し、非対称的な階層秩序としてとらえる傾向は、特にキリスト教文化圏の異類婚姻譚に顕著である。それに対して、例えば「鶴女房」などの日本の異類婚姻譚では、人と動物との境界がより曖昧で、人から動物へ、あるいは動物から人への変身は、魔法という特別な手段を用いることなく、日常と地続きのできごととして語られることが多い。そして動物の配偶者は、人間と比べて外見上の美や知性の点で劣るとは限らず、人と動物は対等な関係にあることが多い。

カーターの「トラの花嫁」は、ボーモン夫人の「美女と野獣」が前提としている男性中心的かつ人間中心的な階層秩序を問い直し、それを覆す新たな人と動物、そして男女の関係のあり方を提示している。「トラの花嫁」のヒロインは、女性と動物の両者を「人間＝男性」以下の存在として疎外する家父長制の支配構造に気づいたとき、自らのうちにある動物としての本能と知性、そして美しさに目覚め、最後に自らがトラに変身することで、ハッピーエンディングを迎える。美女から野獣へという、従来の物語とは逆方向の変身により、ヒロインは男性のあいだで交換される「美女」という名の高価な商品であることをやめ、彼女を縛っていた家父長制の抑圧から解放される。

「トラの花嫁」に登場する野獣は、財力はあるが、動物であるがゆえに人間社会から疎外された孤独な存在として描かれる。ここでカーターが、ヒロインのパートナーとして、ボーモン夫人版のように「野獣」という人間以下の生きものとして曖昧に想定された抽象的存在ではなく、トラという実在の動物を選んだことは重要である。トラは自然界の食物連鎖の頂点に立つ大型捕食動物の一種だが、産業革命以降の急速な工業化と経済発展に伴って生態系が破壊され、現在絶滅が危惧されている野生動物でもある。また、トラはその獰猛さと美しさから、さまざまな文化圏に伝わる物語や美術のなかで、特権的な生きものとして描かれてきた。野生のトラが激減した現在でも、トラという動物に込められた象徴的な力は衰えていないといえる。

（図1）William Blake. “The Tyger”

イギリス文学におけるトラのイメージの形成に大きな影響を与えた作品に、ウィリアム・ブレイクによる「トラ」と題された詩と挿絵がある（図1）。一七九四年に出版された詩集『経験の歌』に収められたこの詩は、先行する詩集『無垢の歌』（一七八九年）のなかの「子羊」と対をなしており、ブレイクの代表作のひとつとみなされている。カーターの「トラの花嫁」がブレイクの「トラ」を踏まえて書かれたことは、ヒロインが自分自身を子羊にたとえ、トラと共に生きていくための掟を認識する次のくだりからも明らかである。「トラは決して子羊と共に横たわることはないだろう。相互的ではない契約は認めないからだ。子羊はトラと共に駆けることを学ばなければならない」（*The Bloody Chamber* 64）。ブレイクの詩では、崇高な美と恐るべき破壊力をあわせ持つトラは、キリスト教の生贄の典型である子羊の対極にあり、自然界の「恐るべき均衡」を表す動物として描かれる（Blake n. p.）。カーターはエッセイ「子羊よ、さまよえ」のなかで、ブレイクのこの詩は「トラのことを描いているのではまったくない」と述べ、ブレイクによる「ディズニー風」のトラの絵は、「背中にチャックが付いていて、開けたらなかにパジャマが入っていそう」だと揶揄する（"Little Lamb, Get Lost" 305-306）。そして、自らが属する文化圏の「獣」に対する認識を次のように批判する。「ユダヤ＝キリスト教が巧妙に刷り込む悪習のひとつは、獣をどのような意味においても人間と対等に扱うことを許さず、人間が自らの獣性や無垢について抱く幻想を、獣に投影するよう仕向けることである」（306-307）。

批評家グイド・アルマンジーは、「アンジェラ・カーターはトラを描くのがとても上手く、それは他の野生動物についてもいえる」と述べ、カーターの小説が野生動物たちを、「動物学的性質と、観察者である人間に与える心理的効果の実際のありよう」の両面において、どのように描写しているかを分析している（Almansi 222）。例えばアルマンジーは、一八九二年にアメリカ、マサチューセッツ州のフォール・リバーで、父親と継母を斧で殺害したとされる実在の人物リジー・ボーデンを主人公に据えたカーターの短編「リジーのトラ」において、トラとの出会いが、リジーがのちに犯す殺人のインスピレーションとなったことが示唆されていると論じる。まだ四歳のリジーは、サーカスのテントでみかけたトラに夢中になり、檻の柵越しにトラと見つめ合う。そして、魔法にかけられたかのような瞬間が訪れる。「すらりとした獣は跪いた。まるでこの子の存在に服従するかのように、まるで世界中でただ一人、この子が、肉を食べる必要のない平和な王国へと、自分を導いてくれるかのように。しかしそれは、「まるで」というに過ぎなかった。明らかなのは、その獣が跪いたということだけだ。」（*American Ghosts* 14）少女とトラが檻越しに邂逅するこの場面では、二者のあいだに内的なつながりが生じ、それが互いの存在に変容をもたらしたことが示唆されている。このように「リジーのトラ」を少女とトラとの深い精神的な交歓の物語として読むとき、この物語を「トラの花嫁」と同じ異類婚姻譚のヴァリエーションとみなすことができるだろう。しかし、リジーが生きた一九世紀末ニューイングランドのピューリタン社会の現実においては、ひとたび人間と獣とを分かつ境界を越えた愛を知ってしまった彼女には、アウトサイダーとして生きることが運命づけられる。それに対し、おとぎ話のモードで書かれた「トラの花嫁」では、異種間の愛という同じモティーフは、子羊がトラと共に駆けることができる、幸福な結末の可能性を開くための重要な鍵となる。

カナダの作家マーガレット・アトウッドは、カーターの作品を論じた評論「トラと共に駆ける」のなかで、『血染めの部屋』と、カーターが同年の一九七九年に出版した、マルキ・ド・サドの作品の革新性と限界を論じた評論『サド的女』の二作品における、捕食者／被食者という二項対立のテーマについて考察している。アトウッドは、「両作品において、線引きの基準とされているのは、男性と女性というよりは、「トラ」と「子羊」、肉食獣と草食獣、捕食する者とされる者である」（Atwood 118）。アトウッドはさらに、カーターの『血染めの部屋』が、サドが前提としたトラ／子羊という二項対立を引き継ぎつつ、より可変性のある相対的な見地から、「子羊性とトラ性は、いずれのジェンダーのなかにも見出せるし、同じ個人のなかでもその時々でいずれも見出すことができる」と考えていると論じる（121–122）。

カーターが『血染めの部屋』で行ったおとぎ話の語り換えを批評する際に、トラやオオカミなどの猛獣は、異性愛の関係の枠組みにおいて、特に暴力的なセクシュアリティと結びつけて解釈されてきた。「トラの花嫁」と、「赤ずきん」の再話である「オオカミの仲間」の二話は、少女がみずからのうちなる獣的な欲望の存在を認識するに至る、心理的・性的な目覚めについての寓話として読まれることが多い[3]。カーター自身もあるインタヴューのなかで、おとぎ話を書き換える際にとった戦略について、「伝統的な物語の潜在的な要素を取り出して使いました。そしてその潜在的要素は、暴力的なまでに性的です」と述べている（Goldsworthy 6）。しかしここでは、カーターが描く女性と野獣の親近性を、エコクリティシズムの視点から再解釈したい。批評家マルティーヌ・ヘナールは「トラの花嫁」について、「ディープ・エコロジーの寓話」として読むことが可能であり、「これまで支配され、搾取され、排除されてきたさまざまな形態の他者性を再考している点で、自らの他者性と傷つきやすさを受け入れる、新たなヒューマニズムを示唆している」と述べ、今後この方面での研究が求められるだろうと述べている（Hennard 262）[4]。

「トラの花嫁」をエコクリティシズムの視点から読み直す際に、この物語が結末で喚起する、トラ＝捕食者と子羊＝被食者を分け隔てる境界が消え去る楽園のヴィジョンが、キリスト教的色彩を帯びていることは、本書が試みる自然観の国際比較にとって重要な点である。物語のクライマックスでの、ヒロインのトラへの変身の場面で強調されるのは、人とトラという異なる種のあいだの境界を踏み越える逸脱行為がもたらす解放感である。人間の仮面と衣裳を少女の前ではじめて脱ぎ捨てたトラは、ざらざらした舌でヒロインの体をなめ始める。「そして彼の舌がなめるたびに、肌が一枚ずつはがされてゆき、この世で生きてきた分のすべての肌がはがされて、生まれたての光り輝く毛並みがあらわになった。イヤリングはふたたび水に戻り、肩を伝って流れ落ちた。私は美しい毛皮の上のしずくを振り払った。」（*The Bloody Chamber* 83）。このように種を越境する行為自体がもたらす快楽を強調することは、越えられるべき境界の存在を、かえって補強するという一面があることは否めない。

その意味で、「トラの花嫁」のなかで、人と動物の関係を新たに想像し直すきっかけとなるイメージとして、ここで注目したいのは、フェミニズム的な解釈において特に重視されてきた結末の変身の場面よりも、ヒロインがトラとその召使いのサルと一緒に馬に乗って冬の沼地へと出かける、次の場面である。

深く奇妙な感覚におそわれた。（中略）人間の男たちは、うら若き乙女である私には理性がないものと決めつけた。彼らは自分と異なる存在にはみな、理性が欠けていると考える。そう考えることこそが非理性的なのに。辺り一面に広がる荒涼とした野原には、人っ子ひとり見当たらなかったが、馬と騎手合わせて六名の私たちの一行のなかにも、魂を持つ「人」と呼べるものは誰もいなかった。世界の最良とされている宗教はすべて、獣と女性には、もろく実体のない魂とやらが備わっていないと断言しているからだ。神がエデンの園の扉を開いてイヴとその仲間たちを放り出したその時から。（*The Bloody Chamber* 77–78）

ここに描かれている光景は、キリスト教的な人間＝男性中心の枠組みのなかで人と動物が調和した楽園のイメージからはほど遠い。トラとサルと人間の女性を乗せた三頭の馬が連れ立って駆けていくイメージは、人と動物、捕食者と被食者、男性と女性を区別することが困難な、あるいは無意味な世界を形作っている。ヒロインはトラと共に駆けることを学ばねばならないだけでなく、自分を取り囲む自然を、「荒涼」としてではなく、互いが互いの資源である存在として、共存する仕方を学ばねばならない。イタリアが舞台となっているこの物語のヒロインが、いまも五〇〇頭余りのアムールトラが極東のタイガの森を駆けめぐっているという、ロシアからの旅行者であることは意味深い。

3　ジャガーの食べ方

カーターの「トラの花嫁」のこの奇妙な狩りの一行のイメージは、アナ・マリア・パチェコが描く女性と動物が入り混じるイメージと響き合う。ブラジルのゴイアニアに生まれたパチェコは、軍事独裁政権下で文化の弾圧が進むなか、より自由な創作活動の場を求めて一九七三年にイギリスに渡り、現在はロンドンを拠点に彫刻、絵画、版画と複数のメディアを行き来しながら作品を制作している。先住民、一六世紀以降に入植したヨーロッパ人、そしてヨーロッパ人に奴隷として連れて来られたアフリカ人という、三つの出自を持つ文化が混在するブラジルで生まれ育ったパチェコの作品には、異なる文化に由来する物語や美術の様式と、実在および架空の生きものたちがせり合いながら共存している。

パチェコがアマゾン川流域に暮らす先住民に伝わる民話二編をもとに制作した六枚の版画のシリーズ『変身物語』（*Tales of Transformations 1-6*, 一九九八年）は、人と動物の関係について、ユダヤ＝キリスト教文化で生まれた物語とは別の物語を語っている。上で論じたように、ユダヤ＝キリスト教圏の物語では、エデンの園がいつもすでに失われたユートピアとして想定され、カーターが描くトラと子羊が共に駆ける理想の王国も、この楽園失墜後の状態との関係において想起されている。以下ではまず、『変身物語』の後半部分4－6で語られる、「ジャガーの体に絵を描いた女」の物語を、カーターの「トラの花嫁」と比較しながら論じる。

「ジャガーの体に絵を描いた女」は、アマゾン川流域の南東部に位置するシングー川流域に暮らす、カヤポ族に伝わる民話である。カヤポ族はブラジルに現存する二四〇にのぼる部族のなかで、「おそらく最も豊かで、強い力をもつ部族」とみなされており、儀式や独自の言語などの伝統を守り、「森に関する深い知識」と「自然と人間が一つにつながっていると考える世界観」を持つとされている。(5) 母親からさまざまな物語を聞いて育った――「母は一日の終わりに子どもたちを座らせて、夜空に星がのぼるのを見せながら物語を語り聞かせたものでした」(Kociejowski n. p.)――というパチェコは、ブラジル先住民の物語の伝統にも子どもの頃から親しんでいた。「ジャガーの体に絵を描いた女」の話を、パチェコは次のように語る。

おばあさんが孫娘の体に、インディオがやるように絵を描いていたら、まだら模様のジャガーがやって来ました。インディオの神話によく登場する、大きくて、とても危険な生きものです。ジャガーは「私の体にも絵を描いて欲しい」と言いました。おばあさんは、賢いので、「じゃあ、まずお前を茹でなければならないね」と答えました。おばあさんはこうしてジャガーを殺し、孫娘にこう言いました。「いいかい、この肉を決して食べてはいけないよ。」そのあとすぐ、二人が森を歩いているとき、おばあさんがふと孫娘を見ると、オセロット（ヤマネコの一種＊著者注）に変身していました。娘がジャガーの肉を食べたことは明らかでした。(Kociejowski n. p.)

（図2）Ana Maria Pacheco. *Tales of Transformations 4*

パチェコがこの話をもとに制作した三枚の版画の最初の場面（図2）には、ボディーペインティングの染料として使うものと思われる木の実をもぎ取っているおばあさんと、これからボディーペインティングを施される孫娘の二人が描かれている。カヤポ族のあいだでいまも行われているボディーペインティングは、家族のなかで、通常は祖母から孫娘へと受け継がれる技術であり、描か

（図３）ワウラ族のつぼ

れた文様は魔力を持つと信じられている。社会人類学者ピーター・ガウは『アマゾンの神話と歴史』のなかで、アマゾン川流域に暮らす先住民のあいだで行われる少女の通過儀礼において、ボディーペインティングが重要な役割を果たすことを指摘している（Gow 114）。ガウによると、伝統的な意匠の型と自由に創作した補助的な線を組み合わせた意匠制作の「知識」を会得した女性だけが、少女の通過儀礼でボディーペインティングを施す役割を託されるという（Gow 115）。これらの人々にとって、皮膚のほかに、つぼなど日常生活で使う道具や衣服に文様を描くこと——その行為をガウは「美の探求」と呼んでいる——は、年長の女性の特権であり、彼女たちは孫の世代の少女たちにその知識を伝授する。図３はパチェコが所有するつぼで、カヤポ族と同じくシングー川流域に住むワウラ族によって制作されたものである。ふたのつまみはジャガーの頭の形をしており、つぼにはワウラ族に特有の文様が描かれている。

パチェコが描くおばあさんは、自らのアーティストとしての技と知識に自信を持ち、絵を描くことに喜びを見出す成熟した女性として描かれている。二人の女性の足元にはバクが描かれている。バクはジャガーとともにブラジルの先住民の神話や民話のなかで重要な役割を担う動物で、パチェコの作品にもよく登場し、変身と魔法の要素を表すモティーフと考えられる。草食動物であるバクは、肉食獣であるジャガーと対比され、ここではジャガーが登場する以前の平穏で無垢な世界を象徴すると同時に、これから起きる不思議なできごと、つまり人から動物への変身を予兆しているようだ。

次の場面（図４）では、火にかけられた大きなつぼのなかで大人しく茹でられているジャガーを、二人の女性が見

（図4）　Pacheco. *Tales of Transformations 5.*

（図5）　Pacheco. *Tales of Transformations 6.*

ている。ジャガーは女性たちを疑っている様子はなく、左側に腰かけている孫娘は、彼の威厳に満ちた美しい姿に感心してみとれているようにも見える。そして最後の場面（図5）では、おばあさんが手と足以外はオセロットに変身した孫娘の手を取り、星空の下、夜の森のなかを歩いて行くところが描かれている。小さなジャガーとして生まれ変わったばかりの若い女性を、自信と好奇心と勇気に満ちた年長の女性が、未知なる世界へと導いているかのように見える。

パチェコによる「ジャガーの体に絵を描いた女」の視覚的な語り直しは、年長者の言うことを聞かなければ罰が下る、というこの物語の表向きの教訓とは異なる、エコフェミニズムの視点からの解釈の可能性を開いているといえる。パチェコの版画のイメージは、孫娘がジャガーの肉を食べることは、少女が大人の女性になるために必要な行為であるとの解釈を前景化している。ブラジルの伝統的な物語文化のなかで、最も恐れられ、かつ崇められてきたジャガーの持つ力を、少女は文字どおり自分の体の一部として取り込む。この死と再生をめぐる一連の過程は、禁忌を発するおばあさんによってそのきっかけが作られることを考えると、おばあさんは少女が禁忌を犯して人生の新たな扉を開くことに共謀しているともいえる。そしてこのおばあさんは、ブラジル先住民の暮らしを彩る動物や植物をかたどった文様にみられる、自然と芸術が統合された様式美についての知と技に精通したアーティストなのだ。

このカヤポ族の物語では、美は人と動物のあいだで等しく共有される。ジャガーがおばあさんの絵の技術をうらやむ一方で、その絵はジャガーの毛皮の斑紋を含めた自然界に存在する様式をかたどったものであり、最後に少女はジャガーを食べることで自らが自然界の美の体現者となる。ボーモン夫人の「美女と野獣」やカーターの「トラの花嫁」とは異なり、ここでの少女の通過儀礼には、少女の父親や夫といった人間の男性が一切介在していないことも重要である。

4 ジャガーと共に駆ける

最後に、「トラの花嫁」とよく似たタイトルで、ヒロインの変身後の物語として読むことが可能な、ブラジルのオファイエ族に伝わる異類婚姻譚「ジャガーの女房」を取りあげて、人と動物の関係に対するとらえ方を比較してみたい。「ジャガーの女房」は、次のような話である。

ある日ひとりの少女が、ジャガーの娘になって肉をたらふく食べられたらな、と思ったところへ、ジャガーが現れ、私と一緒に来ないか、と少女を誘った。ジャガーは決して少女を傷つけないと約束した。まわりに誰も助言する者はいなかったから、少女はジャガーについて行った。二、三ヶ月ほどして、健康で幸せそうな少女が家族のもとに戻って来て、ジャガーと結婚したことを告げた。ジャガーが家族のために肉を持って来てくれることを伝えると、家族はバクの肉が欲しいと言った。ジャガーはやがて家族の家の屋根にたびたび肉を届けることに疲れると、少女に一緒に村に引っ越そうと提案した。ジャガーの女房の家族は肉をもらえることを喜び、少女の狩りの技術をたたえたが、夫のジャガーのことはまだ信用していなかった。そのうち、おばあさんが少女の体に黒い斑点が現れ、かぎ爪と牙が生え始めたことに気がついた。おばあさんは呪文を使って彼女を殺した。家族はジャガーが報復に来るのではないかと心配したが、ジャガーは自分が彼らを公平に扱ったことを忘れないで欲しい、とだけ家族に言い残して立ち去り、森に戻って妻の死を嘆き悲しんだ。(Gifford 109 からの要約)

「ジャガーの女房」では、少女が結婚するジャガーは、優れた腕前の狩人であるだけでなく、少女の家族である人間たちと進んで獲物を分け合う寛大な心の持ち主である。体に現れた黒い斑点によって明らかになる少女のジャガーへの変身は、少女とジャガーのあいだに成立する共生関係から自然に導かれた成り行きとして語られる。ジャガーは人間たちが怖れたように暴力的な報復行為におよぶことはなく、おばあさんによって愛する妻が殺されても、自分の行いが公平であったことを主張はするが、最後まで相手を尊重して礼儀をわきまえた言動をとり、森で人知れず妻の死を悼む。エコフェミニズムの視点から、この物語にどのような教訓を見出すことができるだろうか。

ジャガーは他の文化圏におけるトラやオオカミと同じように、ブラジル先住民の神話や民話のなかで特に重要な役割を担う動物である。アメリカ大陸でトラとライオンに継いで三番目に大きいネコ科の動物であるジャガーは、頂点捕食者として生態系の構造の安定に決定的な役割を果たしている。ジャガーの生態については、薄明薄暮性であることと、生息域に人が近づくことが困難であることから、未だ不明な部分が多いとされているが、ブラジル民話の世界では、ジャガーは人の近くに住み、ときおり人とも交わる存在で、人と必ずしも敵対関係にあるわけではない。近年の急速な開発によるジャガーの生息域の破壊と、獲物となる他の動物の減少のため、ジャガーが人を襲う事故が増えてはいるが、本来ジャガーは人を襲うことは滅多にないといわれている。「ジャガーの女房」が示すように、ジャガーと同じく人間も――ブラジル先住民の社会では男性だけでなく女性も――狩りをして肉を食べる生きものである以上、ジャガーと人との関係は、捕食者／被食者という二項対立によってのみ規定されるものではない。ジャガーと結婚して自らもジャガーに変身したヒロインが家族によって殺されることは、種の違いを越境したことへの罰であるともとれるが、別のレベルでは、生態系の自然なバランスを崩しかねないほど多くの肉をジャガーに求め続ける人間の欲が招いた悲劇としても解釈できる。この物語のなかで、種の異なる生きものに対して「公平に」振る舞うのはジャガーの方で、ヒロインの家族はといえば、娘婿がジャガーであるというだけで彼に対する怖れと猜疑心を持ち続ける一方で、より多くの肉を持ってくるよう要求し続け、夫と共に狩りをするうちにますます狩りが上手になる娘がジャガーに変身しつつあることを知ると、家族であるにもかかわらずためらいもなく殺してしまう。「ジャガーの女房」には、同じ場所と資源を共有する生きものとしての人と動物の共存関係が映し出されており、その関係は楽園追放以前の完全なる調和でも、楽園追放以後の敵対関係でもない、人と動物、そして男性と女性の、平等と近接と共有にもとづく共生であるといえるだろう。

注

（1）本稿の英語の文献からの引用は、すべて著者が日本語に訳した。

（2）カーターの『血染めの部屋』とフェミニズムの関係については、拙論「狼少女の系譜――現代美術における赤ずきんの身体表象」を参照。

（3）前掲の「狼少女の系譜」を参照。

（4）ヘナールがここで使っている「ディープ・エコロジー」という用語は、一九七三年にノルウェーのアルネ・ネスによって提唱された、現代の環境問題を単なる技術的対応を超えたものとみなし、より根源的な価値観の転換と、それにもとづく社会構造の変革が必要であると考える思想を指している。ディープ・エコロジー思想の詳細は、アラン・ドレングソン、井上有一共編『ディープ・エコロジー　生き方から考える環境の思想』を参照。

（5）チップ・ブラウン「アマゾンの闘う先住民　カヤポ」『ナショナル・ジオグラフィック日本版』二〇一四年一月号。

図版

＊図版の掲載を許可してくださったアナ・マリア・パチェコ氏とPratt Contemporaryのスーザン・プラット氏に感謝申しあげます。

1：William Blake. "Songs of Innocence and of Experience: The Tyger." The Metropolitan Museum of Art, *Heilbrunn Timeline of Art History*. https://www.metmuseum.org/toah/works-of-art/17.10.42/

2：Ana Maria Pacheco. *Tales of Transformations* 4. 1998, from a series of 6 drypoints, edition of 20, plate: 17.5x20cm.

3：ワウラ族のつぼ（パチェコの私物、パチェコ撮影）、Collection of the artist.

4：Ana Maria Pacheco. *Tales of Transformations* 5. 1998, from a series of 6 drypoints, edition of 20, plate: 17.5x20cm.

5：Ana Maria Pacheco. *Tales of Transformations* 6. 1998, from a series of 6 drypoints, edition of 20, plate: 17.5x20cm.

参考文献

Almansi, Guido. "In the Alchemist's Cave: Radio Plays." Sage 216–229.

Atwood, Margaret. "Running with the Tigers." Sage 117–35.

Blake, William. "The Tyger." 1794. *Songs of Innocence and of Experience*. London: The Folio Society, 1992.

Carter, Angela. *American Ghosts and Old World Wonders*. 1993. London: Vintage, 1994.

—. *The Bloody Chamber and Other Stories*. London: Gollancz, 1979.

—. "Little Lamb, Get Lost." 1979. *Shaking a Leg: Collected Journalism and Writings*. London: Vintage, 1997. 305–309.

Gifford, Douglas. *Warriors, Gods and Spirits from Central and South American Mythology*. New York: Schocken, 1983.

Goldsworthy, Kerryn. "Angela Carter." *Meanjin* 44.1 (1985): 4–13.

Gow, Peter. *An Amazonian Myth and Its History*. Oxford: Oxford UP, 2001.

Hennard Dutheil de la Rochère, Martine. *Reading, Translating, Rewriting: Angela Carter's Translational Poetics*. Detroit: Wayne State UP, 2013.

Kociejowski, Marius. "Ana Maria Pacheco's Journey to the Underworld, or, *Misfortunes of a Sardine*." *PN Review* 194, 36.6 (2010). https://www.pnreview.co.uk/cgi-bin/scribe?item_id=7838.

Sage, Lorna, ed. *Flesh and the Mirror: Essays on the Art of Angela Carter*. London: Virago, 1994.

アプレイウス『黄金のろば　上巻』呉茂一訳、岩波文庫、一九五六年

小澤俊夫『昔話のコスモロジー――ひとと動物との婚姻譚』講談社文庫、一九九四年

ドレングソン、アラン、井上有一共編『ディープ・エコロジー――生き方から考える環境の思想』井上有一監訳、昭和堂、二〇〇一年

ブラウン、チップ「アマゾンの闘う先住民　カヤポ」『ナショナル・ジオグラフィック日本版』二〇一四年一月号、https://

natgeo.nikkeibp.co.jp/nng/article/20131219/377684/
ボーモン夫人『美女と野獣』鈴木豊訳、角川文庫、一九九二年
村井まや子「狼少女の系譜——現代美術における赤ずきんの身体表象」笠間千浪編著『〈悪女〉と〈良女〉の身体表象』青弓社、二〇一二年、二四三—二六六ページ

第四章　ヴィーナスの運命　一八七〇～二〇一三年

――マゾッホからポランスキーまで

鳥越輝昭

はじめに

『追放されたヴィーナス――二〇世紀美術における美の拒絶 *Venus in Exile: The Rejection of Beauty in 20th-century Art*』という好著がある。ウェンディ・スタイナー（Wendy Steiner, 1949- ）著、二〇〇一年刊。著者はこの書で、二〇世紀の前衛画家＝モダニストたちが、「畏敬、賞賛、恐怖」を重視する「崇高」の美学に基づいて、近寄りがたい作品を作ろうとし、一九世紀的な「美しい女性」を画題から排除したこと、排除には画家たちの女性嫌悪が作用したこと、さらに女性が画題として対象化されることを非難したフェミニズムの力も作用したことを論じている。著者によれば、要するに二〇世紀の絵画は「醜悪さ」が特徴となったのである。しかし著者はまた、二一世紀に近づく頃から、美を描く絵画の復活が見られることを指摘し、美は「他者」とのあいだに特別に良好な関係が生じたときに感じられるものであるから、この復権を積極的に評価すべきだと主張する（Steiner, xv-xxv）。

二〇世紀のモダニスト絵画の特徴とその理論的背景についてのスタイナーの論説は、ピカソ（Pablo Picasso, 1881–1973）の女性画やジャクソン・ポロック（Jackson Pollock, 1912–1956）の抽象画を思い出してみれば、大いに首肯される。しかし本稿では、スタイナーの主張とは異なる潮流もあったことを指摘したい。注目するのは、第一に、二〇世紀のポール・デルヴォー（Paul Delvaux, 1897–1994）のヴィーナス画であり、第二に、一九世紀のザッハー＝マゾッホ（Leopold von Sacher-Masoch, 1836–95）の小説『毛皮を着たヴィーナス *Venus im Pelz*』（一八七〇）であり、第三に、二一世紀のアイヴズ（David Ives, 1950– ）の戯曲およびポランスキー（Roman Polanski, 1936– ）によるその映画化『毛皮のヴィーナス *Venus in Fur. A Play* ; *La Vénus à la fourrure*』（二〇一一、二〇一三）である。後述するとおり、どのヴィーナスもスタイナーの提示した枠組みには収まらない。これらのヴィーナスたちは、「崇高」の美学とは別の精神史の枠組みと関連している。彼女らは、「追放」とは別の運命を付与されたヴィーナスたちなのである。

1　美女に育ったヴィーナス——ポール・デルヴォーの場合

ポール・デルヴォーは、画家としての生涯のほとんどを純粋な創作過程としてたどれる稀な存在である。理由は、長いあいだ画が売れなかったからである。画商が着いたのは、ようやく六十一歳のときである（Debra, 220）。四十八歳で大規模な個展を開催したときなどは（一九四五年、油彩九〇点、水彩三〇点以上を展示）、画はわずか一点しか売れない状態だった（Debra, 139）。デルヴォーは、長年、描きたい画を、ほぼ誰からも理解されることなく描き続けていた。

それにもかかわらず、デルヴォーの画は世界の動きを反映していた。『眠るヴィーナス *La Vénus endormie*』（一九四四）という、今ではよく知られた画がある〔図版1〕。三日月の出ている夜。岩山に囲まれた場所の、左方と奥に古代ギリシア風の神殿があり、右方にも同様の建物がある。前景中央には、赤いビロード張りの長椅子に、美しいヴィーナスが穏やかに全裸で眠っている。しかし、その左手には、赤い大きな帽子をかぶり、黒い上衣と赤いスカートをまとった死人のような女が、こちらを向いて立っている。女の前方には、向かい合って骸骨が立っており、腕と手のつくる形が女と相似である。さらに、ヴィーナスの後方では、四人の全裸の女たちが、絶望や悲嘆を表す激しい動作をしている。画を構成する個々の要素はいずれも自然主義的に描かれているが、それにもかかわらず、画全体は不自然で統一感がなく、雰囲気が異様である。

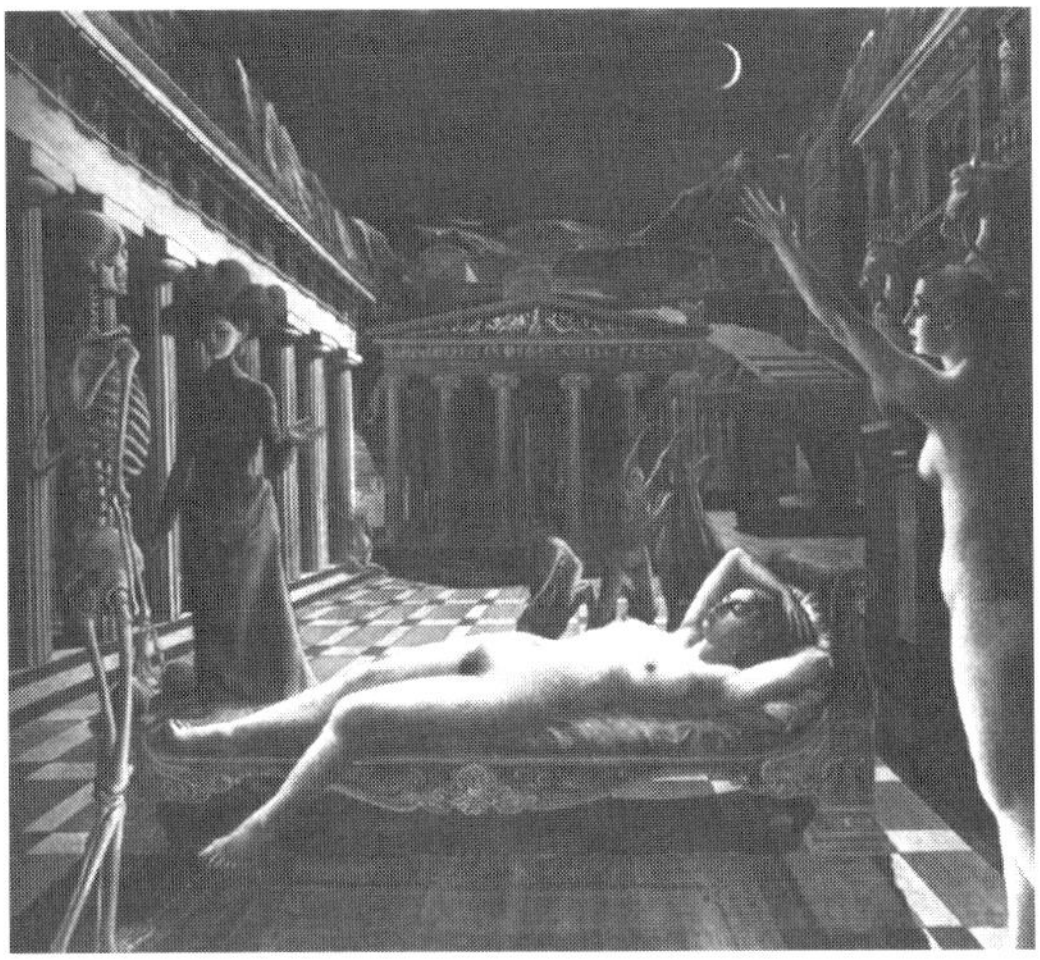

図版１　デルヴォー『眠るヴィーナス』（1944. Wikiart）

この画が世界の動きを反映していた第一点は、デルヴォーの国ベルギーの状態に関わっている。画が描かれた一九四四年には、四年にわたりナチスドイツの支配下に置かれていたベルギーの町々が、三月から連合軍の空襲を受け、九月にはデルヴォーの住む町ブリュッセルがドイツ支配から解放された（Cook. 126）。デルヴォー自身は、ドイツの占領を歓迎もしなかったが、ブリュッセル解放の祝祭にも加わらなかった（Debra. 139）。すこぶる非政治的に生きたのである。それにもかかわらず、『眠るヴィーナス』には、ドイツによる占領と連合軍の空襲が人間の精神を不安にさせた様子が、如実に画像化されている。

この画が世界の動きを反映していた第二点は、描き方に関わっている。それは「シュールレアリスム」に分類される画法である。

デルヴォーは、この画を描く十年ほど前に、マグリット（René Magritte, 1898–1967）やデ・キリコ（Giorgio de Chirico, 1888–1978）の画からシュールレアリスムの画法を学び取った（Ollinger-Zinque, 16–17）。デルヴォーは、それにより、「自由」を――自分の精神に内在していた「合理的論理を逸脱する」自由を――得たという。デルヴォーは、こう話している。

合理的な論理を一旦逸脱すれば、画の諸要素の関係が、視覚の水準でも精神の水準でも、新しい日の下に姿を現します。そして、突然、さまざまな物と人とのあいだに、それまでとは別の関係の雰囲気が浮かび上がるのです（Quoted in Ollinger-Zinque, 19. 本稿の邦訳は、以下すべて拙訳）。

『眠るヴィーナス』が世界の動向を反映していた第三点は、画のなかのヴィーナスに関わっている。その淵源は、若き日のデルヴォーが見た作り物のヴィーナスにある。ブリュッセルでは毎夏、ミディ大通りに沿ってフェアーが開かれる。一九二九年から翌年にかけては、アトラクションのひとつとして「スピッツナー博物館 Le Musée Spitzner」と称する仮小屋が建った。デルヴォーはこの施設に魅了された。そこでは、「公衆の教育」を標榜して、骸骨や瓶詰めの胎児を見せたり（De Reuse, 102）、蝋製の身体模型で各種の奇形や梅毒の症状を見せたりしていた（Ollinger-Zinque, 18）。「スピッツナー博物館」は科学の時代を象徴する施設だったのである。その展示物のひとつにヴィーナスがあった。それは全裸の女性をリアルに等身大で模型化するばかりか、胸を機械仕掛けで呼吸しているかのように動かし、まるで生きているかのように見せる人形だった（*Ibid.*, 17）。のちにデルヴォーは、「わたしが今までに描いたヴィーナスはすべてこのヴィーナスが出発点です」と語る（"Interview de Renilde Hammacher avec Paul

Delvaux," 21）。

　では、デルヴォーは、どのようなヴィーナスを生涯に描いたのか。デルヴォーの絵画作品のカタログ・レゾネ（Butor, Clair, Houbart-Wilkin: 1975）を確認し、さらに、それに含まれない作品も収録している図録（*Paul Delvaux 1897-1994*）を併せ見よう。すると、デルヴォーは画題にヴィーナスと明示した作品を表一のように十一点も描いていることがわかる。なお、アフロディテとヴィーナスとのあいだには、古代ギリシアの女神である前者が奸計をめぐらす残酷で弱虫の厄介者であるのに対して、古代ローマの女神である後者はそれらネガティブな性質を弱めて帝室と国家の守護神になった、という重要な相違があり（鳥越、二〇一七）、本稿でもこの相違はのちほど重要な論点になる。けれども、ここではひとまず一緒にまとめておく。

　これらの作品を年代順に見ると、一九三二年の作品はどちらも、「スピッツナー博物館」の内部らしい様子を描き、見物人たちを背後に、等身大の人形の

表一

『眠るヴィーナス *La Vénus endormie*』（油彩）1932
『眠るヴィーナス *La Vénus endormie*』（水彩）1932
『ヴィーナスの誕生 *Naissance de Vénus*』（油彩。ただし『構成 *Composition*』との別題あり）1937
『眠るヴィーナス *La Vénus endormie*』（油彩）1943
『眠るヴィーナス *La Vénus endormie*』（油彩）1944
『ヴィーナスへのオマージュ *Hommage à Vénus*』（油彩。ただし『娼婦たち *Les Courtisanes*』との別題あり）1944
『眠るヴィーナス *La Vénus endormie*』（油彩）1944
『鏡を持つヴィーナス *Vénus au miroir*』（油彩。ただし『鏡を持つ裸婦 *Nu au miroir*』との別題あり）1945
『鏡を持つヴィーナス *Vénus au miroir*』（油彩。ただし『鏡 *Miroir*』との別題あり）1946
『ヴィーナスの誕生 *La Naissance de Vénus*』（油彩）1947
『ヴィーナスの誕生 *La Naissance de Vénus*』（油彩）1949
『アフロディテ *Aphrodite*』（油彩）1969

ヴィーナスが横たわっている。それとは対照的に、一九四四年に描かれた『ヴィーナスへのオマージュ』と翌年に描かれた『鏡を持つヴィーナス』は、明らかに生きているヴィーナスで、姿勢も、前者は座位、後者は立位である。これら二点以後のヴィーナスたちは、すべて生きているヴィーナスである。そして、人形のヴィーナスたちと、生きているヴィーナスたちのあいだの時期に描かれたヴィーナスたちは、人形にも見えるし生きているようにも見える。すなわち、大きく捉えれば、デルヴォーの描いたヴィーナスたちには、生命のない人形から生命ある女性へという変化が見られるのである。

さらに、一九三七年以前に描かれたヴィーナスたちと、それ以後のヴィーナスたちとの大きな相違は、前者があまり美しくないのに対して、後者は明らかに美しいことである。また同じころ、ヴィーナスに限らず、デルヴォーの描く多数の女性たちが全般に、それ以前と異なり、美しくなっていったことも注目される。デルヴォーの画面には、ヴィーナスをふくめて、多数の美女が溢れるようになっていったのである。デルヴォーのこれらの美人画群は、二〇世紀の美術では「美しい女性」が排除されたというウェンディ・スタイナーの主張への小さいながら重要な例外として注目に値するだろう。

それればかりではない。デルヴォーのヴィーナス画には、別の特徴があり、これもまた時代の動向を反映していたといえる。デルヴォーの裸体のヴィーナスたちについては、広く捉えればコミュニケーションが欠如しており、直接的には性欲の喚起性が欠如している。興味深いのは、これらのヴィーナスたちは画を見る者には十分にエロティックであるし、デルヴォー自身もそのように考えていたことである。デルヴォーは自分の描く裸体画全般について、「裸体画は、超然としていようが冷淡であろうがエロティックです。それ以外ではありえないでしょう」（Quoted in Ollinger-Zinque, 23）と語っている。言い換えれば、あくまでも画が作りあげている世界のなかにおいて、これらのヴィーナスたちにはコミュニケーションと性欲喚起性が不在なのである。

しかし、思い出してみるなら、女神ヴィーナスは性欲を喚起し、その結果として世界に豊穣をもたらす存在だった。古代ローマの哲学者ルクレーティウス（Titus Lucretius Carus, c. 99-c. 55 BC）は、ヴィーナスをこのように称えていた（『事物の本質について *De Rerum Natura*』）

アエネーアスとその子孫たちを産み、人々と神々の喜びである、養いの女神ヴィーナス、空を滑りゆく天宮のもと、船舶の溢れる海と作物の実る大地を満たす女神、命あるすべてのものは貴女によって懐胎され、成長して太陽の光を見る。強風は貴女から逃げ去り、暗雲も貴女が来れば逃げ去る。生成に巧みな大地は貴女のために快い花々を生え出し、貴女には広がる海も微笑み、天も穏やかにされ、光を広く輝かせる（Lucretius, 2-3）。

この女神は、およそ一千年ぶりに復活したルネサンス以降も、古代と同様に性欲を喚起して豊穣をもたらす存在として復活した。だからこそ、ボッティチェッリ（Sandro Botticelli, 1445-1510）の『春 *Primavera*』（一四八二頃）では、ヴィーナスは画の中央にいて、木々には果実が実り、地面には花が咲き乱れていた。プーサン（Nicolas Poussin, 1594-1665）の『サテュロスによる眠るヴィーナスの発見 *Vénus endormie decouverte par un satyre*』（一六二六）では、眠るヴィーナスから好色なサテュロスが下半身の覆いを取り除こうとしていた。ブーシェ（François Boucher, 1703-1770）の『ウゥルカーヌスに取り押さえられたマルスとヴィーナス *Mars et Vénus surpris par Vulcain*』（一七五四。図版２）では、ヴィーナスの浮気の現場を夫ウゥルカーヌスが取り押さえようとしていた。ところが、これらのヴィーナスとは対照的に、デルヴォーの画のなかのヴィーナスたちは孤立しているか、さもなければ、側の男たちに

図版２　ブーシェ『ウゥルカーヌスに取り押さえられたマルスとヴィーナス』（1754. Wikipedia）

関心を持たれず、性関係を結ぶ可能性のない存在である。それは、もっとも重要な特質を消失したヴィーナスだといってよい。

しかも、デルヴォーの絵画のなかでは、ヴィーナスにかぎらず、裸体のエロティックな女たちが溢れているが、彼女たちの大多数もまた孤立しているか、女たちだけで存在しているか、男たちの関心を引き寄せていない。そこに描かれているのもまた、性欲から生じる豊穣性を消失した世界である。これもまた、スタイナーの指摘から漏れていると同時に、時代のひとつの様相を批判的に視覚化したものだといえるだろう。

2　残酷なヴィーナス――ザッハー＝マゾッホの場合

ザッハー＝マゾッホの小説『毛皮を着たヴィーナス』（一八七〇）については、それが女から苦痛を与えられることにより快楽を得る男の話だということ、そして「マゾヒズム」という用語の出所になった作品だということに関心が向くことが多い。しかし、この節では、書名に見られる「ヴィーナス」と内容との関わりに注目したい。

この小説には物語を導入する語り手がおり、物語は、この男の夢のなかに女神ヴィーナスが現れ、男と対話するところから始まる。ヴィーナスは石像らしい様子をしているが、東欧の春を肌寒く感じて裸身に毛皮をまとっている。

これが、第一の「毛皮を着たヴィーナス」である。

右の語り手によって紹介される友人が、主人公セヴェリン（Severin）である。セヴェリンの部屋の壁には油絵が掛かっており、長椅子に横たわる美女が描かれている。女は左腕で頭を支え、右手で鞭をもてあそび、片足で、ひざまずく男を踏みつけている。女は裸体に毛皮をまとっている。これが、第二の「毛皮を着たヴィーナス」である。

さらに、セヴェリンはヴィーナスの複製写真を所有している。原画は、ティツィアーノ（Tiziano Vecellio, 1488/90–1576）の名作『鏡のヴィーナス *Venere allo specchio*』（一五五五頃）である。この画のなかの女性も裸身を毛皮で覆っている。これが、第三の「毛皮を着たヴィーナス」である。

セヴェリンの部屋の壁の画のなかで女に踏みつけられている男は、セヴェリン自身である。小説『毛皮を着たヴィーナス』の大部分は、セヴェリンが、画に描かれている、十年前の経験を綴った文章である。当時、セヴェリンはまだ二〇代半ばの青年で、カルパチア山脈のリゾート地に滞在していたが、そこには女神ヴィーナスの大理石像があった。フィレンツェにある『メディチのヴィーナス』の複製である。セヴェリンは石像に、「生身の女を愛するのと同じくらいの情熱を込めて、心を病むほど、気が狂うほどに恋い焦がれ」ていた（Sacher-Masoch, 9）。『鏡のヴィーナス』の複製写真も、この恋心を癒すために入手したものだったのである。

セヴェリンは、そのリゾート地で、まだ二〇代前半の美しい寡婦ワンダ（Wanda）と出会う。これが、セヴェリンの部屋の壁の画に描かれた女性である。すなわち、小説のなかの第二の「毛皮を着たヴィーナス」であり、この女性は自ら「毛皮を着たヴィーナス」と自称する（Sacher-Masoch, 43）。小説『毛皮を着たヴィーナス』には、これら三者の「毛皮を着たヴィーナス」が関わっている。

ところで、『毛皮を着たヴィーナス』のなかの女神ヴィーナスとそれに擬せられる女性は、美を称えられる存在だが、その他に、ふたつの際立った特徴がある。浮気性と加虐性である。なるほどこれらふたつは、すでに古代の女神アフロディテ（≒ヴィーナス）の特徴にふくまれていた。ホメロス（Ὅμηρος, 8 BC）の『オデュッセイア Ὀδύσσεια』は、夫ヘファイストスの目を盗んで軍神アレスと情交を重ねる浮気なアフロディテ（≒ヴィーナス）が、夫の制作した青銅製の網で絡め取られた逸話を語っていたし（Homer, Il. 266–334）、エウリピデス（Εὐριπίδης, 480–c. 406 BC）の『ヒッポリュトス Ἱππόλυτος』は、自分を崇拝しない若者を、アフロディテ（≒ヴィーナス）が奸計を弄して残酷に殺害した顛末を語っていたからである（Euripides: 1995, 123–263）。しかし、『毛皮を着たヴィーナス』が特異であるのは、この女神の重要な特性である豊穣性を捨象して、これらふたつの特徴だけを強調する点にある。

　ふたつの特徴のうちの浮気性は、女神ヴィーナスとヴィーナス的な女主人公に終始一貫している。小説の導入者の夢に現れた女神ヴィーナスは、女の浮気性について、「女は本性的に、自分が愛した者に自分を与え、自分の気に入るすべての男を愛するものなのです」と述べ（Sacher-Masoch, 2）、さらにこのようにいう。

> わたしたち女は、愛しているあいだは相手に忠実です。しかし、あなたたち男は、女から、愛が無くなってからも忠実であることを期待し、喜びが無くなってからも献身することを期待します（ibid.）。

　女主人公の寡婦ワンダも、「わたくしは、わたくしの気に入るどの男性でも愛し、わたくしを愛するどの男性にも幸せを与えますのよ」、と言明するから（Sacher-Masoch, 16）、女神ヴィーナスと本性的に一致している存在である。そしてワンダは、この行動原理を実践し、他の男を愛してセヴェリンを苦しめる。

　ワンダには加虐性も見られるが、これは主人公セヴェリンの被虐性に触発されて顕在化したものと見なすことができる。ワンダは、懇願されるままにセヴェリンを激しく何度も鞭打った後に、「こうすることに喜びを感じ始めましたわ。…〈中略〉…あなたは、わたくしの本性のなかの危険な要素を目覚めさせたのですよ」、というのである（Sacher-Masoch, 36）。

このように豊穣性の欠落と、浮気性と加虐性とが結びついたヴィーナスもしくはヴィーナス的女性は、おそらくウェンディ・スタイナーが念頭に置いていた、同時代のカバネル（Alexandre Cabanel, 1823-1889）やブグロー（William Adolphe Bouguereau, 1825-1905）の描いたヴィーナスとはずいぶん異なっている。カバネルの『ヴィーナスの誕生 *La Naissance de Vénus*』（一八六三。図版3）やブグローの同名の『ヴィーナスの誕生 *La Naissance de Vénus*』（一八七九）は、エロティックに豊穣性を暗示しながら無害な様子のヴィーナスを描き出していたのである。

図版3　カバネル『ヴィーナスの誕生』(1863. Wikipedia)

ところで、青年時代のこの出来事から一〇年後の、小説の冒頭に登場するセヴェリンは、情婦を兼ねているらしい美しい召使いを鞭打ちながら支配する男に変わっている。つぎのように考えるようになっているからである。

> 男が情熱を抱くと、そこから女は力を得る。男が気をつけないと、女はその力を利用する。男は、女に対して専制君主になるか、さもなければ奴隷になるか、なのだ。…〈中略〉…これは格言ではなく、経験則だ（Sacher-Masoch, 7）。

セヴェリンのこの考え方は、興味深いことに、小説を導入した語り手の夢のなかに現れた女神ヴィーナスの主張した考え方でもあった。ヴィーナスは、こう言っていた。

男は女を欲しがり、女は欲情される。これが女の唯一ながら決定的な強みです。「自然（Natur）」は、男の情熱を媒介にして、男を女の手に委ねたのです。男を臣下、奴隷、玩具にし、最後には裏切ってしまえないような女は、賢くありません（Sacher-Masoch, 3）。

ヴィーナスとセヴェリンによって披瀝されるこのような考え方は、作中で批判がなされないのだから、作者ザッハー＝マゾッホ自身の考えだといってよいだろう。そこには、ウェンディ・スタイナーが二〇世紀の前衛画家たちの作風のなかに見出したのと同様の女性嫌悪が潜んでいるのが見て取れる。

小説『毛皮を着たヴィーナス』のなかのヴィーナスにについて、もう一点だけ注目しておこう。小説を導入する語り手に対して、夢のなかのヴィーナスは、「あなたたち〔アルプスの北方のヨーロッパの近代人〕は、ギリシアのわたしたち笑い暮らす神々を悪魔と見なし、わたしヴィーナスを魔女と見なしてきた」、と述べる（Sacher-Masoch, 2）。一方、女主人公ワンダは、「笑い暮らす」古代ギリシアの神々的な生き方を貫いて、セヴェリンを奴隷として虐待し、新しい愛人をつくる。ワンダはセヴェリンを縛り上げ、その愛人にセヴェリンを鞭打たせようとするのだが、セヴェリンが助けを呼ぼうとすると、ワンダはあざ笑う。セヴェリンにはそれが「悪魔大王のような」嘲笑に見える（ibid.）。「毛皮を着たヴィーナス」であるワンダは、夢のなかのヴィーナスの指摘どおり、「魔女」と見なされることになったのである。

3　罰するヴィーナス――アイヴズとポランスキーの場合

ザッハー＝マゾッホの小説『毛皮を着たヴィーナス』から着想した映画は数作あるが、ロマン・ポランスキーが監督した『毛皮のヴィーナス』（二〇一三）は、例外的な傑作である。それが傑作になった大きな理由は、小説を直接利用しなかったことにある。ポランスキーの映画は、米国の劇作家デイヴィッド・アイヴズの戯曲『毛皮のヴィーナス』（二〇一一）を利用したものだが、アイヴズの戯曲はザッハー＝マゾッホの小説への厳しい批評を含んでおり、ポランスキーの映画もそれを受け継いで、知的刺激に満ちあふれる作品となった。

戯曲・映画の『毛皮のヴィーナス』では、ザッハー＝マゾッホの小説を脚色した脚本家が、主演女優を探すためにオーディションをおこなう。適当な女優が見つからず、オーディションを止めようとしたところに、一見したところ、がさつで無教養だが、じつは役柄にぴったりの女優が現れる。名は不思議にも女主人公と同じワンダ（Wanda）だという。脚本家と女優はふたりで芝居と現実を交錯させながら台本を読み進めてゆく。そしてアイヴズの戯曲では、最後に、この女優が脚本家を罰するために到来した女神アフロディテ（＝ヴィーナス）であることが判明する展開となる。次節でふれるとおり、戯曲と映画とのあいだには、最終段階で女優ワンダが女神アフロディテ（＝ヴィーナス）だと明示されるかどうか、というかなり大きな相違があるが、その他の場面については基本的な違いはないので、以下、この節ではもっぱらアイヴズの戯曲に依拠しながら述べてゆく。

女神アフロディテが、この脚本家に罰を与える理由の第一は、この芝居の上演によって変態的性癖を満足させようとしていることにある。アフロディテ＝ワンダは、脚本家に対して、「あなたは、わたしがあなたの企みを理解していないと思ったのか。あなたは、わたしをこの芝居に巻き込んで利用できると思ったのか。わたしを自由に支配できると思ったのか」、といって非難する（Ives: 2011, 61）。アフロディテは、この脚本家の変態的性癖を見抜いており、その性癖ゆえに同質の性癖が表現されているザッハー＝マゾッホの小説『毛皮を着たヴィーナス』に惹かれ、それを脚本化したことを見抜いている。アフロディテ＝ワンダは、主人公の脚本家ノヴァチェックに対して、彼がザッハー＝マゾッホの小説の語り手セヴェリン・クシェムスキーと同質の人間であることを、「これはあなたね。クシェムスキーはノヴァチェックで、ノヴァチェックはクシェムスキーよね」、と端的に指摘するのである（*Ibid*., 46）。

女神アフロディテがノヴァチェックに罰を与える理由の第二は、女性差別的だからである。アフロディテ＝ワンダは、脚本のなかの女主人公ワンダに与えられた、「おわかりになりませんの。女の手に身を委ねると、ともかく安全ではありませんのよ。どのような女でも、ですわ」という台詞について、「ここんとこは、女性差別的すぎて、叫びたくなるくらい」、と批判する（*Ibid*., 51）。暗愚な脚本家ノヴァチェックは、この台詞が女性差別的であることを自覚しておらず、「どこが女性差別的なんだ」と問い返し、「原著から取ったんだぞ」と言い返す。それに対して、アフロディテ＝ワンダは、「どこから取ろうと関係ないわ。女性差別よ」とやり返す（ibid.）。アフロディテ＝ワンダと脚本家とのあいだのこのやり取りは、アイヴズ自身によるザッハー＝マゾッホ批判でもある。ザッハー＝マゾッホの小説『毛皮を着たヴィーナス』の底流に女性差別があるとの批判なのである。

こうして、戯曲『毛皮のヴィーナス』のなかでは、主人公ノヴァチェックが、変態的性癖を満たすために女優を利用しようとしていること、そして女性差別をしていることについて、女性を代表する女神アフロディテによって罰せられる展開となる。

ところで、アフロディテ＝アイヴズは、ザッハー＝マゾッホの小説『毛皮を着たヴィーナス』について、さらに三つの重要な批判的洞察を見せている。ひとつは、この小説がじつは女主人公ワンダを非難する作品だという指摘である。愚鈍なノヴァチェックはこの点についても無自覚に原作を借り受けているだけなのだが、アフロディテ＝ワンダは、つぎのように痛烈に批判する。

この芝居はワンダを、すべての頁とすべての台詞で非難してるじゃない。芝居の最後で何が起きてる。ワンダは、最後に一度だけクシェムスキーに屈辱を与えるよね。ナントカ公爵に鞭でぶたせまくる。クシェムスキーには自分のチンポを握らせとく。すると、ぜんぶがワンダの責任みたいに非難される。もともとそうするのを求めたのがクシェムスキーじゃなかったみたいじゃない。自分の方から求めたんじゃなかったみたいじゃない。あたしの考えでは、クシェムスキーは公爵に欲情してんのよ。（*Ibid.*, 53）

これは、ザッハー＝マゾッホの小説では、語り手がワンダによって縛り上げられ、ワンダの愛人のギリシア人公爵によって激しく鞭で打たれながら、つぎのように考える箇所に相当する。

わたしには突然、恐ろしく明瞭にわかったのだ。ホロフェルネスやアガメムノン以来、男は、盲目の恋の情熱や性の快楽のために、裏切り者の女の布袋や網のなかに追い込まれ、悲惨と隷属と死を体験するのだということが。わたしにとって、それは夢からの覚醒だった。（Sacher-Masoch, 105）

ワンダはここで「悲惨と隷属」をもたらした「裏切り者」と評価されていることがわかる。すでにふれたように、語り手はワンダについて「悪魔大王のような」嘲笑を見せたとも言っていた（Sacher-Masoch, 104）。ワンダは悪魔とすら見なされたのである。『毛皮を着たヴィーナス』は、アフロディテ＝アイヴズの指摘どおり、女主人公ワンダを非難する小説なのである。

戯曲『毛皮のヴィーナス』については、右の引用の最後の、「クシェムスキーは公爵に欲情している」という発言も注目すべき箇所で、これが、小説『毛皮を着たヴィーナス』に対するアフロディテ＝アイヴズの第二の鋭い洞察である。この洞察は、少しのちに再度強調される。すなわち、ギリシア人公爵について、「彼はたいへん魅力的です」というクシェムスキーの台詞がいわれると、アフロディテ＝ワンダは、「クシェムスキーは公爵に欲情してんだといったでしょ。彼のためなら何でもオーケーなのよ」（Ives: 2011, 59）、という。この洞察は、小説『毛皮を着たヴィーナス』のなかで、語り手がギリシア人公爵について、つぎのように述べる箇所に対応している。語り手は、この公爵がアポロン神のような風采と身体を持っているといい、続けて、「このとき、わたしは男のエロスというものを理解した。そして、ソクラテスがあのような〔美丈夫の〕アルキビアデスと相対しながら貞潔でいられたことに驚いた」、という（Sacher-Masoch, 86）。

まさしくクシェムスキーは公爵に「欲情している」のである。これは同性愛だとも見なせるだろうが、アフロディテ＝ワンダはさらに歩を進め、脚本家ノヴァチェックの本性に女性性があると捉える。それを作者アイヴズがザッハー＝マゾッホの本性に女性性があると暗示したのだと見なせば、小説『毛皮を着たヴィーナス』に対する第三の洞察だということになるだろう。ちなみに、われわれは、ザッハー＝マゾッホが女性名のペンネーム（Charlotte Arand; Zoë von Rodenbach）も使用したことに注目してもよい。戯曲『毛皮のヴィーナス』は、最後にはノヴァチェックに女主人公ワンダを喜々として演じさせ、その女性性を浮かび上がらせる。つぎがその場面の代表的な台詞である。

〈ひざまずいて〉…〈中略〉…わたくしは、このようなことを、すべてあなたをお救いするためにいたしましたの。どれほどあなたを愛しているかを、お見せしたかったからですわ。服従すべきなのは、わたくしの方ですのよ。…〈中略〉…あなたを初めてお見かけしたときから、わたくしはあなたを愛していた。あなたを欲しいと思いました。でも、口に出しては言えませんでした。わたくしは見かけとは違い、弱い女ですの（Ives: 2011 ,71）。

じつはこの台詞は、ザッハー＝マゾッホの小説からは逸脱しているのだが、アフロディテ＝ワンダはその点を鋭く見抜いて、「ワンダはあなたが創造したのよ。内面から理解しているのよ」、という（*Ibid.*, 68）。さらに、この戯曲では、脚本家ノヴァチェックの女性性について、冒頭に伏線を敷いてある。求める女優が見つからないことに苛立つノヴァチェックは、「ぼくの方が、この女の子たちの多くより、ずっと良いワンダになれる。ドレスを着て、ストッキングを履くだけでいい」、と発言する（*Ibid*, 4）。皮肉なことに、まさしくそのとおりなのである。

以上のように、戯曲そして映画の『毛皮のヴィーナス』は、フェミニズムの立場を尊重しながらザッハー＝マゾッホの小説『毛皮を着たヴィーナス』の問題点が女性嫌悪と女性差別にあること、またそれが女性的な男性による作品である点に、批判の眼を向けているのだといえるだろう。戯曲・映画『毛皮のヴィーナス』は、ウェンディ・スタイナーの著書出版以後の作品であるから当然とも言えるが、スタイナーの論述の枠組みに収まらないものである。

4　ヴィーナスの復活とキリスト教離れ

アイヴズとポランスキーの描き出したヴィーナスは、エウリピデスの『ヒッポリュトス』のアフロディテと同様の、罰も与える存在へと回帰していると見ることもできる。ヴィーナスは、もうボッティチェッリやカバネルが描いたような無害な存在ではなくなり、完全な復活を成し遂げたのだと言ってもよい。

そこに至るまでの大筋は、おおむねザッハー＝マゾッホの小説から、デルヴォーの絵画、ポランスキーの映画へとたどることができる。ザッハー＝マゾッホの『毛皮を着たヴィーナス』は、反キリスト教性が激烈な小説である。この反キリスト教主義はふたつの側面を持っている。ひとつはキリスト教の反自然性への批判、もうひとつはキリスト教社会の堕落への批判である。女主人公ワンダは、キリスト教が「自然（Natur）」に反していると、つぎのように批判する。

「自然」のなかには、「神々と女神たちが恋愛していた」威圧的な時代の愛しか存在しません。その時代には、「一目見れば欲情し、欲情には快楽が続いた」のです。それ以外は、すべて見せかけ、気取り、嘘ですわ。わたくしの考えでは、キリスト教をとおして――その残酷さの象徴である十字架をとおして――恐ろしいものが入ってきたのです。馴染みのないもの、自然とその無邪気な衝動とに敵対するものが入ってきたのです（Sacher-Masoch, 15）。

また、ワンダはキリスト教社会について、「あなたは、わたくしたちのキリスト教社会が腐敗し始めていることを否定なさいませんでしょう」という（ibid.）。

このようなキリスト教にワンダが対置する理想が、古代ギリシア的な生き方である。ワンダは、「わたくしにとって、古代ギリシア人たちの陽気な肉欲は、苦痛を伴わない喜び、わたくしの人生で実現しようと努める理想なのです」、と述べる（Sacher-Masoch, 14）。主人公のセヴェリンも、やはり古代ギリシャに心酔していて、「わたしは幼少から学校へ通わされたので、ギムナジウム入学も早かった。そこでは、古代世界が見せてくれそうな事柄すべてを情熱的に吸収した。わたしは、まもなく、イエスの宗教よりも、ギリシアの神々に親しみを覚えるようになり、……」、と述べる（Sacher-Masoch, 26）。小説の導入をする語り手もまた、同様の傾向を持つ人物らしく、夢に現れたヴィーナスに対して、「あなたはわたくしに愛がどのようなものかを教えてくださいました。あなたに快活にお仕えしていると二千年の年月を忘れてしまいます」、という（Sacher-Masoch, 2）。つまり、この小説のなかでは、主要なふたりの人物――語り手セヴェリンと女主人公ワンダ――と、導入者がすべて古代ギリシア至上主義者であって、それを批判する思想や価値観が存在しない。古代ギリシア至上主義は、作者ザッハー＝マゾッホ自身の立場だったと見なしてよいだろう。

女神ヴィーナスやそのあり方を体現する女性ワンダが、この小説のなかで枢要な存在となったのも、反キリスト教と古代ギリシア至上主義のなかで生じた現象である点に注目すべきだろう。

ポール・デルヴォーの絵画にキリスト教性はほぼ皆無である。その絵画は反キリスト教的ではなく、むしろ、意識的に攻撃する必要を感じなかったほどに非キリスト教的である。デルヴォーにも、たしかにキリスト教に関わる主題を取り上げた絵画はある。一九四〇年代末〜一九五〇年代には、伝統的なキリスト教的主題である、『受胎告知 *Annonciation*』（一九四九、一九五三、一九五六）、『この人を見よ *Ecce homo*』（一九四九、一九五七）、『キリストの受難 *La Crucifixion*』（一九五三、一九五四）や、『死せるキリストの周りの嘆き *Lamentations autour du Christ mort*』（一九五三）と題された八点の絵画が描かれている。しかし、それはカタログ・レゾネが収録した三二五点のなかの、わずかに八点でしかない。しかも、『受胎告知』を除けば、いずれも骸骨たちを描いたもので、元はといえば、友人のひとりが「ファン・デル・ウェイデン風ながら、骸骨たちを配したもの」を描いてほしいと求めたのに始まった

(Debra, 217)。デルヴォーも、骸骨たちを使って描いてみることを面白く思ったようだが、それ以上ではなさそうである。その証拠に、この時期の以前にも以後にも、キリスト教的主題を取り上げることがなかった。

それとは対照的に、デルヴォーが描き続けたのは、鉄道と鉄道駅、ジュール・ヴェルヌの物語の登場人物、全裸・半裸・着衣の女性たち、骸骨、古代風の建物、古代の神々や古代の物語の登場人物たちである。

デルヴォーの描いた古代風の建物の多くはギリシア風である。その場合、『オリンピア *Olympia*』（一九五〇）や『アテネの変わった女たち *Les Extravagantes d'Athène*』（一九六九）のように建物の存在場所が明示されることもあるが、多くは明示されないまま、観る者に古代ギリシアを想起させる役目を果たしている。われわれが第一節で注目した絵画『眠るヴィーナス』もそのような一枚だった。

さらに、右に挙げた主題のなかの、全裸や半裸の女性たちの多くも、ギリシアの神話や物語のなかの存在の名を与えられている場合が少なくない。セイレーン（一九四二、一九四七、一九四九）、ニンフ（一九三七、一九三八、一九六六）、ペネロペ（一九四五）を初めとして、ピグマリオン（一九三九）、レダ（一九四八）、イピギネイア（一九六八）というぐあいである。その他にも、古代ギリシアの有名な女性たち、サッフォー（一九五七）、フリュネ（一九六九）、クリュシス（一九六七）も画題に取り上げられている。デルヴォーもまた、ザッハー＝マゾッホに劣らず古代ギリシアを熱愛していたのである。友人が、デルヴォーのした話を、このように書き残している。

デルヴォーはわたしに、古代と古代史に対する情熱、つねに抱いていたこの情熱について語った。彼はこの主題についてあらゆる本を読んだのだという。……〈中略〉……彼は、ギリシアの簡素な神殿の方が好みだと明言した。彼がいうには、ローマ人は、ギリシア人を模倣しながら、彼ら風の様式と宗教を展開した。……〈中略〉……ローマ人は、建造物をコーニスや金箔でごってり装飾する傾向があった。そして、ギリシア人があれほどまでに洗練した節度感覚と調和感覚を、なおざりにした（Debra, 176）。

デルヴォーの絵画のなかでは、キリスト教的主題を取り上げる作品がほぼ消滅する一方で、対照的に古代ギリシア的要素が前面に現れて存在感を主張しているのだと言ってよいだろう。第一節で注目したデルヴォーの女神ヴィーナスたちも、このような全体的傾向のなかで姿を現したものだったのである。

ポランスキーは自身を無神論者だと明言し、それゆえ神と同様に超自然的存在である悪魔も信じないという。ポランスキーの言葉を引けば、「わたしは、魔術にもオカルトにも哲学としてまったく興味を持っていない。それは、わたしのような無神論者にとって異質なものです。悪魔など、わたしには笑うべき存在です」、というぐあいである（Greenberg, 198）。有名な映画『ローズマリーの赤ちゃん *Rosemary's Baby*』（一九六八）についても、ポランスキーは女主人公の幻覚にすぎない可能性を残したという。映画は、女主人公が悪魔崇拝者たちの企みに巻き込まれ、悪魔の子供を生まされるかのように展開するのだが、ポランスキーはいう。

原作小説のあの側面が気になりました。わたしは、超自然的な映画をまじめに作ることはできない。お話として扱うことはできるけれど、現代のニューヨークで女性が悪魔にレイプされるなど。いや、いや、わたしには、とても作れない。だから、曖昧にしておいたのです（Greenberg, 97）。

したがって、映画『毛皮のヴィーナス』のなかでも、女主人公ワンダは次第次第に人間離れした全知全能性を明らかにしてゆくけれども、最後まで女神であるかどうかは明示されない。作品に現実性を与えたいというポランスキーの意志は、この映画にも貫徹しているのである。

それに対して、アイヴズの原作では、女主人公は最後に自身が女神アフロディテ（＝ヴィーナス）であることを明示する。脚本家トマス・ノヴァチェックとワンダとのあいだのほぼ最後の対話はつぎのようになっている。

トマス：あなたは誰なんだ。
ワンダ：わかっているはずだ。さあ、言ってごらん。言ってごらんよ。
トマス：アフロディテ、万歳。
ワンダ：もっと大きな声で。
トマス：アフロディテ。万歳。

（Ives: 2011, 73）

ポランスキーとアイヴズとのあいだのこの違いはどこから生じたのか。アイヴズは、カトリックの司祭をめざし、中等教育を神学校で受けた（Ives: 2004, "Why Write for Theater?"）。その後、アイヴズは神学校の大学課程には進学せず、劇作家の道に進んだ。しかも、戯曲のひとつ『ポーランドのジョーク *Polish Jokes*』に自伝的要素があるとすれば、その選択は、司祭への召命感を失ったからのようにも見える（Ives: 2004, *Polish Jokes and Other Plays*, 42）。しかし、そもそも超自然的な次元が想定されなければキリスト教は存立不可能なのであり、アイヴズには少なくとも超自然性への親近感は残存しているようである。その証拠に、アイヴズの書く戯曲では、現実を超える次元が想定されていることが多く、その意味でシュールレアリスム的である。また、たとえば『シカゴのドン・ジュアン *Don Juan in Chicago*』（*Ibid.*, 173-253）に見られるように、超自然的存在が何の抵抗感もなく舞台に登場する。この芝居のなかでは、一六世紀に、三〇代で童貞のままの主人公ドン・ジュアンが、悪魔メフィストーフェレスとのあいだで、毎日異なる女性とセックスすれば不死のままでいられるが、それが果たせなければ地獄に墜ちることを定めた契約を結ぶ。一方、最初に交わった女性エルヴィラはドン・ジュアンを愛し、彼と再度セックスできれば死ねる契約をメフィストーフェレスと結ぶ。ふたりは四〇〇年後のシカゴで出会ってセックスをする。メフィストーフェレスはふたりの愛に感動して契約を破棄。ふたりは、天使たちに祝福されながら天国に登ってゆく。一方のメフィストーフェレスも悪魔から天使に変わるのである。

アイヴズの戯曲『毛皮のヴィーナス』のなかでの女神ヴィーナスの扱いも、このようなシュールレアリスム的な全体的傾向のなかでなされたものであることが推測される。

5　結びにかえて――アフロディテ復活の精神的背景と公教育

ここまで、ザッハー＝マゾッホ、デルヴォー、アイヴズ、ポランスキーの四人に見られるアフロディテ（＝ヴィーナス）の復活を見てきたが、それに関しては、つぎの三点に注目すべきだろう。

（一）古代ローマのヴィーナスよりも、むしろさらに古いギリシアのアフロディテが復活していると見なせること

（二）アフロディテ（＝ヴィーナス）のこの復活と精神的潮流および公教育とのあいだには、おそらく関係があること

（三）アフロディテ（＝ヴィーナス）の復活は、夢のなかへの出現に始まり、現実の存在に回帰したこと

第一点について若干の注記をしておこう。ザッハー＝マゾッホの『毛皮を着たヴィーナス』とデルヴォーのヴィー

ナス画の場合には、主題となる存在は「ヴィーナス」と名付けられている。しかし、ザッハー＝マゾッホの小説のなかの存在は、既述のとおり、古代ギリシア至上主義の環境のなかで登場しているのだから、実質的にはアフロディテである。デルヴォーの絵画の「ヴィーナス」たちも、既述のような古代ギリシア熱愛者によって描かれているのだから、やはり実質的にアフロディテである。アイヴズの戯曲『毛皮のヴィーナス』のなかでは、明瞭にアフロディテが登場していた。この場合も、題名では「ヴィーナス」であっても、実際にはアフロディテが復活しているのである。ただし、ポランスキーの場合には、既述のとおり、この点は明らかでない。

右の第二点、ザッハー＝マゾッホなどに見られるアフロディテ（＝ヴィーナス）の復活と精神的潮流および公教育とのあいだの関係についても若干の注記をしておこう。ザッハー＝マゾッホの小説の語り手はギムナジウムで学んだと言っていた。ギムナジウムはドイツ語圏でエリート向けに中等教育を提供してきた学校群である。語り手（そして作者自身）の学んだオーストリア帝国内で一八世紀後半（一七六七年）に設定されたギムナジウムの教育内容は、古代ラテン・ギリシアの語学と文献教育を最優先（ただし、両者のなかではラテン語とその文献教育を優先）し、つぎにドイツ語を重視。第二次的に、歴史、算数、自然史、物理学の基礎を学ばせ、上級学年で、代数学と幾何学を学ばせる、というものだった（Engelbrecht. 108）。その後も、基本方針は、小説の語り手が学んだころまで、あまり変わらなかったようである。一八四九年のギムナジウム改革でも、古代ラテン・ギリシアの語学と文献教育を最優先する方針は変更されなかったからである（*Ibid.*, 152）。

ギムナジウムのカリキュラムを見ると、ラテン語がギリシア語よりも重視されていることがわかる。しかし、古代ローマと古代ギリシアとに対する見方については、もう少し大きな精神的背景を考慮しておく必要がある。ヨーロッパでは、一八世紀の初めから古代ギリシアへの関心が高まり、世紀半ばのヴィンケルマン（Johann Joachim

Winkelmann, 1717-1768）による古代ギリシア称揚を経由しながら、古代ローマよりも古代ギリシアを重視する傾向が生じた（Blankertz, 92）。また注目すべきことに、古代ギリシア人については、「自然（Natur）にまだきわめて近接していた民族であって、その天才的芸術家たちは霊感を直接に自然に見出していた」、というふうに認識されていたのである（ibid.）。

ギムナジウムについては、もうひとつ重要な事実を忘れてはならない。この中等教育施設は、それまで独占的に中等教育を担っていたキリスト教の教団組織から、国家が教育権を奪取したものだということである。したがって、ギムナジウムでもキリスト教は教えられていたが、その位置付けは一変したと見るべきである。オーストリア帝国についていえば、一六世紀以来、イエズス会が中等・高等教育を支配していて、その状態が一八世紀におけるこの修道会の解散（一七七三年）まで続いていた（Niederstätter, 154）。イエズス会による教育は、ラテン語とギリシア語をしっかり学び、併せてキリスト教要理と歴史を学ぶ、そして高学年になると哲学や数学を学ぶ、というものだった（Schwickerath, 121-134）。したがって、教授科目そのものは、以後のギムナジウムで教えられたものと大差ない。しかし重要な相違がふたつあった。ひとつは、イエズス会の教育の第一の目的が「知識のすべての分野を…〈中略〉…われらの創造主と救い主についての知識と、創造主と救い主への愛へとつながってゆくように教授する」（*Ibid.*, 104）ことだったことであり、もうひとつは、教育がこの目的を目指すイエズス会士たちによってなされたことである。ギムナジウムとは目的と教授者の点で大きな相違があったのである。

こうして、一八世紀の後半以後の精神状況と教育体制とを見ると、ザッハー＝マゾッホの小説に見られる古代ギリシア崇拝、とりわけ古代ギリシアの自然性への崇拝も、大きな精神的潮流のなかで現れたものだということがわかってくる。

デルヴォーは六年間の中等教育をブリュッセルの「アテネ」（ベルギーの中等学校の総称）で受けている（Debra, 23）。ベルギーでは一八七八年以後に、それまでカトリック教会の専管事項だったものが、つぎつぎに公共の領分に移行されてゆき、「ベルギーの急速な世俗化」が生じた（Weber, 276）。ただし、学校教育の分野ではその後もカトリック教会の優位が続いたという（ibid.）。しかし、デルヴォーのように公教育を受けた場合は、カトリック教会の影響はあまり及ばなかったと見てよいだろう。デルヴォーの発言を記録した友人は、きわめて簡略にデルヴォーが「アテネ」学校では「古代ギリシア・ラテンの勉強をした」と書いている（Debra, 23）。デルヴォー自身は、そこの教師のひとりが「古代の歴史と文化への趣味と情熱を与えてくれた」と回顧している（*Ibid.*, 26）。また、デルヴォーが古代ローマよりも古代ギリシアを愛好した傾向については、一八世紀以後のヨーロッパの精神的潮流に乗っていたと見なすことができるだろう。

ポランスキーは、共産党政権下のポーランドで教育を受けている。共産主義は、いうまでもなく無神論を信条とし、反キリスト教の立場である。ポーランドでは、共産主義政権下でもカトリックのキリスト教が勢力を維持したばかりか、むしろ次第に勢力を伸ばしていった（Zamoyski, chs., 21–23, passim）。しかし、ポランスキーは、宗教面では共産主義に対立する立場は取らなかったらしく、すでに見たとおり、無神論を標榜するひとに育った。

アイヴズは、すでにふれたように、神学校で中等教育を受けた。その教育内容は、『ポーランドのジョーク』の、神学校時代の主人公が喜々としてラテン語を使いこなしている様子から推測するなら（Ives: 2004, *Polish Jokes and Other Plays*, 37）、古典語教育を重視したものだったようである。しかも神学校であったのだから、その教育は当然ながら神についての知識と神への愛へとつながることを目標としていたはずである。いいかえれば、アイヴズは二〇世紀としては例外的に、かつてのイエズス会の中等教育と似通った教育を受けたと見てよい。神についての知識と神への愛はともかくとしても、超自然的存在を抵抗なく利用するアイヴズの姿勢は、そのような教育の影響と見なすことができるだろう。

右の第三点については、近代ヨーロッパのリアリズムとの関連を捉えておく必要がある。ザッハー＝マゾッホの小説『毛皮を着たヴィーナス』とポランスキーの映画『毛皮のヴィーナス』は、近代リアリズムの伝統の圏内にあると見ることができる。それゆえ、ザッハー＝マゾッホの小説に登場するアフロディテ（＝ヴィーナス）は、夢のなかの存在、またはアフロディテ（＝ヴィーナス）的特徴を備えた人間の女性として描かれたのであり、ポランスキーの映画のなかのアフロディテ（＝ヴィーナス）は、超自然的存在性を曖昧にされたのである。

それに対して、シュールレアリスムの画家デルヴォーの絵画のなかのアフロディテ（＝ヴィーナス）たちの多くは、超自然性を付与されている。あるいは、自然的でありながら超自然的な環境のなかに存在している。「シュールレアリスム」とは、要するに近代リアリズムを否定した超自然主義だからである。

アイヴズの戯曲のなかのアフロディテ（＝ヴィーナス）は、登場人物として、あたりまえに存在している。アイヴズの場合には、おそらくはキリスト教に由来する超自然主義と関連するシュールレアリスム的作風を備えているからである。

ところで、アイヴズが戯曲『毛皮のヴィーナス』のなかで言及するエウリピデスの『バッコスの信女 *Βάκχαι*』（Ives: 2011, 72–73）では、バッコス神が登場人物として、あたりまえのように舞台に現れる。また同じエウリピデスの『ヒッポリュトス』では、女神のアフロディテとアルテミスが登場人物として、あたりまえのように舞台に現れる（Euripides: 1955, 124–129; 244–249）。アイヴズの『毛皮のヴィーナス』のなかのアフロディテ（＝ヴィーナス）の現れ方も、それと同様なのである。アフロディテは、こうして二一世紀の舞台上に、二千四百年前と同じ姿で復活したのである。

引証・参照文献等

Blankertz, Herwig. [1982] *Die Geschichte der Pädagogik. Von der Aufklärung bis zur Gegenwart*. Wetzlar: Büchse der Pandora.

Butor, Michel. Clair, Jean. Houbart-Wilkin, Suzanne. [1975] *Delvaux: Catalogue de l'œuvre peint*. Bruxelles: Cosmos.

Cook, Bernard A. [2005] *Belgium: A History*. New York, etc.: Peter Lang.

Debra. Maurice. [1991] *Promnades et entretiens avec Delvaux*. Paris & Louvain-la-Neuve: Éditions Duculot.

De Reuse, Pieter. [1997] "Genèse du tableau Le Musée Spitzner." *Paul Delvaux, 1897-1994*. St-Idesbald: Fondation Paul Delvaux. pp. 102-03.

Engelbrecht, Helmut. [2015] *Schule in Österreich. Die Entwicklung ihrer Organisation von den Anfängen bis zur Gegenwart*. Wien: New Academic Press.

Euripides. [2002] *Bacchae, Iphigenia at Aulis, Rhesus*. Edited and translated by David Kovacs. Cambridge, Mass. & London: Harvard University Press.

Euripides. [1955] *Children of Heracles, Hippolytus, Andromache, Hecuba*. Edited and translated by David Kovacs. Cambridge, Mass. & London: Harvard University Press.

Greenberg, James. [2013] *Roman Polanski: A Retrospective*. New York: Abrams.

Homer. [1919] *The Odyssey*. 2 vols. With an English translation by A. T. Murray. Cambridge, Mass.: Harvard University Press & London: William Heinemann.

"Interview de Renilde Hammacher avec Paul Delvaux." [1973] *Paul Delvaux*. Bruxelles: Casino Knokke Heist. PP. 17–21.

Ives, David. [2011] *Venus in Fur: A Play*. Evanston: Northwestern University Press.

Ives, David. [2004] *Polish Jokes and Other Plays*. New York: Grove Press.

Ives, David. [2004] "Why Write for Theater?" *Zoetrope: All-Story*. Vol. 4, No. 4.

Lucretius. [1975, 1992] *De Rerum Natura*. With an English Translation by W. H. D. Rouse. Revised by Martin Ferguson Smith. Cambridge, Mass. & London: Harvard University Press.

Ollinger-Zinque, Gisèle. [1997] "Devenir et cheminement d'un peintre-poéte." *Paul Delvaux, 1897-1994*. St-Idesbald: Fondation Paul Delvaux. pp. 14–27.

Musées royaux des Beaux-Arts de Belgique. [1997] *Paul Delvaux, 1897-1994*. St-Idesbald: Fondation Paul Delvaux.

Niederstätter, Alois. [2007] *Geschichte Österreichs*. Stuttgart: W. Kohlhammer.

Sacher-Masoch, Leopold von. [2015] *Venus im Pelz*. Altenmünster: Jazzybee.

Steiner, Wendy. [2001] *Venus in Exile: The Rejection of Beauty in Twentieth-century Art*. Chicago: University of Chicago Press.

Schwickerath, Robert. [1903] *Jesuit Education: Its History and Principles Viewed in the Light of Modern Educational Problems*. St. Louis: B. Herder.

Weber, Patrick. [2013] *La Grande histoire de la Belgique*. Paris: Perrin.

Zamoyski, Adam. [2009] *Poland: A History*. London: William Collins.
青柳正規・渡辺晋輔（編）[2017]『Art Gallery テーマで見る世界の名画1　ヴィーナス——豊穣なる愛と美の女神』集英社。
鳥越輝昭 [2017]「ヴィーナスの表象の変容、付加、消滅——帝政期ローマからルネサンスへ——」『人文研究』（神奈川大学人文学会）第一九三集　33-73。
ポランスキー、ロマン [2013]『毛皮のヴィーナス *Venus in Fur*』（DVD）ショウゲート　PCBE-54828。

第Ⅲ部　聖なるものの場所

第五章　ウェールズにおける聖なる泉への巡礼
――中世から近世の聖ウィニフリッドの泉

山本信太郎

はじめに　名誉革命を起こした奇跡の泉

イギリスのウェールズ北部に、その名も「聖なる泉（Holywell）」という名の小さな街がある。ホーリーウェルは、行政的にはウェールズの州フリントシャに属し、ローマ時代にさかのぼる古都チェスタから車で北西へ三〇分ほど行ったところにある。アイルランドのダブリン行きフェリーが出るアングルシ島の北端ホーリーヘッドに向かうチェスタからの鉄道は、チェスタからずっとディー川沿いに、その後は海岸沿いに通っているので、海岸線から少し南に入ったホーリーウェルには鉄道は通っていない（図①を参照）。しかし、チェスタとホーリーウェルの目抜き通りの広場を往復するバスが頻繁に出ているため、ホーリーウェルへの交通の便はさほど悪くはない。

この小都市ホーリーウェルの名前の由来となったのは、この街の郊外（と言っても中心街から歩いて一〇分ほど）にある聖ウィニフリッドの泉である。中世以来、病を癒やす奇跡の泉として巡礼者を集めた聖域であり、ウェールズの

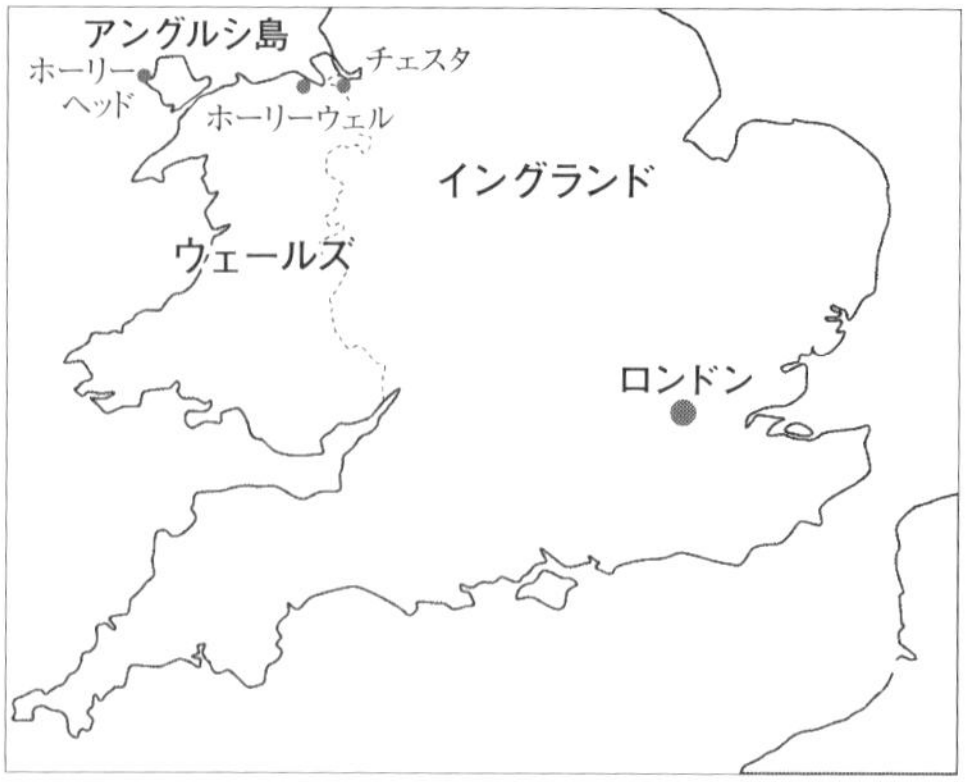

図①　ホーリーウェルの位置

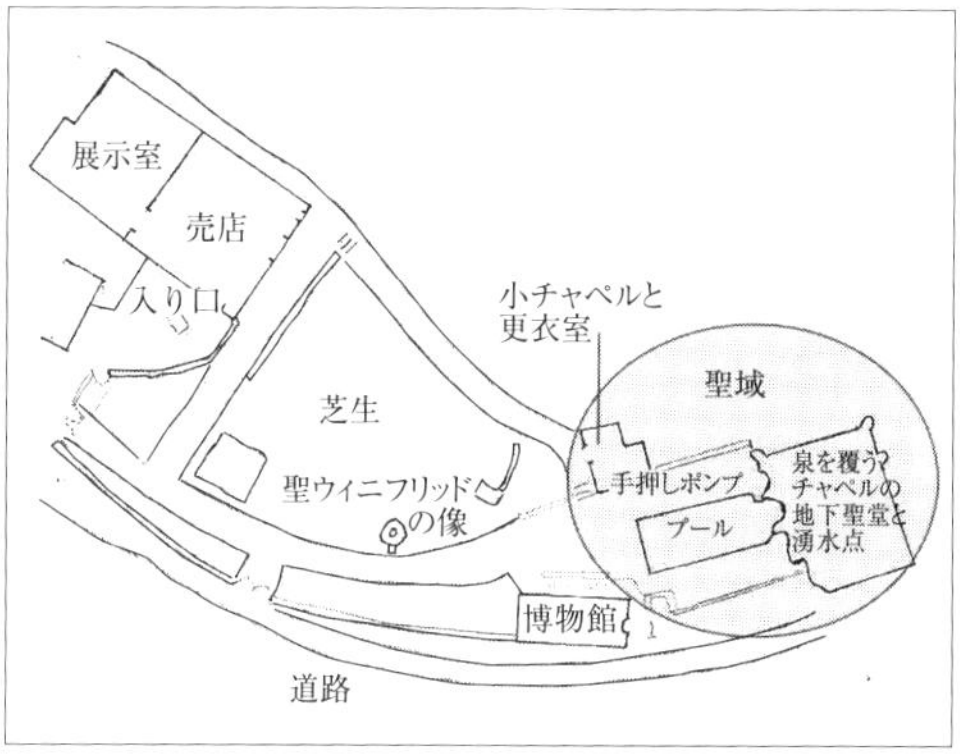

図②　聖ウィニフリッドの泉の施設群
出典：聖ウィニフリッドの泉のHP掲載のものを加工
（https://www.stwinefrideswell.org.uk）
［2018年10月1日閲覧］

七不思議（Seven Wonders of Wales）にも数えられる聖ウィニフリッドの泉であるが、現在でもこの泉は各地からの訪問者を受入れ続けている。特に毎年六月二二日の聖ウィニフリッドの夏の祝祭は、多くの人を集めて盛大に催されている。泉と言えば岩場などから自然に水が湧き出ている光景を想像するが、現在の聖ウィニフリッドの泉には、湧水点から湧き出た水を貯め、訪問者が身を浸すことの出来る長方形の石造りのプールが設けられており、また湧水点に覆い被さるように立派なチャペルが建立されている（写真①②　写真は典拠のあるものを除くと全て筆者撮影）。泉を覆うチャペルの地下聖堂（crypt）の部分がプールとつながっており、ここに湧水点がある（写真③④）。現在、泉とその施設群はカトリック教会のレクサム司教区に属するホーリーウェル教区教会がこれを管理している（施設群については図②を参照）。ホーリーウェルの街中から歩いて、チャペルと泉を右手に見ながら緩やかな坂道を下って行くとフェンスで囲まれた泉とチャペルの施設に入る門があり、入ってすぐの建物の中の売店

写真①　聖ウィニフリッドの泉のチャペルと石造りのプール。

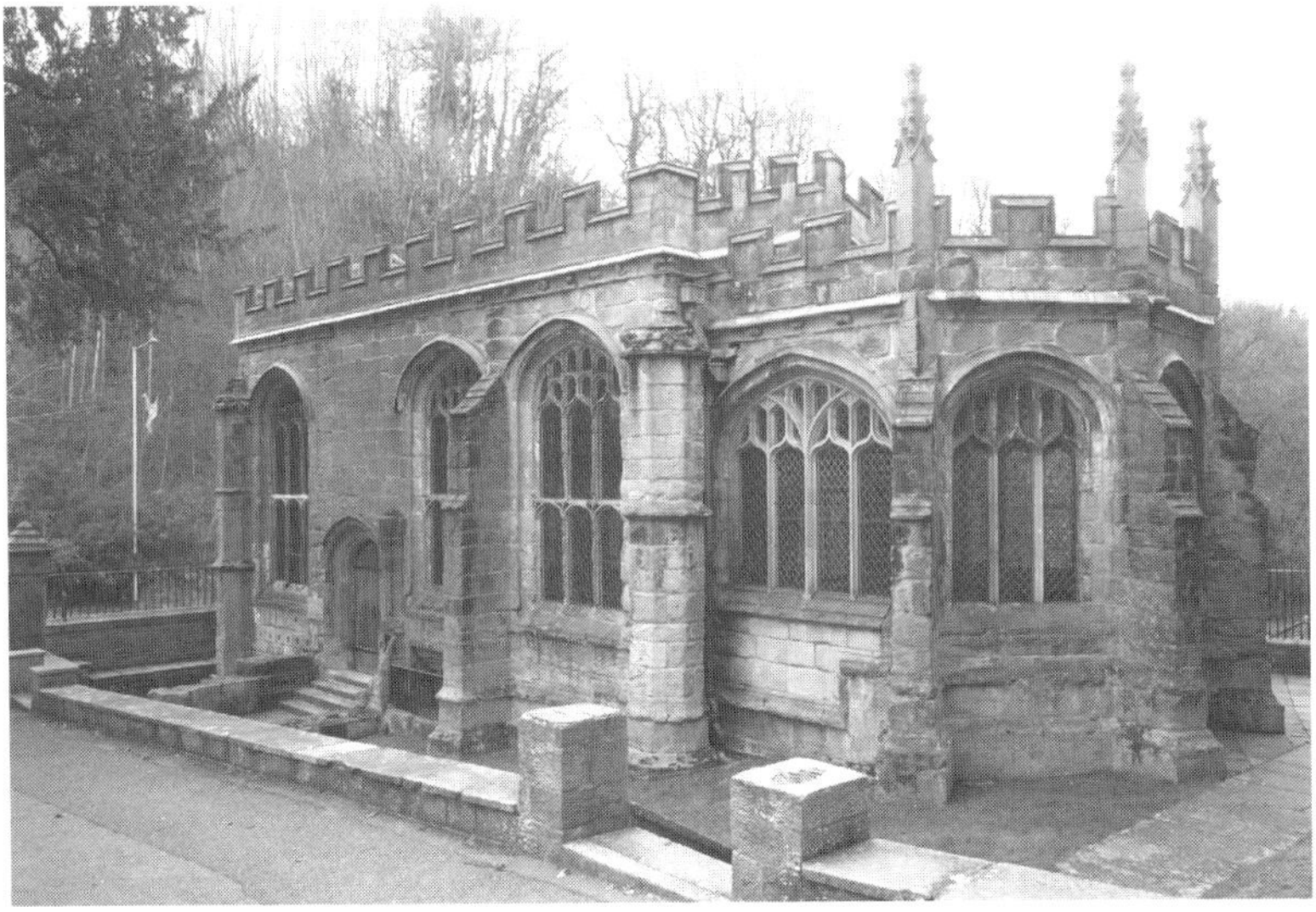

写真②　泉を覆うチャペルを反対側の坂の上から臨む。

写真③　泉を覆うチャペルの地下聖堂と湧水点。

写真④　泉を覆うチャペルの地下聖堂の中からプールを臨む。

にある受付で一人一ポンド（二〇一八年現在）の入場料を払う。入り口から向かって売店の左手に入ると泉の歴史を解説した展示室があり、そこには有名なフランスのルルドの泉と同じように、足の病が癒えた人々が残していったとされる杖が山積みになって壁に立てかけられていた（写真⑤）。また、受付では泉の水を飲むためのプラスチックのコップを渡されるし、売店には泉の水を持ち帰るための容器が売られていて、プールのそばには泉の水をくみ出す手押しポンプが備え付けられている（写真⑥）。泉の脇には小さな建物があり、小チャペルと泉に浸かる人が着替えるための更衣室になっていて、ロッカーなども用意されている。筆者が泉を訪ねたのは二月末だったので（そのため博物館も開いていなかった）他の訪問者はほとんどいなかったが、夏場には衣服を着替えるための臨時のテントがいくつも増設され、泉に身を浸す人々で賑わうようである（写真⑦）。まさに聖なる奇跡の泉の様相である。

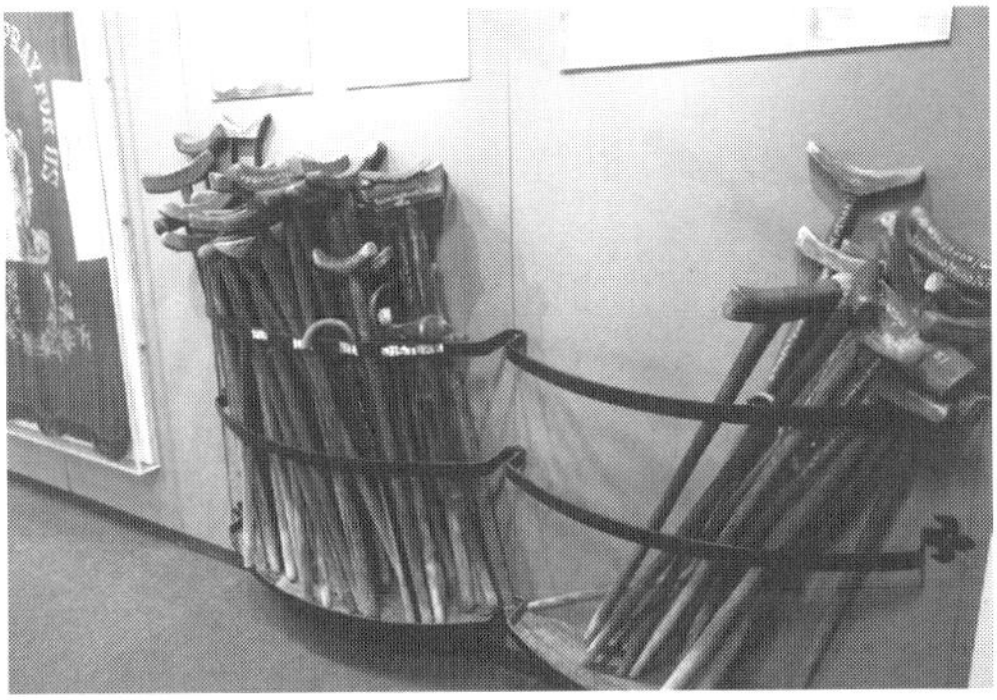

写真⑤　展示室に立てかけられた杖

病を癒やす泉として有名な聖ウィニフリッドの泉であるが、子宝を授かったエピソードでも有名である。子宝を授かったのは、一七世紀末のイギリス王ジェイムズ二世。名誉革命によってイギリス王位を追われた国王である。近世のイギリスにおいては一貫して反カトリック主義が大勢を占めたが、[1] いわゆるピューリタン革命中にフランスに亡命していた国王チャールズ二世とその弟ジェイムズは親カトリック政策をとり、特にジェイムズは王弟時代から自身がカトリックであることを公言していたので、議会と激しく対立した。一六八五年、兄の後を継いで、イギリス史上最後のカトリックの王となるジェイムズ二世が即位したが、男子後継者はおらず、後を継ぐのはジェイム

写真⑥　Holy Water と書かれた持ち帰り用の容器に泉の水を入れる筆者。

写真⑦　訪問者で賑わう泉の様子。

出典：Phil Cope, *Holy Wells: Wales, a photographic journey*, Bridgend, 2008, p.214.

ズの娘で、プロテスタントのオランダ総督ウィレム三世に嫁いでおり、自身もプロテスタントであったメアリであったため、ある意味で議会も「我慢」したのである。しかし、一六八七年に王妃メアリ・オヴ・モデナが妊娠し、翌年に男子が生まれてカトリックの王位継承の可能性が生まれることになった。そのことがジェイムズ二世が王位を追われ、メアリ二世と、その夫ウィレム三世がイギリス国王ウィリアム三世として即位するという出来事、つまり名誉革命を招いた大きな原因となったことは間違いない。名誉革命は高校の世界史教科書にも記述される有名な事件であるが、実はジェイムズ二世は一六八七年八月二九日に聖ウィニフリッドの泉に巡礼しており、そこで子どもを授かることを祈願していたことはほとんど知られていない。まさに聖ウィニフリッドの泉の御利益が名誉革命を引き起こしたと言って良いだろう。筆者がこの泉を訪れたのは二〇一八年二月末であったが、先に到着していた若いカップルのうち、女性の方だけがTシャツに着替えて、寒風吹きすさぶ極寒の泉に入り、中心まで進むと頭のてっぺんまで浸かっていた。もしかしたら子宝祈願であったのかも知れない。

本章では、この聖ウィニフリッドの泉を題材に、ウェールズにおける聖なる泉への巡礼という問題を扱う。唯一神教であるキリスト教の文化の中で、泉という自然物に対する崇敬の念と巡礼がどのように発生・展開し、それが特に宗教改革によってどのような影響を受け、プロテスタントとカトリックのありようとどう関わったかといった問題を検討してみたい。

1　ウェールズの聖なる泉

奇跡を起こす聖なる泉と言えば、先にも触れたようにフランスのルルドの泉が世界的に有名である。スペインとの国境近くに位置し、現代のキリスト教世界の最大の巡礼地の一つにも数えられるルルドの泉は、しかし、実はさほど長い歴史を有しているわけではない。一八五八年、ルルドの街の郊外の洞窟で、ベルナデットという名の一四歳の少女が一八回にも渡って聖母マリアの出現を目撃し、数年後にはそれが同地を管轄するタルブ司教によって真正の「聖母マリアの出現」であると認められ、そこに湧いた泉も病を癒やす奇跡の泉として、一九世紀末には一大巡礼地に成長したのである。(2) ルルドの泉は、言わば近代に誕生した聖なる泉だと言って良いだろう。それに対して聖ウィニフリッドの泉の歴史は、中世にまでさかのぼる。聖ウィニフリッドの伝説とその泉の起源については後述するが、少なくとも聖ウィニフリッドの伝説は七世紀に起こった出来事であるとされる。

ただし、このように中世にさかのぼる聖なる泉は、ウェールズに特有の現象ではない。例えば、ウェールズと同じ「ケルト周縁」と呼ばれることもあるアイルランドでは、伝統的なカトリック信仰が聖なる泉への巡礼と深く結びついていたことが指摘されている。(3) さらに、聖人の名前を冠し、崇敬の対象となってきた泉はイギリス全土にも、そしてヨーロッパの各地にも存在している。(4) そもそも本章でとりあげる聖ウィニフリッドの名を冠する泉は、ウェールズとの境界に接するイングランドの州シュロップシャのウールストン（Woolston）にも存在している。このウールストンの聖ウィニフリッドの泉と有名な木製のチャペルは、一二世紀に聖ウィニフリッドの聖遺物がシュロップシャに移送されたとの伝承に基づいており、現在でも多くの訪問者を集めている。(5) また、ブリテン諸島全体では、七千を超える聖なる泉が存在しているとの見方もある。(6)

しかし、ウェールズにおける聖なる泉はそれらヨーロッパ中に点在する聖なる泉の中でも、特に注目されてきたと言って良いだろう。ウェールズの聖なる泉は、単に学問的な研究対象とされてきたというだけではなく、ウェールズの各地に散在する聖なる泉を趣味として訪れ、観察することが現在でも営々として行われているのである。例えば、フィル・コープによって出版された写真集『ウェールズの聖なる泉　写真による旅』は、ウェールズ全土の聖なる泉の美しい写真を散りばめながら、それらに相応しい数々の詩を添える、趣味的に聖なる泉を「愛でる」写真集である。[7]この写真集に寄せられた詩の中には、ウェールズ大主教からイングランド国教会のトップであるカンタベリ大主教に転じたローワン・ウィリアムズ（Rowan Douglas Williams, 1950-, 二〇一二年にカンタベリ大主教を退任）の手になるものもある。また、素人の聖なる泉愛好者も多いようで、ウェールズ中の聖なる泉を訪問して、その訪問記事として泉ごとに写真とコメントを載せているインターネット上のホームページも存在している。[8]個人の運営するホームページとは言え、圧倒的な情報量であり、十分に見応えがあり、ウェールズにおける聖なる泉の「文化」の広がりと深さが感じられる。

もちろん、ウェールズの聖なる泉を取り上げた文献も多い。[9]その中で、現在でも基本的な研究文献として挙げられるのがフランシス・ジョーンズ（Francis Jones, 1908-93）の一九五四年の著作『ウェールズの聖なる泉』である。[10]ジョーンズはウェールズのペンブルックシャの生まれ、アベリストゥイスのウェールズ国立図書館に勤務し、後にはカマゼンシャの文書官となった、いわゆる郷土史家である。彼は著書の中で、ウェールズの聖なる泉を州ごとに五等級に分類して四三七リストアップしている。それによると、クラスAは、「聖人やそれに準じる名（Trinity［三位一体］、ウェールズ語では、Drindod）など）を冠する泉」、クラスBは、「教会堂や巡礼に関わりのある泉。いくつかのものは、かつて聖人の名を冠した」とされる泉、クラスCは、「初期の文学や言い伝えで、かつては癒やしの泉として知られていたもの」、クラスDは、「人名と思われる名を冠するもの。それらはローカルな聖人だった可能性がある」とされる泉、クラスEは「何らかの伝説や伝統を持った雑多な泉」とされている。本章で取り上げる聖ウィニフリッドの泉はもちろん、このジョーンズの分類でもクラスAであり、ウェールズで最も格の高い巡礼地の一つに位置づけられている。次に、この泉の由緒と伝説について見ていこう。

2　聖ウィニフリッドの伝説

聖ウィニフリッドの伝説は、先に述べたように七世紀にさかのぼる。ただし、聖ウィニフリッドの伝説が文献によって確認出来るのは一一世紀以降であり、伝承がそれ以前から伝わっていたのか、そして聖ウィニフリッドや後述する彼女の親戚とされる聖ベイノ（St Beuno, d. 653/9）が実際にはどのような人物だったのかは正確には不明である。なお、ウィニフリッドは英語読みで、ウェールズ語ではグウェンヴレウィとなる。[11] またウィニフリッドについては、今でも綴りに多くのヴァリエーションがあり、確定していない。筆者が確認したものとしては、Winefride、Winifred、Wenefrede、Winefrith、Winifred があり、また、ウェールズ語の場合でも、Gwenfrewi、Gwrnffrewi などがある。

伝えられているウィニフリッドの伝説を整理してみよう。[12] ウィニフリッドは北ウェールズの領主の一人であった父のもとに生まれ、生涯純潔の誓いを立て、彼女の親類であった聖ベイノによって教育を受けた。ベイノはウィニフリッドの母の兄弟とされる場合もあれば、父の従兄弟とされる場合もある。また、多くの奇跡を行ったことでも有名な聖人で、後にウェールズ全体の守護聖人となる聖デイヴィッド（St. David, d. 589/601）が南ウェールズを代表する聖人であるとすれば、北ウェールズでもっとも著名な聖人であった。[13] 聖ベイノはウィニフリッドに教育を施した見返りに、彼女の父から土地をもらい、そこに定住して教会を建て、ウィニフリッドの家族のためのミサを執り行った。それが今のホーリーウェルにあたるとされる。

事件はある日、一五歳のウィニフリッドが教会でのミサの準備をしている時に起こった。たまたま通りかかった地元の豪族（prince）であるカラドッグ（Caradog ab Alog）は、美しいウィニフリッドに劣情をもよおし、彼女を誘惑するとともに肉体関係を迫った。純潔を誓っていたウィニフリッドは、うまくごまかしてその場を逃げ出したが、カラドッグはそれに気づき、教会の近くまで逃げてきたウィニフリッドに追いつき、怒りに身を任せて、ついには持っていた剣でウィニフリッドの首を切り落としたのである。切り落とされたウィニフリッドの首は転がり落ち、その首が落ちた場所から勢いよく水が噴き出した。これが奇跡を起こす聖ウィニフリッドの泉の始まりである。

物語はウィニフリッドの死で終わったわけではない。その場に駆けつけた聖ベイノは、転がっている彼女の首を取り上げ、彼女の体に再び元通りにつけると、一度は死んだウィニフリッドは息を吹き返したのである。それゆえにウィニフリッドを描いた聖画やステンドグラスでは、必ずウィニフリッドの首の部分に切り落とされた時の傷が描かれている。また、ベイノがウィニフリッドを剣にかけたカラドックに呪いの言葉を投げかけると、カラドックはたちまち絶命した。別の伝承では、ベイノがカラドックに向けて声をあげると、カラドックの足下が裂けて穴ができ、カラドックはその裂け目に飲み込まれて死んだとされている。なお、ベイノがウィニフリッドを蘇らせた場所には大きな石があり、これは「聖ベイノの石」として語り継がれている。その石は現在は泉の湧水をためる石造りのプールの水底にあり、巡礼者はプールに入ってその石の上で跪いて祈り、全身を泉の水に浸すのだとされている。[14]ちなみに、聖ベイノの名を冠した泉も北ウェールズに複数存在し、聖ウィニフリッドの泉と道路を挟んだすぐそばの小高い丘の木々をかき分けて細い道を登って行くとその一つがある。筆者が訪れた時にはほとんど水はなく泉にすら見えなかったが、その由緒を説明した立派なプレートが掲げられていて、ウェールズにおいて文化としての聖なる泉が定着している様子がうかがえた（写真⑧）。

ウィニフリッドのその後の生涯についても、いくつかのエピソードが伝えられている。例えば、その後修道女となったウィニフリッドは、巡礼でローマに赴いたというものなどがある。最も有名な後日談は、ウィニフリッドは

写真⑧　聖ベイノの泉。

ホーリーウェルに何年か留まったのち、ホーリーウェルから南西に二五マイル（四〇キロ）ほどはなれたグイセリン（Gwytherin）に移り、そこに建てられた女子修道院の院長として生涯を終えたというものである。

先に述べたように、このウィニフリッドの物語は七世紀半ばに起こったことがらとして伝えられているが、文献にあらわれるのは一二世紀に入ってからである。最初の書かれたウィニフリッドの伝記は、シュロップシャの都シュルズベリにあるベネディクト派の大修道院の当時の副院長で、後に第五代院長となるシュルズベリのロバート（Robert of Shrewsbury, d. 1168）が中心となって、一一三九年に執筆されたとされる『聖ウィニフリッド伝（Vita sancti Wenefredae）』である。[15] この書物は近世に入ると何度となく出版されることになるのであり、そのこと自体が近世における聖ウィニフリッドの泉の名声の広がりを示していると言えよう。ロバートによる『聖ウィニフリッド伝』の執筆の前年である一一三八年には、グイセリンに埋葬された聖ウィニフリッドの遺骸の一部が聖遺物としてシュルズベリ大修道院に移送されたとされているので、ロバートがこの著作を執筆した意図は明らかであろう。ただし、シュロップシャはウェールズと境界を接するとは言え、イングランドの州であることには注意が必要である。つまり、この時期までに聖ウィニフリッドとその泉の名声はウェールズに留まらず、イングランドにも広まっていたということである。次に、中世において聖ウィニフリッドの泉がどのように著名な巡礼地として発展したかについて、何人ものイングランド国王がここに巡礼した様子や、イングランド王家の聖ウィニフリッドの泉への関わりなどを中心に見ていくことにしたい。

3　中世の泉⒃

前節で見たとおり、一二世紀前半までには、聖ウィニフリッドとその泉の名声はウェールズのみならず、イングランドにも広がっていたと思われる。病を癒やす奇跡の泉として巡礼者を集めただけではなく、一一八九年には、第三回十字軍に出陣する直前の「獅子心王」リチャード一世が聖ウィニフリッドの泉に巡礼したことは、この泉が様々な祈願の対象となっていたことを示している。中世騎士道精神の鏡と讃えられた獅子心王は、特に健康上の問題があったわけではないので、聖ウィニフリッドの泉への巡礼は十字軍での戦勝祈願であったと思われる。さらに強調しておきたい点は、リチャード一世はイングランド王とは言いながらフランス語を話す北フランスの大貴族であって、そのような彼にとってもイングランド国王としての宮廷所在地ロンドン・ウェストミンスタから遠く離れた北ウェールズの聖ウィニフリッドの泉が、わざわざ訪れるに値する巡礼地であったということである。そもそもヘンリ二世に始まるアンジュー家のイングランド国王は、ノルマンディ、アンジュー、ブルターニュ、アキテーヌなど、フランス王国全体のほぼ西半分にあたる領域を支配し、歴史家が言うところのいわゆる「アンジュー帝国」の当主であって、北辺のイングランド王国は言わば彼らの属領だった。事実、初代のヘンリ二世はイングランド国王在位三四年のうち、イングランドに滞在したのは延べ一三年、その息子リチャード一世はイングランド国王在位一〇年中、フランスに滞在したのが五年、その他はほとんど十字軍に従軍しており、ブリテン島に滞在したのはわずか半年に過ぎない。そのリチャード一世がわずか半年のブリテン島滞在の期間中に聖ウィニフリッドの泉への巡礼を選択したという事実は、一二世紀後半までに聖ウィニフリッドの泉がブリテン島全体の、否、場合によってはフランスを含む西ヨーロッパ全体の崇敬を集める巡礼地に成長していたという可能性を示していると言えるかも知れない。

一三世紀に入ると、聖ウィニフリッドの泉は、シトー会のベイジングワーク修道院（Basingwerk Abbey）の管理下に入り、宗教改革期の修道院解散によって同修道院が消滅するまで、この管理は続くことになる。一四世紀末、一三九八年には、カンタベリ大司教ロジャー・ウォルデン（Roger Walden, d. 1406）が、ウェールズの聖人である聖デイヴィッド、聖チャドとともに、聖ウィニフリッドの祝祭を祝うことをカンタベリ大司教管区内に命じている。後述するように、ウェールズは一六世紀に至るまで世俗の論理ではイングランド王国の一部ではなかったが、教会行政区分においては、すでに中世以来、ウェールズの四つの司教区（セント・デイヴィッズ、ランダフ、バンガ、セント・アサフ）はカンタベリ大司教管区に下属していた。ウェールズのローカルな聖人であった聖ウィニフリッドとその泉がイングランド全体に受け入れられていった経緯も、このような背景と無関係ではなかったであろう。ウォルデンの命令が出たのと同じ一三九八年には、プランタジネット本家の最後のイングランド国王であるリチャード二世が聖ウィニフリッドの泉に巡礼したとの記録もある。[17] このように、北ウェールズに位置する聖ウィニフリッドの泉は、未だウェールズを正式な版図におさめていないイングランド王国の君主が巡礼に訪れる、言わば「王の巡礼地」としても発展したと言えるだろう。

イングランド国王の巡礼は続く。一四一六年には、ランカスタ朝第二代の国王ヘンリ五世が聖ウィニフリッドの泉を訪れている。ヘンリ五世は、百年戦争を再開させ、ヴァロワ家のフランス王権を追い詰め、一四二〇年にトロワ条約を結んでフランス王シャルル六世の娘カトリーヌ・ド・ヴァロワと結婚し、フランスの王位継承権を獲得した王である。ヘンリとカトリーヌの息子（後のヘンリ六世）がイングランドとフランスの王位を継ぎ、同君連合として両国を統治するはずであったが、ヘンリが一四二二年にわずか三五歳で病死したこともあって、その後のイングランドとフランスの同君連合は実現しなかった。ヘンリのこのような治績の端緒は、一四一五年のアジャンクールの戦いでのフランス軍への大勝利であったが、その翌年に行われた聖ウィニフリッドの泉への巡礼は、このアジャンクールでの勝利を感謝するためのものであったとされている。ウェールズの年代記作者アダム・アスク（Adam Usk, c. 1350-1430）が記すところでは、「王は大いなる崇敬の念を持って、シュルズベリから聖ウィニフリッドの泉まで、北ウェールズを徒歩で巡礼したのである」[18]。シュルズベリとホーリーウェルの間には約五〇マイル（八〇キロ）の距離が存在している。この年代記の記述は、聖ウィニフリッドの泉を対象とした文献のほとんどで言及されており、泉のホームページでも紹介されている。イングランドの全面撤退を持って百年戦争が終結し、時代はランカスタ家とヨーク家が王位を奪い合ういわゆるバラ戦争の時代に入ったが、ランカスタ家のヘンリ六世を廃してヨーク朝を興したエドワード四世は、即位の直後である一四六一年の夏に聖ウィニフリッドの泉に巡礼している。また、弟リチャード三世は泉への直接の巡礼こそしなかったが、年十マルクをベイジングワーク修道院長に与え、泉とそのチャペルの維持費に用いることを命じている。他方一四二七年には、いわゆる教会大分裂を終わらせた教皇マルティヌス五世が、「聖ウィニフリッドの泉のチャペルを訪問し、そこに施しを行う者に贖宥を与える」ことを認めている。一五世紀前半までに、聖ウィニフリッドの泉は、少なくともローマ教皇にも認知される存在になっていたのである。

一四八五年には、ヨーク家のリチャード三世をバラ戦争最後の決戦ボズワースの戦いで破ったリッチモンド伯ヘンリ・テューダーがヘンリ七世として即位し、テューダー朝を開いた。テューダー家はウェールズ北端のアングルシ島を故地とするウェールズ出身の家柄であったこともあって、ヘンリ七世は、自身の紋章にウェールズの象徴である赤い竜を用いたり、長男の名を、ウェールズに深く関わるアーサー王伝説から取ってアーサーとするなど、様々な点でウェールズ出身であることを示した。ヘンリ七世がウェストミンスタ大修道院に新たに建立したチャペルに、聖ウィニフリッドの像を置いたのもその一環であったと思われる。さらに一四九〇年代の初頭には、ヘンリ七世の母マーガレット・ボーフォートの援助のもと、ウェールズの何人かの領主も関わって、現在の聖ウィニフリッドの泉の景観につながる、泉を覆う形式の豪奢なチャペルが建立されたと言われている。聖ウィニフリッドの泉のチャペルは、先述の教皇マルティヌス五世が言及しているようにそれ以前にも存在していたようであるが（泉に対するチャペルの位置は不明）、ヘンリ七世の即位の頃には荒れ果て壊れていた考えられる。また、ヘンリ七世の即位と同じ年である一四八五年には、イングランドで最初の出版業者であるとされるウィリアム・カクストン（William Caxton, 1415x24-92）の手によって、シュルズベリのロバートの『聖ウィニフリッド伝』が英訳されて出版されている。[19] 聖ウィニフリッドとその泉への崇敬は、頂点を迎えたと言っても良いだろう。しかし、ヘンリ七世の息子ヘンリ八世の治世に起こった宗教改革は、聖ウィニフリッドの泉だけではなく、ウェールズの運命をも大きく揺り動かすことになる。次節ではまず、イングランド宗教改革がウェールズに及ぼした影響と、その研究史を押さえておきたい。

4　イングランド宗教改革とウェールズ

周知の通り、国王ヘンリ八世のいわゆる離婚問題に端を発したイングランドの宗教改革は、一五三四年の国王至上法によってイングランド国教会のローマ・カトリック世界からの離脱・独立を見た。また、その直後には一五三六年と四三年のいわゆるウェールズ合同法により、ウェールズは正式にイングランド王国の一部となり、イングランドと同様の州制度が導入されウェストミンスタの議会に議員を送るようになった。ウェールズは中世以来、事実上イングランド王権の支配下にあったと言って良いが、一五世紀初頭の最後のウェールズにおける大規模な反乱となったオーウェン・グリンドゥル（Owain Glyn Dŵr［Glyndŵr］, c. 1359-c. 1416）の反乱の後、ウェールズ北辺のアングルシ島から急速に勢力を伸ばした新興のテューダー家がついにはイングランド王位に登り、そのもとで名実ともにイングランド王国に統合されたのである。しかし、ウェールズの文化や宗教はいっきに変化したわけではない。

イングランドのプロテスタント化は議会制定法や国王布告によって行政的にも進められたので、イングランド王国の新たな領土となったウェールズも当然その対象となった。つまり、ウェールズのイングランド王国への政治的統合とウェールズのプロテスタント化は、ほぼ同時進行で展開したと言って良い。一般的に、ウェールズは合同法以降順調にイングランドの司法行政制度を受容したと考えられてきたし、宗教改革史の文脈では、ウェールズにはイングランド国教会の制度と礼拝様式はそれなりに迅速に浸透し、そのプロテスタント化も順調であったとされる。[20] 一五四一年のアイルランド王国昇格法で王国化してイングランドと同君連合となったアイルランドにはイングランド宗教改革のありようはほとんど浸透せず、大部分の住民がカトリックであり続けた事実とは対照的であることが指摘されてきた。また、プロテスタント宗教改革に対しては、イングランドの辺境でもいくたびか大規模な反乱を経験したが、[21] ウェールズではそのような反乱が皆無であった点も「ウェールズの従順」を印象づけている。

そもそも、先に述べたように中世以来のウェールズの四つの司教区は、イングランドの最高位の聖職者であり、イングランド王国の南部を管轄したカンタベリ大司教の管区に所属していた。一一、一二世紀にはウェールズで最も格の高いセント・デイヴィッズ司教が大司教に昇格してカンタベリの支配から独立することを志向したが、そのような試みは挫折したので、近世に至るまでウェールズの教会は一貫してイングランドのカンタベリ大司教の支配下にあったのである。宗教改革が始まると、この時期に着任した改革派の主教（慣例に従ってイングランド国教会成立以降は bishop を主教と訳す）たちは、自身の主教区で熱心に宗教改革政策を遂行した。バンガ主教アーサー・バークリ

（Arthur Bulkeley, c. 1495–1553）、セント・アサフ主教からセント・デイヴィッズ主教に転じたウィリアム・バーロウ（William Barlow, d. 1568）、その後任のセント・デイヴィッズ主教でメアリ一世治下に火刑となったロバート・フェラー（Robert Ferrar, d. 1555）といった人々である。このように、中世以来のウェールズの教会行政上のイングランドへの従属や改革派主教の活躍は、ウェールズの順調なプロテスタント化を示すものとして描かれてきた。

さらに、ウェールズの順調なプロテスタント化を象徴する出来事として挙げられてきたのは、言語の問題である。ウェールズには英語とは全く異なったケルト語派に分類されるウェールズ語が存在し、現在でもウェールズの住民のうち二〇％以上はウェールズ語話者である。宗教改革が起こった一六世紀ではおそらく九〇％以上の住民がウェールズ語話者で、そのほとんどが英語を解さなかったと考えられる。エドワード六世治下のプロテスタント改革の頂点ともされる一五四九年の共通祈祷書がラテン語から英語に改められたことに象徴される通り、宗教改革の掲げた理念の一つは俗語の礼拝であり、俗語訳の聖書の普及であった。一五三六年の第一次ウェールズ合同法では司法と行政の場におけるウェールズ語の使用が禁止されたが[22]、プロテスタント改革を進める王権は聖書や祈祷書のウェールズ語訳を積極的に進め、むしろウェールズ語に寄り添うことでウェールズのプロテスタント化を促進しようとしたのである。それゆえイングランド宗教改革のウェールズにおける展開は、ウェールズのイングランド化を促進するよりも、ウェールズ独自の文化の継承に貢献したと評価されることもある。

特にエリザベス一世治下の一五六三年には「聖書と祈祷書をウェールズ語に翻訳するための法」が制定され、翻訳事業が本格的に展開するとともに、ウェールズの大聖堂と教区教会にはウェールズ語聖書と祈祷書の設置が義務づけられた[23]。また、聖書と祈祷書のウェールズ語訳は改革派の主教や聖職者のもとで進められていくつかの訳が出たが、一五八八年に完成した新旧両約のウェールズ語聖書で、その後の書き言葉としてのウェールズ語の歴史にも大きな影響を及ぼしたと評価される「モーガン訳聖書」を著したのは、カーナヴォンシャ出身の聖職者ウィリアム・モーガン（William Morgan, 1544/5–1604）であった。モーガンは、後にランダフ主教、セント・アサフ主教を歴任するが、一〇年にわたって聖書のウェールズ語翻訳に従事した期間は、ウェールズ北部の片田舎の教区司祭であった[24]。二〇代の頃にはケンブリッジ大学セント・ジョンズ・カレッジで学び、イングランドの有力聖職者とのコネクションもあったとはいえ、モーガンのようなイングランド宗教改革のありように協力した地元ウェールズ出身者の存在は、イングランド宗教改革のウェールズへの浸透の象徴として取り上げられたのである。

他方、「ウェールズの順調なプロテスタント化」像については近年批判的な見解も出されている。すなわち、聖像を祀る祠堂（shrine）への崇敬や巡礼が長く続くなど、伝統宗教の粘り強さが強調されている。このような研究史は、民衆によって歓迎されたプロテスタント改革が急速に浸透したという正統学説に対する反論として、民衆の伝統宗教への愛着と宗教的保守性、上から押しつけられるが故にプロテスタント化が遅々とした歩みだったことを強調する、いわゆる修正主義が登場してきたイングランド宗教改革をめぐる論争に似ているとも言える[25]。しかし、おおむね修正主義が定説となって受け入れられたイングランド宗教改革史と異なり、ウェールズの近世宗教史における「修正主義」はいまだ十分に展開しているとは言えない[26]。それゆえ、イングランド王国に統合されて以降のウェールズの宗教的展開については当面、順調にプロテスタント化を受け入れた側面と、伝統宗教の残存という側面の両方を詳細に検討する必要があると考えられる。聖ウィニフリッドの泉が宗教改革以降に辿った歩みは、まさにそのようなウェールズ宗教史の修正主義的な側面を検討する上で格好の材料であると言えるであろう。

5　宗教改革とその後の泉

すでに述べたように、ヘンリ八世のもと一五三四年の国王至上法によってイングランド国教会が成立し、その二年後の一五三六年には第一次合同法でウェールズはイングランド王国に統合された。また同じ一五三六年には小修道院解散法が、三九年には大修道院解散法が出され、一五四〇年までにイングランドとウェールズの修道院は全て解散没収された。修道院解散によって、聖ウィニフリッドの泉を管理してきたベイジングワーク修道院も姿を消すことになる。その後しばらくの紆余曲折を経て、聖ウィニフリッドの泉とチャペルは北ウェールズの有力ジェントリでホーリーウェルの近郊に所領を持つモスティン家（Mostyn family）の管理、もしくは影響下に入ったと考えられる。[27]泉の運命を左右する可能性があったのは、一五三六年と三八年に出されたヘンリ八世の「国王宗教指令（Royal Injunction）」であった。それらの指令が聖画像への非難を述べ英訳聖書の普及促進を進めるとともに、伝統的な巡礼をカトリック的な迷信として批判したからである。[28]しかし、ヘンリ八世治下の宗教指令は、国王ヘンリ八世が教皇権を否定しつつも終生伝統的なカトリック信仰に留まったことを反映するように、民衆社会の伝統宗教を大きく変えることはなかったとも考えられている。聖ウィニフリッドの泉とチャペルに関しては、没収した解散修道院の土地や建物をもっぱら扱うために一五三六年に新たに設立された国王増加収入裁判所（Royal Court of Augmentations）の一五三八年度の記録に言及がある。すなわち、かつてベイジングワーク修道院が管理していたホーリーウェル教区の聖ウィニフリッドのチャペルは聖ウィニフリッド像に対する雄牛・雌牛を含む多くの寄進で潤っていたこと、ところが同教区の教区役員（Church Reeves）を自称するトマス・ドナルド（Thomas Donald）、デイヴィッド・アプ・ヘンリ（David ap Henry）、ヒュー・アプ・ジェンキン（Hughe ap Jankyn）の三人が人々をあざむいてそれらの寄進をかすめ取ったことが記載されている。[29] 混乱期のもめ事が記録されたものと考えられるが、このような記述は聖ウィニフリッドの泉が一五三〇年代後半においてもそれまでと変わらず巡礼と寄進の対象となっており、特に政府による閉鎖措置などを受けていなかったことを示していると解釈することも出来るだろう。

一五四七年にヘンリ八世が死去し九歳の少年王エドワード六世が即位すると、熱心なプロテスタントで少年王の伯父であるサマセット公エドワード・シーモア（Edward Seymour, duke of Somerset, c. 1500–52）がカンタベリ大主教トマス・クランマ（Thomas Cranmer, 1489–1556）とともに急進的なプロテスタント改革を推し進めることになった。治世初年の国王宗教指令では教区教会にプロテスタントの宗教書の設置を義務づけ、聖画像の撤去と破壊を求めるとともに、今度は、巡礼は「悪用（abuse）」という強い言葉とともに明確に批判された。[30] それゆえに聖ウィニフリッドの泉とその巡礼に対しては何らかの圧力がかけられた可能性が高いが、この時期の泉の歴史を物語る史料は残されていない。ただし、少年王の治世に聖ウィニフリッドの泉への巡礼が何らかの弾圧を受けていたと思われる証拠は、次の治世の以下の様な事実から見て取ることが出来る。一五五三年にエドワード六世が一五歳で死去すると、イングランド最初の女王メアリ一世が即位し、その確固たるカトリック信仰によって父と弟の宗教立法を撤廃し、イングランドは再び教皇権に服してカトリック世界に復帰した。クランマを含む何人かの主教は異端として火刑に処され、ヘンリ八世治下に大陸に亡命していたレジナルド・プール枢機卿（Reginald Pole, 1500–58）が帰国してカンタベリ大主教となった。プールはトリエント公会議の第一会期に教皇パウルス三世によって会議を主導する三人の教皇特使に選ばれ、パウルス三世死後の教皇選挙でも最有力候補と目されたカトリック世界の大物である。同様にメアリ即位の後に多くの新任主教が任命されたが、聖ウィニフリッドの泉のあるホーリーウェル教区を管轄するセント・アサフ主教に着任したトマス・ゴールドウェル（Thomas Goldwell, d. 1585）は、一五五六年に宗教指令を出して聖職売買を取り締まるなどの改革を行うとともに、自らの主教区内にある聖ウィニフリッドの泉への巡礼の復活を推し進め、おそらくは泉のチャペルに聖職者を配置したとされる。[31] 復活が推し進められたということは、逆に言えばそれまでに泉への巡礼は何らかの統制を受け、禁止されていたとも考えられるだろう。

一五五八年にメアリが死去してエリザベス一世が即位すると、国教会が再建されエドワード六世と同様の国王宗教指令が出されてプロテスタント路線がとられたが、国教会への国民の包括を目指すエリザベス政府は当初、カトリックや伝統宗教に対しては寛容な姿勢を示していた。しかし、一五六九年に北部カトリック大貴族による反乱が鎮圧され、翌年に教皇ピウス五世がエリザベスを破門すると、カトリックに対する取り締まりも強められていった。一五七九年六月一三日には、教皇主義者（Papist: カトリック教徒の蔑称）を捜索し、聖ウィニフリッドの泉への巡礼を監視すること、さらに泉の治療効果を調査し、その効果が認められなければ泉を破壊せよとの命令が女王の名でウェールズ辺境評議会に出されたとの記録が残されている。ただし、結果としてこの時に泉やチャペルにどのような措置がとられたかは分かっていない。泉とその施設はその後も存在しているので、少なくとも破壊措置はとられなかったと考えられるであろう。

エリザベス治世後半になると、イエズス会によるブリテン島への宣教が活発化する。カトリックへの取り締まりはますます強くなり、カトリック聖職者の逮捕や処刑が頻発していたので、宣教師のブリテン島への布教は命がけでもあった。他方、カトリック信仰を持つジェントリの庇護を受けて、公然の秘密としてカトリック信者が多く住む集落なども存在していた。[32] ホーリーウェルのジェントリの家系に生まれたジョン・ベネット（John Bennett, c.1550–1625）は、カトリック信仰を持つようになって大陸に渡り、ブリテン島へのカトリック宣教師養成を担ったスペイン領ネーデルラント（現在のドゥエはフランス）のドゥエ神学院（Douai College）に学び、一五七八年にカンブレで司祭に叙任されると、一五八〇年にブリテン島に戻りホーリーウェルで活動した。聖ウィニフリッドの泉を中心にカトリックの拠点を築くことに努めたのである。しかし、モスティン家のトマス・モスティン（Sir Thomas Mostyn, c. 1542-1618）に逮捕され、セント・アサフ主教に引き渡された。その後ウェールズ辺境評議会での審問を受けロンドンで投獄されたが処刑は免れて、一五八五年にはブリテン島から逃亡してランスに辿り着いた。翌年イエズス会に入会したベネットは、一五九〇年に再びブリテン島に渡り、ホーリーウェルで活動を続けたと考えられている。[33]ベネットの事例は、その後のイエズス会宣教師の活動のモデルとも言えるもので、聖ウィニフリッドの泉はその後もイエズス会の活動拠点であり続けた。[34]ただし、聖ウィニフリッドの泉はカトリックの拠点となっただけではなく、イングランド全土から奇跡を求める巡礼者を集め続けたという事実も強調しておかなければならない。

イエズス会宣教師とカトリックの在俗聖職者は、協力しつつ聖ウィニフリッドの泉での活動を続けた。活動の一環として重視されたことに、泉の奇跡譚の収集が挙げられる。一五五六年から一六七四年の間の四九の奇跡譚を集めた記録を一瞥すると、奇跡には大きく二つのパターンがあることが読み取れる。[35]多くの場合は、ウェールズだけでなくロンドンなどからも病や障害に悩む巡礼者が泉に訪れそこで癒やされるというものであり、中には祈願して子宝を授かったという物語もある。このような巡礼者にとっての良い奇跡が多数を占めるが、他方、聖なる泉を侮辱したことによって呪われた者の事例も挙げられている。例えば、一五七四年にデンビシャ出身のウィリアム・ショーン（William Shone）が嘲りながら泉に飛び込んだところ、身体に麻痺の症状が出たことが記録されている。[36]またこの奇跡譚の集成におさめられたエピソードではないが、一六三〇年には泉の効力に侮辱的な意見を述べた男が泉のそばで死体となって発見され、その地の陪審員はそれが神の審判による死だとの判断を下したとの話しもある。[37]これらのエピソードは泉への批判者がこの泉の効果に向ける眼差しを示すものとも捉えられるが、カトリック教徒以外の人々が全て泉への批判者だったわけではない。上述の奇跡譚の集成にも、プロテスタントの巡礼者が複数記述されている。それらの多くは、泉の奇跡によって病が癒やされ最後には回心してカトリックに改宗したというお決まりの結末を迎えているので割り引いて考える必要があるが、聖ウィニフリッドの泉への巡礼がカトリック教徒に留まるものではなかったことは広く指摘されており、泉の奇跡的効力は幅広い承認を受けていたと考えられる。

その後の聖ウィニフリッドの泉にも、様々なトピックが残されている。イングランドにおける反カトリック感情を決定的なものとした事件として有名な一六〇五年の火薬陰謀事件（カトリック教徒が国王ジェイムズ一世と議会を一気に爆破しようとして議事堂であるウェストミンスタ宮殿の地下に大量の爆薬を持ち込んだが、事前に発覚して防がれたとされる事件）に際しては、首謀者とされるカトリック教徒らが事件直前に聖ウィニフリッドの泉に詣でている可能性が指摘されているし、いわゆるピューリタン革命期にはイコノクラスム（聖像破壊）が吹き荒れる中、泉のチャペルやそこに置かれた聖像が被害を受けたとされる。しかし、一六六〇年に王政復古が成ると、イエズス会が聖ウィニフリッドの泉のチャペルの復興に尽力し、一六六七年にイエズス会はホーリーウェルを重要な拠点の一つとして、シュロップシャを含む北ウェールズ管区を創設した。一六八六年に国王ジェイムズ二世が泉に巡礼して子宝を授かったことはすでに述べた通りである。そのことに感謝した王妃メアリ・オヴ・モデナの計らいによって、泉のチャペルはモスティン家からイエズス会に譲渡された。

名誉革命によってカトリック王ジェイムズ二世が追放されてプロテスタントの王位継承が確立すると、聖ウィニフリッドの泉は再び危機にさらされた。一七二三年には泉のチャペルにおけるカトリックの礼拝が禁止され、学校として使用されるようになったことが記録されている。しかし、一八世紀に入っても泉への巡礼は途切れることはなかった。一七二四年には『ロビンソン・クルーソー』で有名なダニエル・デフォー（Daniel Defoe, 1660?–1731）が泉に多くの巡礼者が押しかけていることを記録しているし、一七七四年には英語辞典で知られるジョンソン博士（Samuel Johnson, 1709-84）がホーリーウェルを訪れ、泉が多くの巡礼者を受入れ続けていることを書いている。デフォーもジョンソン博士ももちろんカトリック教徒ではない。一八世紀の聖ウィニフリッドの泉は、ジョンソン博士が訪問者の目的の一つがリクリエーションであると書いたように、もはやナショナルな観光地になっていたとも指摘されている。一九世紀に入ると、即位前のヴィクトリア女王が一八二八年に泉に訪れていることが記録されている。今やイングランド・ウェールズ・スコットランド・アイルランドが一つとなったグレートブリテンおよびアイルランド連合王国において、カトリック教徒への差別を撤廃したカトリック解放法が成立する一年前のことであった。

6　「トリエントの化粧板」としての聖なる泉

前節では近世における聖ウィニフリッドの泉を宗教改革期を中心に見てきたが、そこに示された聖なる泉への眼差し、ひいては自然物に対する崇敬への態度をプロテスタントとカトリックに分けて考えてみよう。イングランド国教会成立以降、プロテスタントの正統的な立場は、聖なる泉への巡礼を迷信として一貫して批判し続けた。そのような批判は、時には泉やチャペルへの破壊命令となったり、何らかの圧力となって散発的にあらわれた。しかし、聖ウィニフリッドの泉への巡礼は根絶されることはなかった。国教会の正式な立場は、聖なる泉への巡礼を明確に悪しき迷信だとしていたが、一般的な国教徒やその他の非国教徒プロテスタントにとっても聖ウィニフリッドの泉は病を治癒する奇跡の泉であり続けたからである。さらに、巡礼は常に批判され続けたが、奇跡の力そのものは時には承認されることさえあった。プロテスタントの聖なる泉への態度は、決して断固たる拒絶ではなかったと言えよう。そして、近世の後半には巡礼地は観光地の要素を増していくことになる。

他方、宗教改革以降、ブリテン島における少数派の異端者となったカトリック教徒は、伝統的な巡礼地である聖なる泉を拠点としてコミュニティの存続を図った。彼らは中世以来の伝統的な聖域や巡礼地への崇敬を、変わらず保持し続けることによってカトリック教徒のアイデンティティを確保したとも見える。もちろん、聖なる泉は中世以来の歴史的な聖域であることは間違いない。しかし、近年ではそのような戸外の聖なる自然物がプロテスタント地域における少数派カトリック教徒の紐帯の核として、宗教改革以降「新たに」確立されていったことが指摘されている。現在、ブリテンにおける宗教改革史研究を牽引し、カトリックについても精力的に論考を発表しているアレクサンドラ・ウォルシャム（Alexandra Walsham, 1966-）は、これを「トリエントの化粧板（Tridentine Veneer）」と呼ぶ。[38] イエズス会に代表されるトリエント公会議以降のミリタントなカトリックが、プロテスタントの優勢な地域で伝統的な自然の中の聖域を新たに拠点として確立していったことを、古くからある伝統宗教という板にトリエント公会議によって新しくされたカトリックの化粧張りを施す板という意味で「トリエントの化粧板」と呼んだのである。[39]「トリエントの化粧板」は宗教改革を経験したヨーロッパの諸地域で見られたが、中世以来の大聖堂、教区教会、チャペルの全てが一つの王国単位で国教会に移行したイングランドとウェールズでは特に重要であった。ウォルシャムは聖なる泉の他に、聖なる山（丘）とその上に建てられたチャペルの事例を挙げている。ウェールズ南東部に位置するスキリッド（Skirrid）、ウェールズ語ではイズギリド・バウル（Ysgyryd Fawr）と呼ばれる聖なる山である。[40]

スキリッドはイングランドとウェールズの境界地帯に広がる黒山脈（Black Mountains）の一角をなし、モンマスシャの小都市アバガヴェニ（Abergavenney）から北に三マイル（五キロ）程行ったところにある標高五百メートル弱の山で、現在はナショナル・トラストの管理下にある。スキリッドはイエス・キリストが十字架上で息を引き取った直後に起こった地震[41]によって隆起し形成された山だとの伝説があり、古来から聖域として崇敬を集めていた。また、現在は廃墟になっているが、その頂きには大天使ミカエルに捧げられたチャペルが建立されていた。もちろん中世以来の伝統的な聖域なのであるが、スキリッドとそのチャペルは、むしろ一七世紀に入って常駐のカトリック聖職者が置かれ、カトリック教徒やイエズス会の拠点となっていく。一六七六年にはこのコミュニティに向けて教皇クレメンス一〇世が教皇書簡を発布しているし、一七世紀の後半にはここで年に八回から十回のミサが行われ、数百人のカトリック教徒を集めていたとの記録もある。また、この山の土は病を癒やす力を持つ聖なるものとみなされ、死者の棺にふりかけられるといった習慣も近世に入ってから形成された。(42) 聖ウィニフリッドの泉も、このような「トリエントの化粧板」の一つの事例として位置づけ直して考えてみることによって、その歴史的な重要性がよりいっそう明らかになるであろう。

おわりに

最後に、現在の聖ウィニフリッドの泉の姿からいくつかの問題を考えてみよう。冒頭に述べたように、聖ウィニフリッドの泉は今でも多くの訪問者を集め続けているし、この泉に身体を浸す者も途切れない。しかし現在の聖ウィニフリッドの泉の水は、もともと湧き出ていた自然の湧水ではない。一八世紀にはジョンソン博士が毎分一〇〇トンの湧出（実際には二〇トン程度と考えられている）があると書いた聖ウィニフリッドの泉の湧水は、近代ウェールズで発展した鉱業、特に近郊のハルキン（Halkyn）山の地下での採鉱の影響で一九世紀後半から湧出量が徐々に減り、ついに一九一七年には完全に止まったのである。この事実は複数の文献で紹介されているし、泉の展示室でも明示されている。(43) ただし展示室の展示では、同じ山を源流とする別の水の供給で泉の水が再び満たされるようになったと説明されているが、文献によってははっきりと現在の泉の水は水道水であることが述べられている。(44) 現在の泉の訪問者・巡礼者がどの程度泉の水は水道水であるという事実を承知しているのかは明らかではないが、少なくとも二〇世紀初頭にはもともとの湧水が枯渇していることは明らかにされているわけであり、泉の水そのものの聖性には関心が払われていないとも言えるかも知れない。しかし、巡礼者は今もこの泉の水に身体を浸し、汲み出した水を飲み、また泉とそのチャペルでは年ごとにミサを含む壮麗な宗教儀礼が執り行われている。湧水が引き起こした奇跡によって発展したこの聖域において、その本来の湧水が枯渇した現在、聖域としての宗教性がいかに担保されているかを考えることは現代における聖なる場所の聖性とは何かを考える上での材料として興味深い。

また、これも冒頭で述べた通り、泉と泉を覆うチャペルは現在カトリック教会によって管理されている。しかし、泉のチャペルのすぐ隣りに建っているセント・ジェイムズ教区教会はイングランド国教会セント・アサフ主教区の所属である（正確にはイングランド国教会の一部であったウェールズの四つの主教区は一九二〇年にウェールズ教会［Church in Wales］としてイングランド国教会から独立して独自の大主教を置き、非国教化している）（写真⑨）。他方、カトリックのホーリーウェル教区教会は、泉からホーリーウェルの中心街に向かう途中にあり、泉からは少し離れている（写真⑩）。また、ウェールズ教会のセント・ジェイムズ教区教会は現在も毎日曜日に朝八時からの礼拝を行っているが、ホーリーウェル教区の教区教会としてはもう一つ、町の中心に明らかに近年建てられたセント・ピーター教区教会があり、教区の活動の中心はこちらに移っているように思われる（写真⑪）。聖ウィニフリッドの泉とそのチャペル、カトリックの聖ウィニフリッド教区教会、ウェールズ教会（イングランド国教会）の二つの教区教会の歴史的経験を見ていくことによって、近世・近代におけるイングランド国教会とカトリック教会の一つの小都市の中での関係の具体的なありようを事例として描くことが出来るかも知れない。今後の課題としておきたい。

写真⑨　泉を覆うチャペルの左上に見えるのがセント・ジェイムズ教区教会。

写真⑩　カトリックの
ホーリーウェル教区教会。

写真⑪　街の中心にあるセント・
ピーター教区教会。

注

（1）近世イングランドにおける反カトリックについては、以下を参照。拙稿「一六－一七世紀前半のイングランドにおける宗教改革と反カトリック」浅見雅一・野々瀬浩司編『キリスト教と寛容—中近世の日本とヨーロッパ』慶應義塾大学出版会、二〇一九年。

（2）ルルドの泉については、以下を参照。寺戸淳子『ルルド傷病者巡礼の世界』知泉書館、二〇〇六年。竹下節子『奇跡の泉ルルドへ』ＮＴＴ出版、一九九六年。

（3）Michael P. Carol, *Irish Pilgrimage: Holy wells and popular Catholic devotion*, Baltimore, MD, 1999.

（4）例えば、イギリスの聖なる泉を論じたものとしては以下の前者が、世界の聖なる泉を論じたものとしては以下の後者がある。James Rattue, *The Living Stream, Holy wells in historical context*, Woodbridge, 1995; Gary R. Varner, *Sacred Wells*, New York, 2009.

（5）Rick Turner, 'St. Winifred's Well, Woolston, Shropshire, and the Stanley family', *Transactions of the Shropshire Archaeological and Historical Society*, 91, 2016, pp. 31-40.

（6）R. E. Scully, 'St. Winefride's Well, The significance and survival of a Welsh Catholic shrine from the early middle ages to the present day', in Margaret Cormack, ed., *Saints and Their Cults in the Atlantic World*, Columbia, SC, 2007, p. 206.

（7）Phil Cope, *Holy Wells: Wales, a photographic journey*, Bridgend, 2008. なお、同じ著者のシリーズで、コーンウォール（二〇一〇年刊）やイングランド・ウェールズの境界地域（二〇一三年刊）、さらにはスコットランド（二〇一五年刊）のそれぞれの聖なる泉を対象とした写真集もあるが、最初に出版されたのはウェールズのものである。

（8）例えば、以下。Well Hopper（https://wellhopper.wordpress.com）［二〇一八年一〇月一日閲覧］.

（9）Paul Davis, *Sacred Spirings, In search of the holy wells and spas of Wales*, Abergavenny, 2003; Audrey Doughty, *Spas and Springs of Wales*, Llanrws, 2001; Chris J. Thoamas, *Sacred Welsh Waters*, Milverton, 2004.

（10）Francis Jones, *The Holy Wells of Wales*, Cardiff, 1954.

（11）ウィニフリッド、グウェンヴレウィというカタカナ表記は、以下の邦訳文献に従った。シェリダン・ギリー、ウィリアム・J・シールズ編（指昭博・並河葉子監訳）『イギリス宗教史　前ローマ時代から現代まで』法政大学出版局、二〇一四年、一一九頁。

（12）ウィニフリッドの伝説については多くの文献に言及があるが、ここでは特にオックスフォード国民伝記事典の記事を参照にした。T. M. Cahrles-Edwards, 'Gwenfrewi [St Gwenfrewi, Winefrith, Winifred]', *Oxford Dictionary of National Biography online*（*ODNB online*）.

（13）Patrick Sims-Williams, 'Beuno [St Beuno]', *ODNB online*. 中世のウェールズにおける聖人崇拝と教会の発展については、以下を参照。梁川洋子「中世初期ウェールズの聖人崇敬と教会」『桃山歴史・地理』四四号、二〇〇九年、二五–三六頁。なお、同論文によれば中世初期のウェールズでは「俗人信徒はそうした司牧サーヴィスの一方的な受け手にすぎなかったのではなく、聖遺物とむすびついたローカルな聖人への崇敬や、聖なる泉 holy wells への崇敬をとおして、キリスト教信仰を維持していたとされる」（三六頁）。

（14）T. W. Pritchard. *St. Winefride, Her holy well and the Jesuit mission c.650–1930*, Wrexham, 2009, pp. 32–33.

（15）D. H. Farmer, 'Robert of Shrewsbury', *ODNB online*.

（16）本章の三節と五節における聖ウィニフリッドの泉に関する個別の歴史的な出来事に関しては、特に註を付して他の文献や史料を挙げていない場合を除いて、基本的に下記の二つの文献の情報によった。Scully, *op. cit.*; Alexandra Walsham, ch.6, 'Holywell and the Welsh Catholic Revival', in Do., *Catholic Reformation in Protestant Britain*, Farnham, 2014. なお、上記のウォルシャムの論考の初出は以下。Do., 'Holywell: Contesting sacred space in post-Reformation Wales', in Will Coster & Andrew Spicer, eds., *Sacred Space in Early Modern Europe*, Cambridge, 2005.

（17）Colleen M. Seguin, 'Cures and Controversy in Early Modern Wales: The struggle to control St. Winifred's well', *North American Journal of Welsh Studies*, 3:2, 2003, p. 2.

（18）Adam of Usk, *The Chronicle of Adam Usk, 1377-1421*, edited and translated by C. Given-Wilson, Oxford, 1997, p. 263.

（19）Robert, Prior of Shrewsbury, *The lyf of the holy [and] blessid vyrgyn saynt Wenefryde*, tr. by W. Caxton, Westminster : W. Caxton, 1485.

（20）本節で述べられる「ウェールズの順調なプロテスタント化」については、以下の拙稿で詳細に論じられている。拙稿「イングランド宗教改革とウェールズ」『人文学研究所報（神奈川大学）』五二号、二〇一四年、七七－九四頁。

（21）ヘンリ八世治下の修道院解散を原因の一つとして起きた「恩寵の巡礼」（一五三六－三七年）や、エドワード六世治下の英語の共通祈祷書への反発から起きた西部反乱（一五四九年）などが挙げられる。

（22）かつてはウェールズ語抑圧の象徴ともみられたこの「言語に関する条項」については、行政に関わるような政治エリートはそもそもウェールズ語と英語のバイリンガルであり、イングランド王権としてもウェールズ語の根絶を目指すような意図はなかったと解釈されるようになっている。大高典子「イングランドとウェールズの〈国家統合〉：「統合法」（一五三六・四三年）の歴史的意義」『史論』（東京女子大学）四九号、一九九六年、八五頁。ジャネット・デイヴィス

（小池剛史訳）『ウェールズ語の歴史』春風社、二〇一八年、六三頁。

（23）5 Elizabeth, c. 28, 'Act for Translating of the Bible and the Divine Service into the Welsh Tongue'. *The Statutes of the Realm*, vol. 4, London, 1819, p. 457; Ivor Bowen, ed., *The Statutes of Wales*, London, 1908, pp. 149–151.

（24）モーガンについては、とりあえず以下を参照。Glanmor Williams, ch. VI, 'Bishop William Morgan and the First Welsh Bible', in Do., *The Welsh and Their Religion: Historical essays*, Cardiff, 1991.

（25）イングランド宗教改革をめぐる論争については、以下を参照。拙稿「イングランド宗教改革史研究をめぐって―『ヒストリカル・リサーチ』A・G・ディケンズ特集号に寄せて」『西洋史学』二二四号、二〇〇七年、三九－五二頁。

（26）ウェールズにおけるイングランド宗教改革の影響をめぐる伝統学説については、中近世ウェールズ史に圧倒的な影響力を持ったグランモ・ウィリアムズ（Glanmor Williams, 1920–2005）の仕事を無視することは出来ない。宗教改革についての代表的な著作は以下。G. Williams, *Wales and the Reformation*, Cardiff, 1997. ただし、ウィリアムズには聖ウィニフリッドの泉についての論考もある。G. Williams, 'St. Winifred's Well: Ffynnon Wenfrewi', *Flintshire Historical Society Journal*, 36, 2003, pp. 32–51. なお、ウィリアムズのウェールズ史に対する学問的影響を検討した論集として以下がある。Geraint H. Jenkins, Gareth Elwyn Jones, eds., *Degrees of Influence: A memorial volume for Glanmor Williams*, Cardiff, 2008. ウェールズにおける宗教改革の伝統学説に対する批判については、とりあえず以下を参照。Katharine Olson, '"Slow and Cold in the True Service of God": Popular beliefs and practices, conformity and Reformation in Wales, c.1530–c.1600', in Tadhg Ó hAnnracháin, Robert Armstrong, eds., *Christianities in the Early Modern Celtic World*, Basingstoke, 2014.

（27）モスティン家については以下を参照。A. D. Carr, 'Mostyn Family', *ODNB online*.

（28）G. Bray, ed. *Documents of the English Reformation*, Minneapolis, MN, 1994, pp. 175–183. 日本語訳については、以下を参照。栗山義信「一五三〇年代の二つの『国王指令』」『岐阜大学研究報告・人文科学』二二号、一九七四年、一一-一三頁。

（29）E. A. Lewis & J. Conway Davies, eds., *Records of the Court of Augmentations relating to Wales and Monmouthshire*, Cardiff, 1954, pp. 96–97.

（30）Bray, ed., *op.cit.*, pp. 247–257.

（31）T. F. Meyer, 'Thomas Goldwell', *ODNB online*.

（32）近世イギリスにおけるカトリックの日常生活については、以下を参照。指昭博「信仰と服従のはざまで　近世カトリック教徒の生活」川北稔・指昭博編『周縁からのまなざし　もうひとつのイギリス近代』山川出版社、二〇〇〇年。同「一八世紀イングランド北部のカトリック教徒―ハートバーン教区（ノーサンバランド）の事例―」『西洋史学』二六五号、二〇一八年、三八-四八頁。

（33）Pritchard, *op.cit.*, pp. 109–110; Thomas M. McCoog, 'John Bennett', *ODNB online*.

（34）ウェールズにおけるイエズス会の活動については以下を参照。Thomas McCoog, 'The Society of Jesus in Wales : The Welsh in the Society of Jesus. 1561–1625', *Journal of Welsh Religious History*, 5, 1997 pp. 1–27.

（35）C. de Smedt, ed., 'Documenta de S. Wenefreda', *Analecta Bollandiana*, 6, 1887, pp. 305–352.

（36）*Ibid*., p. 311.

（37）キース・トマス（荒木正純訳）『宗教と魔術の衰退』法政大学出版局、一九九三年、九九頁。

（38）ウォルシャムには本章が多くを負っている註一六に挙げた聖ウィニフリッドの泉についての論考の他、聖なる泉について広く論じた一連の論考がある。A. Walsham, 'Reforming the Waters: Holy wells and healing spring in Protestant England', in Diana Wood, ed. *Life and Thought in the Northern Church, C. 1100-1700*, Woodbridge, 1999; Do., 'Sacred Spas? Healing springs and religions in post-Reformation Britain', in Bridget Heal & Ole Peter Grell, eds., *The Impact of the European Reformation : Princes, clergy and people*, Aldershot, 2008.

（39）「トリエントの化粧板」はウォルシャムの造語であるが、着想は近世アイルランドについての以下の文献から得たことが述べられている。Reymond Gillespie, *Devoted People : Belief and religion in early modern Ireland*, Manchester, 1997. なお、本章では 'Tridentine Veneer' の訳語として「トリエントの化粧板」との試訳を用いてみた。日本語のベニヤ板は英語の veneer を語源とするが、前者は合板のことを指し、後者は主に化粧張りに使われる単板を意味する。

（40）Walsham, 'Holywell and the Welsh Catholic Revival', pp. 186-189.

（41）「しかし、イエスは再び大声で叫び、息を引き取られた。その時、神殿の垂れ幕が上から下まで真っ二つに裂け、地震が起こり、岩が裂け、墓が開いて、眠りに就いていた多くの聖なる者たちの体が生き返った」「マタイによる福音書」二七章五〇－五二節『聖書　聖書協会共同訳』日本聖書協会、二〇一八年。

（42）Michael R. Lewis, 'The Pilgrimage to St Michael's Mount : Catholic continuity in Wales', *Journal of Welsh Ecclesiastical History*, 8, 1991, pp. 51-54.

（43）Williams, 'St. Winifred's Well', p. 32; D. H. Farmer, *The Oxford Dictionary of Saints*, Oxford, 2011, p. 454.

（44）Scully, *op.cit.*, p. 228.

第六章　鯨塚から考える日本人の自然観と倫理

坪井雅史

日本には、さまざまな動物や亀、魚類、虫、草木、日用品などの物を供養したりするための墓や塚が多数存在する。その対象や時代、地域は多岐に亘るが、それらを一覧できる「生き物供養碑」というウェブサイト[1]もある。そうした墓や塚のなかでも、鯨を祀るものは特に多く、またある程度の偏りはあるものの全国的に存在している。それらに関する先行研究としては、吉原（一九八二）、松崎（二〇〇四）が代表的なものと言える。ここでは、主にそれらの文献、ならびに動物供養に関する文献を参照しながら、日本人が鯨に対してどのような思いを抱き、その墓や塚、さらにはそれらにまつわる祭祀を行い、位牌や過去帖などを残してきたのかを考察し、さらにそれらが自然保護に対して果たしてきた役割を考察する。特に、そうした供養等の思想的背景の時代的変遷について考察することで、捕鯨の是非に関連して、どのようなことが言えるのかを検討する。

1　鯨塚と鯨墓

日本には、およそ九〇の鯨の墓や塚があるとされる。それらのまとまった調査を最初に行った吉原（一九八二）には、五四基の墓や塚の一覧表が記載されている。その後、吉原の文献を参照しながら追加の調査を行った松崎（二〇〇四）によれば、佐渡島や高知などのものがさらに追加報告され、七二基ほどの塚や墓が確認されている。また本稿冒頭に紹介したウェブサイトには、両文献にもあげられていなかった墓や塚がさらに紹介されており、これらを合わせると九〇基ほどになる。ただし、数え方については、一カ所に複数の塚や墓がまとめて置かれている場合の数え方などにもより多少前後する場合がある。例えば後述する千葉県鋸南町の鯨塚は、数としては二つと数えているが、板井ケ谷の弁財天には、鯨を解体していた出刃組が一年に一基の供養碑を建て、一二〇基ほどあったもののうち、風化したものは埋められ、現在では五二基が残っていると案内板には記載されている（写真1）。また近くにある醍醐家ゆかりの加知山神社にも、古くは一〇〇基ほどの鯨塚があったとされるが、筆者が見る限り現在では二基しか確認できなかった。このようにその

写真１　千葉県鋸南町勝山の鯨塚

数え方に難しい点もあるが、日本には少なくとも九〇基以上の鯨の墓や塚があることになる。

なお、これまで鯨塚と鯨墓とを併記してきたが、以後は特に両者を区別しない限り、両者の含めた意味で「鯨塚」と呼ぶことにする。鯨墓は、通常は鯨の骨などその身体の一部を埋葬したものと理解されるが、「供養塔」や「鯨塚」と刻まれた塚にも骨などが埋められていたものもあれば、何も埋葬されていないものもある。吉留によると、松崎が報告した六六基の鯨塚のうち、「実際に鯨の身体の一部や骨を埋葬したとされる「墓」（いわゆる埋め墓）は、一五例を数え」(2)るとし、その詳細を表にまとめている。

ちなみに、鯨とイルカは大きさの違いによるもので、イルカも鯨の一種と考えてよいが、ここではイルカ塚については扱っていない。しかし、イルカを祀る塚も伊豆半島を中心に全国で一五基ほどを数えることができる。

それらの数を都道府県ごとの一覧にすると、表1のようになる。

これらの地域のうち、近世以降のいわゆる古式捕鯨が行われていた地域は、千葉県、三重県・和歌山県にかけての紀伊半島東岸地域、高知県の室戸岬付近、そして山口県の日本海側から佐賀県・長崎県にかけての西海地方である。

表1　都道府県別の鯨塚の数

北海道	1
岩手	1
宮城	8
福島	1
東京	1
神奈川	1
千葉	6
新潟	7
静岡	1
福井	1
三重	6
和歌山	4
京都	1
岡山	1
山口	5
高知	4
愛媛	7
大分	10
福岡	2
佐賀	4
長崎	17
宮崎	1
合計	90

当然、それらの地域には多くの鯨塚が見られる。ちなみに、近代になって捕鯨産業の一大基地となった鮎川をはじめとした宮城県牡鹿半島付近、そして南氷洋での母船式捕鯨の基地となった山口県下関も捕鯨基地として

写真２　臼杵市大浜の「大鯨魚寶塔」

有名である。

それ以外の地域には、魚を追って入り江に入り込んで浜に打ち上げられたりした、いわゆる流れ鯨を祀るものが多い。特に多いのは、豊後水道を挟んだ大分県と愛媛県の沿岸である。大分県臼杵市には、少なくとも五つの鯨塚がある。例えば、臼杵市大浜には「大鯨魚寶塔」と記された鯨墓があるが、これは明治三年に鯱に追われた鯨が港に逃げ込み、動けなくなったところを捕らえて売り、それによって村が抱えていた借金を返すことができたことに対して、「村の救いの神」として祀ったことが古文書に記録されているという[3]（写真２）。松崎によれば、「九州沿岸地域の諸事例のうち、寄り鯨を何らかの形で処理し、鯨肉や大金を得たとするものは三例と少なく、「鯨は神の使い」故、食さない、埋葬だけしてやったとするものが四例、他は不明であった」という（松崎一一六）。臼杵の鯨塚はいずれも、鯨に対する感謝、報恩供養のためと理解できる。

このように捕鯨地域と非捕鯨地域の両方で、鯨塚が残っているが、山口県の日本海側には、捕鯨地域と非捕鯨地域両方の鯨塚が残っており特徴的と言える。

また、それらが作られた時代的にも、古くは一六〇〇年代から最近の物まで長期にわたって建てられていたことが

表２　年代別の鯨塚の数

1650～	8
1700～	9
1750～	4
1800～	16
1850～	24
1900～	22
不明	7
合計	90

分かる。年代ごとの数を集計すると、表2のようになる。一瞥して分かるように、幕末以降のものが多いと言える。もちろん、古い物については確認が難しいという事情も合わせて考える必要があるが、他方、幕末頃から鯨が捕れなくなり捕鯨産業が危機にさらされていたことも合わせて考える必要があるだろう。

現在確認できる最古の鯨塚は一六七一年の三重県熊野市二木島の「鯨三十三本供養塔」であるとされる（松崎一四七）。その後、元禄期には、佐賀・長崎沖の西海地域で鯨塚が多数建立され、明治期以降になると、流れ鯨のものも含めてさらに多くの鯨塚が作られることになる。

写真３　向岸寺清月庵の鯨墓

中園によれば、一七世紀後半以降に建立がさかんになる理由として、「その頃が突組から網組への変革期にあたり、一つの漁場で複数組が操業した突組に対し、網組は一漁場を占有する形なので、それだけ漁場に対する意識が強くなったことを反映しているのかも知れない」（中園一六三）という。さらに、「建立のピークは網掛突捕捕鯨法が発展していた一八世紀ではなく一九世紀」であり、「とくに衰退期の一九世紀後半」に多くなっていることを指摘し、幕末以降の「不漁に臨んで過去の捕獲に対する反省心から建立による供養を諮っ

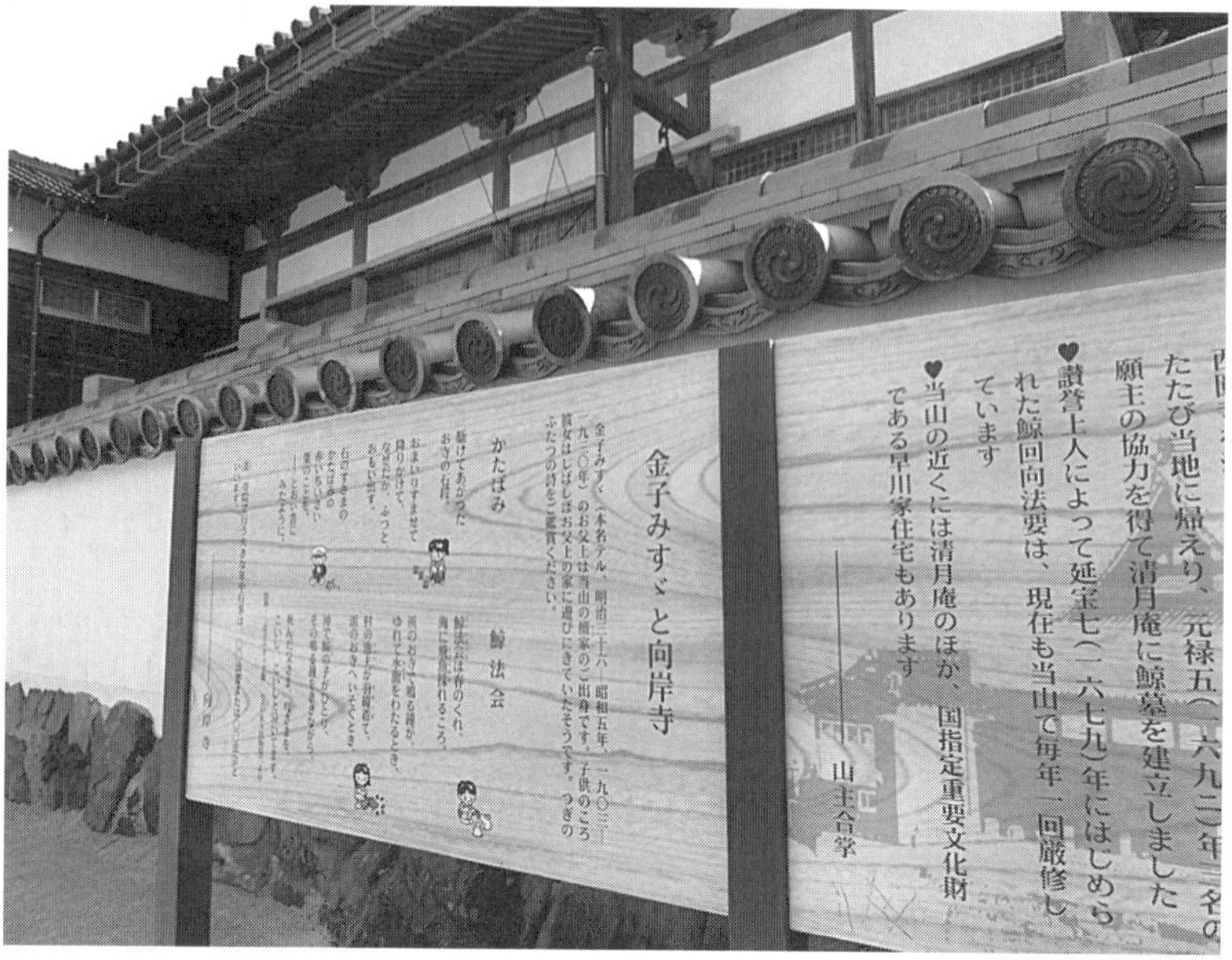

写真４　向岸寺の壁沿いに建てられた案内板と金子みすゞの詩

た」と推測している（中園一六三－四）。

鯨塚ではないが、鯨供養と関係の深い鯨の位牌や過去帳が残されている寺もある。特に有名なのは、山口県長門市通にある向岸寺で、鯨の墓（写真３）と位牌、過去帳が残っており、金子みすゞの「鯨法会」という詩でも有名な供養のための法要が今でも毎年行われ、鯨唄が歌い続けられている（写真４）。その他、愛媛県西予市明浜町高山の金剛寺、大分県臼杵市の大橋寺にも塚と位牌と過去帳が残されている。その他にも鯨位牌は七つの寺に、過去帳は三つの寺に残されている。

寺ではなく神社と関連する神事・祭りが残っていた（残っている）地域もある。樋口英夫の『海の狩人』には、長崎県有川のメーザイテン祭り、三重県四日市市の鯨船神事、三重県梶賀のハラソ祭り、和歌山県太地の頭屋祭り・お弓祭りの様子が写真で掲載されており、その様子が生き生きと描かれている。これらの祭りも、鯨がその地域と深い関係があったことや人びとが鯨に特別な思いを抱いていたことを示していると言えるだろう。

2　鯨塚に込められた信仰と自然観

さて、これら多くの鯨塚は、一体何のためにつくられたのであろうか。

動物を対象にした信仰に関わる儀礼は、「供犠」と「供養」に大別されると中村はいう。前者は「動物殺しという人間の罪を神の権限を導入することで一挙に解消あるいは免罪する文化」であり、後者は「動物殺しの罪を事後も定期的に確認しながら、その罪責感情を宗教的に少しずつ浄化しようとする文化」とされる（中村二〇〇一、二一九）。現代の日本では、「供養の文化」が強く残っているため、「供犠の文化」は存在しなかったと思われがちであるが、アイヌや沖縄だけでなく、列島中央部でも、「動物を食べても供養しない文化もあった」（藤井二三七）。

2-1　近世以前の鯨塚

この中村の分類にしたがえば、鯨塚と結びつくのは供養の思想であると言えるであろう。しかし問題は、この「供養」に込められた思いがどのようなものであったかである。捕鯨や鯨塚にまつわる各地の伝承等によれば、それらはいくつかに分類することができる。

まず、前の臼杵市の鯨塚が建てられた理由からも分かるとおり、多くの恵みをもたらしてくれた鯨に対する感謝の念があげられる。鯨を売って得たお金で学校を建てた地域もあるなど、寄り鯨は困窮した地域にとっては、たった一頭で大きな恵みをもたらしてくれるものであり、まさに「神の恵み」であったに違いない。したがって、こうした鯨に対しては、一頭ごとに、塚や墓が建てられたのである。

ちなみに、鯨への感謝を表すものとしては、鯨塚をはじめとする鯨供養に関するもの以外に、「供犠の文化」の一つとされるアイヌの「フンペリムセ」をあげることができる（松崎一〇八）（神野一七四‐五）。

とはいえ、流れ鯨を祀った塚の全てが上記のような鯨への感謝の念を表しているとは限らない。動物を食べないにも関わらず、寄り鯨を供養する例も多く見られる。鯨を食べたり売ったりすることなく、ただ鯨を埋葬し供養していたのである。そうした地域の沿岸漁業者にとって、鯨は沖から魚の群れを沿岸に追い込み、豊漁をもたらしてくれるため、恵比寿神ないしは「神の使い」と見なすことで信仰の対象としていたのである。また、「流れ鯨は祟る」とか「寄鯨を拾うと不漁になる」（中園一五八）などの言い伝えが広まっていたのもこうした信仰にもとづくものであっただろう。これらは後述する食べるための動物の供養とは全く異なる意味を持っており、たいへん興味深い。

捕鯨を行っていた地域ではどうだろうか。当然、多くの鯨を殺し、その恵みを得ていた人びとは、その恵みに感謝すると共に、多くの動物を殺したことに対する罪責の思いを込めていたと思われる。一八三二年の『勇魚取絵詞』には、生月島の益冨組では、鯨が喉をころころと鳴らして絶命する際、漁人は念仏を三回唱えたと記されているが、他にも類似した記録があり、中園は「古くからおこなわれてきた作法のようだ」と述べている（中園一六二）。このように捕鯨による鯨の死に対する弔いの作法は、鯨塚以外にもさまざまな形でおこなわれていたが、仏教信仰との結びつきによって鯨の成仏を願う作法として表現されたものが鯨回向などと見ることができよう。

明治初期までの近世以前の捕鯨の方法は、巨大な鯨に多数の銛を突き刺し、大量の血を流させることで鯨を徐々に弱らせ、最終的に漁師が鯨に飛び移って直接とどめを刺すことでようやく捕らえることができるというものであった。そのため、鯨を捕えたことに対しては大きな喜びと達成感がともなったであろうとともに、鯨を長時間にわたって苦しめ、死に至らしめた漁師たちには、鯨の死に際して、人間に対するのと同じように念仏を唱えるなどの「作法」が、自然と定着したのであろう。

なかでも人びとの供養の対象となったのが、子鯨や鯨の胎児であった。中園が「鯨の孕み児には羽刺しの着物を着せて葬るという五島灘江ノ島（西海市）の例や、同様に子供の着物を着せて葬ったという土佐室戸の例など、孕み児はとくに意識して葬ったようである」（中園一六四）と指摘しているように、後述する鯨の祟りの話とも関連して、子鯨や鯨の胎児に対しては、とくに手厚い供養がなされたようである。これは捕鯨地域に限らず、非捕鯨地域においても、寄り鯨の胎児のみを埋葬した例が見られる（松崎一一六）。また、写真3に示した通の鯨墓の背後の空き地には、八〇頭ほどの鯨の胎児が埋葬されていると言われる（松崎一〇二）が、向岸寺の讃誉上人の発願により一六九二年にこの墓が建てられた当時から、鯨の菩提を弔うとともに、胎児の安楽が目的とされていたのである。

さらに、鯨の祟りを怖れ、それを鎮めるために鯨を供養する寺や墓を作ったとされる例も多い。藤井は「クマやクジラの供養は明確に祟り伝承とともに江戸時代の中期に展開してきたということができる」と述べている（藤井二三〇）。

鯨の祟りに関する伝説や昔話は、鯨の寺社参りの伝説と結びついており、西海捕鯨で栄えた長崎県から山口県地方各地を中心に多数伝わっている。それらの筋はほぼ同型で、日高の言葉を借りれば、下記のようになる。

お参りのため通りかかった母子鯨や孕み鯨が僧侶や捕鯨者の夢枕に現れて、「お参りがすむまでは捕らないでほしい。そのかわり帰り道はとってもよい」と訴える。鯨捕りがこれに同意すれば、あらゆる幸運が訪れるが、反対に聞き入れないならば、災禍がふりかかることを覚悟しなさいという因縁話になっていて、どの地方の伝承も主旨、筋書きとも似通っている。おそらく捕鯨基地間で、経営者や漁夫の人的な交流があったからであろうが、このような発想・教訓は日本の小型沿岸捕鯨の核心をなす文化といってよいだろう（日高一二三－四）。

こうした伝説の中でも最も古いものの一つ、長崎県五島にある宇久島の山田紋九郎に関する伝説は、一七一六年に起こった鯨組の遭難事故に関する言い伝えである。捕鯨の山田組の三代目紋九郎が見た夢のなかの鯨の願いを聞き入れず出漁した結果、七二名の鯨組全員が死亡する惨事となった。その結果、紋九郎は捕鯨をやめたことになっている。宇久島には、この時の犠牲者を祀る供養塔が二基存在する（中園一六七）。

この類の伝説と結びついた鯨塚の他の例をもう一つ挙げると、三重県北牟婁郡紀北町白浦にある「腹子持鯨菩提之塔」がある。松崎は、堀口味佐子の調査の結果を次のように紹介している。「常林寺（曹洞宗）の過去帳には、宝暦八、九年の死亡者三六の名が記されており、その中には石塔の建立者の一人六良太夫の子二人が死亡しているという。夢のお告げ（鯨の哀願）を無視して鯨を捕獲した。しかもそれが子持ちであった。そうして捕獲後疫病が流行し、捕獲当事者の周辺で死者が続出した。その結果鯨の祟りとの認識が生まれて供養塔を建立し、その慰撫につとめた」（松崎一二五）。ここでの夢のお告げは、「常林寺住職の夢枕に、女に姿を変えた鯨が立ち「私は龍神に仕える鯨で、子を産む場所を捜しに明日白浦の沖を通るが見逃してほしい」と哀願する」（松崎一二四）というものである。

三重県沿岸には、鯨が夢にでて「伊勢参り」のため沖を通るが見逃してほしいとするものが多く、西海地方では、紋九郎鯨もそうであるが、「西の高野山」と呼ばれる「大宝寺参り」のためとされることが多い。

一七〇〇年代から言い伝えられるこの種の伝説は、太地の古式捕鯨を壊滅させた一八七八年の「大背美流れ」の事故に関する言い伝えにも影響を与えている。津本陽の直木賞小説『深重《じんじゅう》の海』にも描かれたことで有名なこの事故の言い伝えは、「もともと存在していなかった背美の子持ち捕獲をタブーとする導入部が付加され、タブーを破ったが故に遭難が起きたという筋の伝説として確立し」たものだと言われる（中園一六七－八）。

太地の人々は今でも、大背美流れの事故を昨日のことのように語ると言われるが、そこでも「背美の子持ちは夢にも見るな」という伝承とともに語られているのである（関口九七－八）。太地港を見下ろす坂の中腹に大背美流れの被害を紀念する「漂流人紀念碑」が建っているが、その前にある説明板にも「明治一一年（一八七八）一二月二四日、子連れのセミクジラを追って沖へ出た太地鯨方船団は悪天候のため遭難し、出漁者の大半となる一〇〇名以上が帰らぬ人となった」と書かれている（写真5）。

前に引用した日高が「日本の小型沿岸捕鯨の核心をなす文化」と述べていたが、鯨の祟りに関するこの種の伝説の影響力がいかに大きかったかがうかがえる。

写真５「漂流人紀念碑」とその説明板

ところで、鯨塚には、長崎県五島有川の「鯨鯢千三百拾二本供養塔」（一七一二）、佐賀県呼子の「鯨鯢千本供養塔」（一八六三）など、数字が刻まれたものがある。これに関して、「狩猟における千匹供養塔の「捕り止め」、あるいは参詣前の鯨・海豚は捕獲しないといった漁獲制限のルールからは、経験から生まれた資源管理の思想を読み取ることができる」（松崎九七）という指摘との関連性を考察する必要がある。また、藤井は「イノシシやシカなどは、千匹捕獲すると狩猟をやめないといけない、そうでないと動物に祟られるという伝承が存在する。…九州を中心にイノシシやシカは大量に捕獲したときにその祟りを恐れて供養塔を建立するという習俗があった」（藤井二二九）と述べている。後述するように、捕鯨者と他の狩猟・漁撈者との考え方の同型性はあったのではないかと推察できる。しかし、それが捕鯨者の資源管理の思想と結びつくものであるかは、後に改めて考えたい。

またそれに関連して、松崎は『小川嶋鯨鯢合戦絵巻』（一八四〇）の記述を紹介し、「「無益な殺生をしない」云々の下りは、一般的な仏教の教えであるが、資源管理の発想も読みとれ、肯けるものである」（松崎一五四）と述べている。と同時に、「「鯨は人々に多大な利益をもたらす功徳を持っており、たとえここで捕獲されなくともどこかで必ずつかまり生命果つる運命にある。だから捕獲してもやむをえない」との主張は…、自己の職業を正当化する、虫の良い論理と言えなくもない」（松崎一五四）とも述べている。

さらに、既に紹介した山口県通浦にある向岸寺の鯨墓には、「南無阿弥陀仏」の名号に加えて、「業尽有情　雖放不生　故宿人天　同証仏果」という、いわゆる「諏訪の勘文」が刻まれていることで知られている。人が動物を殺すことによって、成仏させてやることができるとする考えは、全国の狩猟者の間に共有されていた。その背後には、殺生を罪とする仏教の教えが強い影響力を持つ社会の中で、自分たちの生業が罪深いものではなく、動物の成仏を助ける仕事なのだと考えることで、その罪責感を緩和したいとする思いがあったと考えられる。と同時に、「捕鯨に携わる人々の発想と狩猟者達の発想には、どこか相通じるものがある」（松崎一五五）との指摘は、動物の殺生を生業とする人々に共通の信仰があったと考えれば理解しやすいことであろう。

他方、子持ち鯨は捕鯨者にとって絶好の漁機と考えられてもいた。子鯨を見捨てることができない母鯨の愛情を利用して、先に子鯨を生け捕りにしておけば、母鯨は一度取り逃がしてもまた戻ってくるため、最終的には親子ともども獲らえられてしまったからである。

このように、子持ち鯨に対しては、祟りを怖れたり、あるいは子どもを守ろうと必死に暴れる親鯨のために漁が危険に晒されるなどの理由で、その捕獲を制限しようとする思いがあったと思われると同時に、絶好の漁機を逃すまいとする思いの葛藤の上で、捕鯨が行われたのであろう。こうした事態を中村は「子持ち鯨のしめす〝母性愛〟は、鯨捕りにとって垂涎の的であるとともに不吉のしるしでもあったわけであり、そうしたアンビバレントな存在であったがゆえに、いっそうその死は、彼らの罪責感情を際立たせずにはおかなかったのであろう」（中村二〇一〇、八八）と述べている。子持ち鯨を捕った場合には、祟られることがないように、また多くの恵みに対して感謝し、懸命に供養をせざるを得なかったのであろうと推察できる。

2-2　近代捕鯨時代以降の鯨塚

これまで見てきたように、おおよそ一九〇〇年頃まで、日本人は長年に亘って、さまざまな地域で、またさまざまな思いを込めて鯨塚を作ってきたことが分かった。しかし、そうしたさまざまな思いは、一九〇〇年頃を境に急速に変化していく。

まず、欧米の捕鯨船により日本近海の鯨が激減し、沿岸の鯨の回遊経路付近で行われていた古式捕鯨の存続が不可能になった。そして、日本の捕鯨にもノルウェー式の捕鯨砲と動力船を用いた沿岸及び沖合での近代捕鯨が導入されるようになる。これにより、これまでは捕らえられなかった種類の鯨を捕獲することが出来るようになった。さらには、母船式捕鯨が可能になると、南氷洋をはじめとする遠洋での大規模捕鯨が行われるようになり、捕獲量が爆発的に増加する。

写真６　宮城県鮎川観音寺の「千頭鯨霊供養塔」

こうした時代にも、鯨塚は建てられていたが、その多くは捕鯨会社によるもので、実際の捕鯨や解体に従事した人びとの思いの反映とは言い難いものが多くなる。写真6は、宮城県牡鹿半島鮎川の観音寺に建てられた「千頭鯨霊供養塔」（一九三二）であるが、側面には「施主鮎川捕鯨株式会社」と刻まれている。ここには千頭の鯨を捕ったことで、捕鯨を控えようとする意図があるわけではなく、多くの鯨がとれたことを記念・感謝して建てたものと見ることができる。

こうした傾向に対して、例外的に、山口県豊北町粟野浦誓願寺にある一九七四年に重水徳介氏が個人で建立した鯨供養塔のように、かつて捕鯨に携わっていた個人が鯨の供養のために建てた塚も存在する（松崎一〇〇）。また、さらに最近の鯨塚は、地域振興との関係で建てられるものも増えている。代表的なものは、太地町梶取崎にある「くじら供養碑」（一九七九）である（写真7）。この鯨塚前で今も太地捕鯨ＯＢ会によって行われている「鯨供養祭」では、商業捕鯨の再開を求める政治的な主張が行われたりもしていた（日高一五五）。

こうした傾向は、鯨供養に関するものだけではない。松崎によれば、草木供養塔も、古くから近年に至るまでに、全国におよそ一二〇基存在するが、「その建立目的は、供養から感謝へとウェイトの置き方が変わってきた、というのが一般的傾向」であり、また「建立は講集団や地域社会の人びとによるものから、しだいに個人によるもの、さら

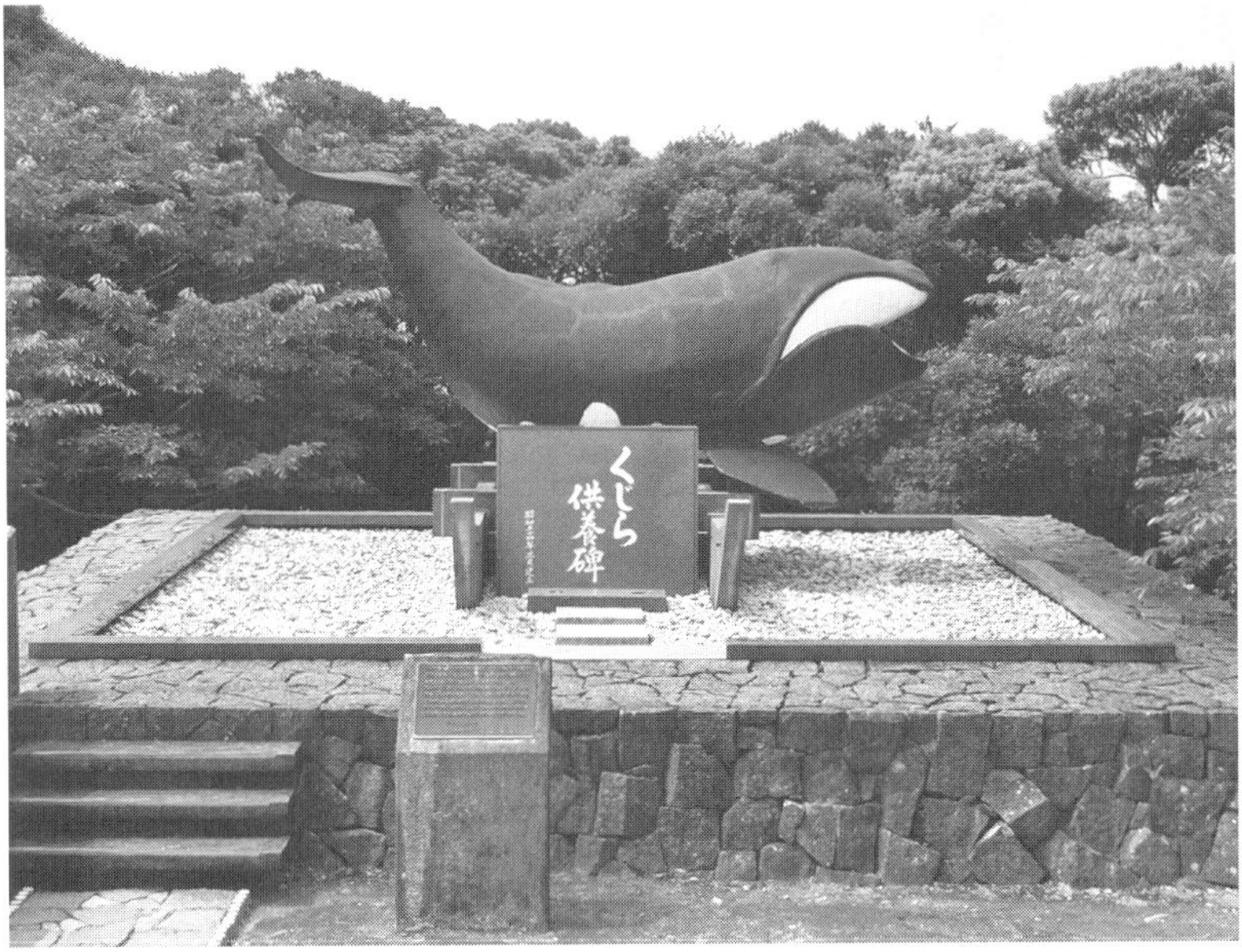

写真7　太地町梶取崎の「くじら供養碑」

には同業者によるものへと変化が見られ、草木以外の供養碑（塔）についても同じことが言える」とのことである（松崎一〇三）。このような供養の在り方の変化については、「現在の「供養の文化」は、あくまで人間が食の対象となる動物を管理して感謝するという方向のように思われる」（藤井二四〇）との指摘もある。

上記のことをまとめると、鯨塚などに込められた思いは、近世以前には次のようなものであったと考えられる。①鯨が直接的・間接的にもたらしてくれた富に対する報恩・感謝の念（恵比寿信仰を含む）、②親鯨が子鯨を思う姿や鯨の胎児に対する哀れみの情、③鯨の祟りを怖れる思い。これらがない交ぜとなった複雑な心情が、鯨塚や鯨供養あるいはその他の民俗行事の中に表現されていたとみるべきだと思われる。

それに対して、近代以降の鯨塚に込められている意味とは、捕鯨業者が大量に殺した鯨に対してもつ免責感情を浄化するためのものであり、捕鯨業への免罪符的な意味を持つものと理解できる。中村も、こうした現代の生業の対象に対する供養を、「仏教の慈悲や成仏の理念に基づいた」ものとしてではなく、「願主側の実利的・利己的な目的が優先したもの」と解釈している（中村二〇〇一、二四一－二）。

このように考えると、捕鯨者や狩猟者、その他の生きものの命を奪うことを生業とする人々によって建てられた塚に込められた思いには、古くから一貫して免罪符としての意味合いが多かれ少なかれ込められていたと言えそうである。特に上述した流れ鯨を食べずに供養した例と比べると、動物への純粋な畏敬の念というよりは、自分たちの狩猟を正当化する意味合いが多分に含まれていたと思われる。

とはいえ、近世までの供養には、狩猟者自身による動物への憐れみの心や、その成仏を心から願う思い、動物の祟りを怖れるアニミスティックな心情が読み取れることは事実であろう。例えば、九州に多いクマの供養塔について、藤井は「この地域のクマ供養は、江戸中期に発生したクマの祟り伝承と密接に結びついている」（藤井二〇一七）と指摘し、今も慰霊祭が行われている例もあるという。そうした時代との相対的な違いであるとはいえ、近代以降の塚や供養儀礼は、動物の食肉等を扱う業者によるものや、地域振興のために自治体によって建てられたりなどしたものであり、そこに込められた思いにはかなりの変容が認められる。

したがって、一般的傾向として捕鯨者はできるだけたくさんの鯨を捕りたいとの思いで生業を営んでいたとはいえ、近世までは、それにある程度の歯止めをかけるものとして、祟りを避け、感謝をささげる儀礼の存在が機能していたのに対して、近代以降は、儀礼も次第に形式的なものとなり、歯止めの役割を果たせなくなってきた、と言えるであろう。

次節では、この信仰と倫理の関係性の内実をもう少し掘り下げて考えてみよう。

3　自然観・宗教観と環境倫理

宗教は古くから私たちの倫理を支える役割を演じてきた。私たちが、どう生きるのがよいのか、どう振る舞うのがよいのかを考えるとき、その「よさ」の基準には私たちの倫理性が表現されていると言える。その際、宗教的に為すべきことと倫理的に為すべきこととが同一視され、宗教的によい振る舞いこそが、倫理的にもよいと考えられることは、現在でもイスラム世界ではめずらしくないであろう。その意味で、宗教的な規範が倫理的規範と重なることは多い。

そうした宗教と倫理の結びつきの一つの例として、鯨塚および鯨の供養をとりあげ、その在り方の変化から、私たちの自然への関わり方・考え方の変化をみてきた。それをふまえ、私たちを倫理的によい行いへと導くものとしての宗教の役割と、世俗化された世界に生きる私たちの倫理性との結びつきについてどのように考えたらよいのかという問題を検討してみたい。

結論から言えば、日本において、鯨へのさまざまな思い、ある種の自然観や信仰が環境倫理の面で果たしてきた役割は、決して小さなものではなかったと言える。つまり、鯨の取り過ぎによる鯨資源減少にそなえる、ある種の環境保全的思考が、近世以前の日本人の自然観・宗教観には内在されていたと言えよう。もちろん、自然保護が目的として意識されていたかどうかは別問題である。むしろ、通常は資源保護を意識することなく、例えば純粋に祟りを怖れて行ったことや、親子鯨を哀れんで行ったことが、結果的に資源保護につながるといった場合の方が、保護という目的はより良く達成されるであろう。古式捕鯨時代の自然保護思想とは、このように、保護を意識しない自然観、宗教観のなかに隠された形で内包されていたと考えた方がよいだろう。

しかし、近世末期の諸外国との関係や、近代的捕鯨の普及にともない、私たちの信仰心も変化したことで、徐々に宗教に内包されていた自然保護の力は失われて行く。その背景には、鯨を捕る人びとと鯨を祀る儀礼の実質的なつながりが薄れていったことがある。その結果、信仰が果たしてきた役割が、徐々に法律や倫理といった他の手段で代替されなければならなくなってきている。したがって、かつて信仰が持っていた私たちをある振る舞いへと動機づける力を、今後は何に求めるべきかが、自然と倫理との関係を考える上で、決定的に重要になると考えられる。

ここで、鯨塚が誰によって、何のために建てられたのかをふり返ったとき、捕鯨の近代化、特に母船式捕鯨の導入にともない、捕鯨と鯨の解体等の作業が地域や生活の場から隔離された過程と、鯨が加工食品の原料として大量に消費されるようになり、そのため大量の鯨が捕獲されるようになった過程とが、不可分に結びついていることは注目に値する。この過程において、鯨供養が捕鯨会社等を主催者として行われるようになり、鯨の死は徐々に地域からも見えない、忘れられたものとなっていくのである。

その際注意すべきは、近代化にともない、供養の意味が変化したとはいえ、供養そのものが行われなくなったわけではないということである。むしろ、「ペットなどの供養と飼育して食糧とする動物への「供養の文化」は盛んになっている」（藤井二三九）と指摘されるとおり、供養はますます盛んになっていると言えるのである。

また他方で、「「供養の文化」と、それに基づく動物の「殺し」への「負」の感情、そして「死」の忌避観というものが増幅されつつある」（菅二四二）という指摘も忘れてはならないだろう。現代の日本人が、せいぜい六〇〜七〇年前までと比べても、圧倒的に多くの動物を殺して食べていることを考え合わせたとき、現代の供養は、「生業とは切り離された場で行われる観念的処理」（菅二四〇）にすぎず、死に向き合うためのものとしてよりもむしろ、それによって死そのものを隠蔽する機能を果たしているとの解釈は、妥当なものだと思われる。

かつて人々は親子鯨や鯨の胎児の死と直面し、それによってさまざまな思いを抱きながら鯨を供養してきたのだが、そうした供養だからこそ同時に資源保護の役割をも内包することができたのであった。しかし現在、企業等によって行われる供養には、資源保護の機能を果たすことは難しいであろう。中村も供養の上記のような理解に基づいて、企業等による供養が「事後処理システムとして機能していき、生業が要請する資源の調達や製品の効率的供給に歯止めをかける必要がなくなる」（中村二〇〇一、二四二）と言う。

しかし他方で私たちが、身近なペットの死に向き合っては、家族ぐるみで心からの供養を行っている現実もある。つまり、現代の供養は、死から目を背けるための儀礼としての側面と、個人的な体験としての死に面と向き合うための供養という二極化した有り様を呈していると言うことができよう。

それに対して中村は、「供養が現代日本で果たしている機能は、個人の私的活動を全面的に解放するための心理的・文化的装置であり、ひいてはそれが資本主義的企業経営の全面解放を保証する心理的・文化的装置としても流用されている」（同上、二四二）と述べると同時に、その機能は近年のペット供養にも共有されるものと理解している。これは「ペットの死を心理面で軽減する効用が、ペット供養の中心にある」（同上、二四三）との理解に基づくものである。

しかしここでは、両者の間に大きな違いがある点を強調しておきたい。たしかに供養には「死を心理面で軽減する」働きがあることは否定できないと思われるが、しかしそれは供養一般が有する働きであり、現代の供養に特徴的なこととは思われない。むしろ、生業のために企業等が行う供養と、家族や個人が個々の動物のために行う供養とは、現代の供養の対極的な在り方であると理解した方がよいのではなかろうか。ペット供養は、動物の死に直面し、家族の死と同様にその死と向き合い、受容するための儀式であり、まさに宗教的な供養の延長線上にあるものと理解したいのである。

近年の捕鯨をめぐる論争において捕鯨を支持する議論には、日本人が古くから鯨に感謝し、その身体を余すところなく利用してきたことや、捕鯨が地域やコミュニティーの文化と深く結びついており、捕鯨の廃止はそうした文化の破壊であるとして反対する主張がある。

しかし、こうした議論は、供養の意味が二極化した現代の状況をきちんと捉えていないのではなかろうか。上の議論は、食に供するための動物の死の隠蔽にともなう企業による供養を、近世以前の人びとが鯨塚に込めた複雑な思いや、個人や家族によって行われるペット等に対する供養と「同一視」することで、ようやく成り立つものである。食べるための動物に対する供養に込められていた近世以前の人々の思いが、あたかもいまだに機能しているかのように「錯覚」しているのである。実際には、そうした昔ながらの供養の心はほとんど失われてしまっているのに、日本人が古くから鯨に対して抱いてきた思いが今も残っているとみなすことで、捕鯨を正当化する論拠にしようとしているように思われるのである。

こう言ったからといって、筆者は捕鯨に全面的に反対しているわけではない。

近代捕鯨という近世とは比べものにならない巨大な力を得た私たちは、宗教に代わって環境保全へと動機づけ「取り過ぎ」を防ぐ術を持たなかった。実際さまざまな捕獲制限が試みられたが、実質的には機能しなかったのである。そのため、ほとんどの大型鯨類は世界的に絶滅の危機に陥り、近世までは日本近海でもしばしば見られたはずの背美鯨や抹香鯨、長須鯨などを私たちが目にする機会はほとんどなくなってしまった。実際、戦後も日本の近海で行われていた大型鯨類の捕鯨は、一九八七年には鯨の減少に伴い中止せざるを得なくなった。

他方、ミンク鯨や槌鯨、ゴンドウ鯨類などの小型鯨類の捕鯨も、一九六〇年代までは、年間千頭ほどを捕獲する規模で行われていた（中園二〇〇九）。しかし、一九八二年のＩＷＣによる商業捕鯨モラトリアム採択後はミンク鯨の商業捕鯨も禁止される。その結果現在では、政府による捕獲頭数管理下で、数隻の小型捕鯨船によって細々と商業捕鯨が行われている。例えば二〇一五年の小型捕鯨業の捕獲枠は、「ツチクジラ六六頭（網走四頭、函館一〇頭、鮎川・和田五二頭）、タッパナガ三六頭（鮎川）、マゴンドウ三六頭（太地・和田）、オキゴンドウ二〇頭（太地）」（水産庁水産研究・教育機構、四七－一）となっている。こうした捕鯨業者は、沿岸のミンク鯨等の調査捕鯨にも従事している。

ここでは、国による管理という法的な力によって環境保全が行われていると言ってよい。江戸時代の捕鯨は、欧米の捕鯨船による乱獲以前、大きな富をもたらしながらも持続的に継続できていた。その数ははっきりしないが、一つの網組でおおよそ平均して年間五〇頭、日本全体でも五〇〇頭ほどの背美鯨や座頭鯨などの大型の鯨を捕っていたものと推察できる。(4) こうした近世の捕鯨と比べても、現在の捕鯨は、調査捕鯨によるミンク鯨の頭数を含めても、極々わずかな資源としての鯨を、大切に利用しているのが現状と言える。(5) もちろんこれらの小型鯨類でも、それほど多くの捕獲が見込めないくらい、資源として乏しくなっている現状がある。

したがって、今後も法律による捕獲頭数管理は必要であろうが、それ以外に、信仰心などに代わって私たちを環境保全へと動機づける別の手段は考えられないだろうか。若林も述べるように（若林二〇二二）、祟りを怖れる恐怖心や、母鯨への哀れみの情といった思いと結びついていたある種のアニミズム的心情を、現代の私たちに求めるのには無理がある。だとすれば、他に何が考えられるだろうか。

ここで、ますます巨大産業化する現代の農業や漁業を、より地域に密着した地産地消型のものに変えて行くことが、一つの方策として考えられないだろうか。これは私たちの食の在り方を根本から変えることに繋がるものでもある。

例えば、巨大な食肉産業に支えられて飽食を堪能する富裕な人びとがいる一方で、穀物も手に入れられずに飢餓により亡くなる人びとも、この地球上には多数いる。こうした観点からの食の倫理の在り方については、別途考察する必要がある。他方で、生きた動物からどのようにして食肉が生産されているのか想像すらされにくい世界に生きている現代の特に先進工業国の私たちの食と生命の倫理が問われている現状もある。

このような現状において、いわゆる地産地消の思想は、すでに人口に膾炙した考え方ではあるものの、その実現は、特に食肉産業においては一部のブランド牛などを除いてはほとんど進んでいない。鯨の肉についても同様である。戦後の食糧難の時代に南極捕鯨が果たした役割は、食糧供給の面からも小さくないが、同時に鯨肉生産と地域との結びつきの面からも大きな意味を持っていた。

現在日本でおこなわれている沿岸小型捕鯨では、それとは対極的に、地域密着型の捕鯨が展開されている。鯨を食べる習慣自体がめずらしいものとなり、特定の地域周辺でしか鯨があまり売れなくなったことも、その理由にはあるだろう。鯨の地産地消を実現するには、小型の捕鯨船で、期間限定の捕鯨を行うしかないだろう。それでも現在はIWCによって規制されているミンク鯨の商業捕鯨が実現すれば、ある程度の規模の産業として成り立つだろう。

このように考えると、地産地消とは、効率性を求める近代の巨大産業とは全く逆の方向性を志向する生産・消費形態であると言える。巨大産業が求める行動基準は、より効率的に生産し、安く大量に販売することである。地産地消では、効率性よりも、生産物を介した人間関係や、生産物に対する消費者にとっての安心感・安全感をうみ出すことが相対的により重要になる。それがひいては、輸送に関わるエネルギーの削減や、人びとと自然との結びつきを回復することにもつながるだろう。そうしたコミュニティーのなかで鯨と人びととの関係を象徴する祭りや儀礼が行われるとすれば、そこには伝統的な捕鯨との連続性が認められよう。それは、人々の生業と動物とコミュニティーとの古くからの関係性を再構築することにつながるのではなかろうか。

例えば、千葉県南房総市和田町にある外房捕鯨株式会社では、今も槌鯨のその年の初水揚げの日に地元の小学生を招待して鯨解体の見学会を行っている(6)。また、鯨を試食したり、鯨の生態などについて学べたりする機会も設けている。こうした地域的な活動の継続が、上記の関係性の構築へとつながっていくのではなかろうか。

また、現代におけるこれらの関係性を考えるとき、秋道がスズメバチ狩りをする人々との出会いを振り返って述べた次の言葉が印象に残る。

この人たちはハチを愛し、狩りを楽しみ、そしてその生きざまの証しとして、供養をしているのだと思った。スズメバチ狩りの行為は、単に虫の命をいただくだけでなく、人間の楽しみや虫への思い、ハチの生と死がすべて凝縮している。その思いを確認する儀礼的な接点が供養という営みであり、当事者、関係者による参加型のかかわりであると思った。（秋道一一〇‐一一）

さらに、彼は先住民生存捕鯨と日本の小型沿岸捕鯨との類似性を指摘し、後者が地域やその文化と密接なかかわりをもつことを強調し、「捕鯨者の地域密着性、鯨肉の地域内分配における社会システムの存在、クジラに関連した芸能や宗教的神事を通じた地域の統合と活性化など、クジラが地域のまとまりの中核となっていること、地域のアイデンティティ創出の基盤となっている」（秋道二〇〇九、一四〇）ことの重要性を指摘している。そして「日本の小型沿岸捕鯨を文化捕鯨と呼ぶこともできる」と述べる。（同、一四一）

まさに「文化捕鯨」の継続と発展によって、鯨の命と人々の生活との紐帯を取り戻すことで、地域社会の文化継承の一環として、鯨塚が今後も作られるとすれば、それはまさに伝統的に受け継がれてきた日本の文化の一部としての鯨文化の継承と言えるのではないだろうか。

もちろん、鯨塚が作られてきた背景には、ここには述べなかったさまざまなイデオロギー的側面が指摘されることもあり、供養の文化が昔からずっと受け継がれてきたもののように考えることにも留意が必要である。(7) しかし、現代の私たちの大量生産・大量消費社会を見直し、動物の命の重さに対する感性やさらには地域と人々との結びつきの重要性を考えたとき、鯨塚は、私たちの自然観や宗教観が、上記のような地域とのつながりのなかで培われたものであることを思い出させてくれるのではなかろうか。

注

（1）生き物供養碑 http://tmap一.topicmaps-space.jp/kuyo/

（2）吉留（二〇一七）、一九頁および二九〜三一頁の表一を参照。

（3）臼杵市のホームページ（http://www.city.usuki.oita.jp/docs/二〇一四〇二〇五〇〇九六七/）より。

（4）中園（二〇〇六）、七五頁・一〇七頁等を参考にした。

（5）水産庁水産研究・教育機構（二〇一七）、五〇-一

（6）千葉日報、二〇一八年六月七日記事「ツチクジラ初水揚げ　地元小学生も見学　南房総・和田町」https://www.chibanippo.co.jp/news/local/504895

（7）菅（二〇〇九）などを参照。

【文献一覧】

秋道智彌（二〇〇九）『クジラは誰のものか』、ちくま新書

秋道智彌編著（二〇一二）『日本の環境思想の基層―人文知からの問い』、岩波書店
大隅清治（二〇〇三）『クジラと日本人』、岩波新書
岡田真美子（二〇〇九）「不殺生の教えと現代の環境問題」、中村生雄・三浦佑之編（二〇〇九）所収
神野善治（一九九二）「捕鯨の祭りと民俗」、樋口英夫（一九九二）所収
佐藤洋一郎（二〇一二）「食と農の環境思想」、秋道智彌編著（二〇一二）所収
水産庁水産研究・教育機構（二〇一七）「平成二八年度国際漁業資源の現況」のうち、「47 小型鯨類の漁業と資源調査（総説）」および「50 ミンククジラ　オホーツク海・北西太平洋」
菅豊（二〇〇九）「反・供養論―動物を「殺す」ことは罪か?」、秋道智彌編著（二〇一二）所収
関口雄祐（二〇一〇）『イルカを食べちゃダメですか?　科学者の追い込み漁体験記』、光文社新書
津本陽（二〇一二）『深重の海』、集英社文庫（初版は一九七八年、新潮社より刊行）
中園成生（二〇〇六）『改訂版　くじら取りの系譜　概説日本捕鯨史』、長崎新聞社
中村生雄（二〇〇一）『祭祀と供犠―日本人の自然観・動物観―』、法蔵館
中村生雄（二〇一〇）『日本人の宗教と動物観』、吉川弘文館
中村生雄・三浦佑之編（二〇〇九）『人と動物の日本史四　信仰のなかの動物たち』吉川弘文館
樋口英夫（一九九二）『海の狩人　日本の伝統捕鯨』、平河出版社
日高旺（二〇〇五）『黒潮の文化誌』南方新社
藤井弘章（二〇〇九）「動物食と動物供養」、中村生雄・三浦佑之編（二〇〇九）所収
松崎憲三（二〇〇四）『現代供養論考―ヒト・モノ・動植物の慰霊―』、慶友社

宮脇和人（二〇〇九）「鯨祭祀のありかたからみえる地域社会の鯨観―豊後水道海域と和歌山県太地町の鯨祭祀を比較して―」、『多文化関係学』第六号、二一～三六頁
湯本貴和（二〇一二）「生業と供養思想―資源管理と持続的な利用」秋道智彌編著（二〇一二）所収
吉留徹（二〇一七）「「墓」と「供養」にみる民俗の伝承力―長門北浦の鯨供養行事を通して―」、『下関鯨類研究室報告』No.5
吉原友吉（一九八二）『房南捕鯨・附鯨の墓』相沢文庫（「鯨の墓」は、谷川健一編『日本民俗文化資料集成一八　鯨・イルカの民俗』、三一書房、一九九七年、四〇九‐四七八頁に再録されており、ここではそちらを参照した）
若林明彦（二〇〇九）「動物の権利とアニミズムの復権」、中村生雄・三浦佑之編（二〇〇九）所収

第Ⅳ部　自然と環境

第七章　イスラームはエコ・フレンドリーか

——オマーンの学校教科書および説教集にみる環境言説

大川真由子

はじめに

筆者が長年調査をしているアラビア半島南東端のオマーンでは、二〇〇七年に政府資本の環境サービス提供会社が設立されたり、二〇一〇年代には一部地域に分別ゴミ箱が設置されたり、交通法の改正によって車内からのゴミ投棄が厳罰化（一〇日以下の禁固または三〇〇リアル[1]以下の罰金）されたりするなど、環境問題対策に変化の兆しがみえている。一般のオマーン人と環境について話していると、「イスラームは環境にやさしい宗教だ」「イスラームはエコ・フレンドリー（*ṣadīq al-bī'a*）だ」という意見もよく聞く。近年、「エコ・イスラーム」という言葉もインターネット上では目にするようになった。イスラームとエコロジー。両者はどのような関係にあるのだろうか。

ムスリム（イスラーム教徒）知識人のあいだでは、一九六〇年代後半以降、宗教と環境に関する議論がさかんになった。それは、現在の環境悪化の歴史的根源はユダヤ・キリスト教の教義に由来する、つまり『旧約聖書』の「創世記」に神が自然の支配を人間に許したという記述があるからで、キリスト教は環境破壊の責任を負っているとするリン・ホワイトJr.の主張（White 1967）に端を発する。彼の理論に対しては多くの批判が寄せられ（中川 2017: 333; e.g. Dobel 1977）、そのなかには、イスラームもキリスト教と同類であるといった主張もある（Özdemir 2003: 18）。イスラームにおいて、天地自然のあらゆるものは唯一神がただひとりで創造した被造物であり、地上における「神の代理人（*khalīfa*）」という権限が認められている人間は、神の創造した自然の保護に責任を負うとされている。後述するように、キリスト教と異なり、イスラームでは人間に自然の支配権は与えられていないものの、自然に対する「委託責任（*khilāfa*）」が与えられているという意味においては、（キリスト教と同様）人間中心主義だという批判がそれにあたる。これに対し、「委託責任」の概念はユダヤ・キリスト教にもみられるが、イスラームの場合、人間はより深い責任を負うという理解がイスラーム研究者のあいだでは一般的で、彼らはこうした批判をイスラームの誤解に由来するとして退けている（e.g. Afrasiabi 1995）。

「イスラームと自然環境」を考える際に注意が必要なのは、自然環境に関わるイスラームの教義と、ムスリムの実践では大きく異なるという点である。だが、筆者はイスラーム学の専門家ではないので、イスラームの自然観について教義の検討を通じた議論はできない。そこで本章では、筆者が調査を続けてきたオマーンという特定の国を取り上げて、聖典コーランにみられる自然観――より限定的には、イスラーム的環境倫理――が学校教育および、イスラーム社会での宗教教育の重要な場であるモスクといった公的な機関において、どのように教授されているか、そしてイスラームと環境問題がどのように結びつけて語られているかを検討する。そのための素材とするのが、オマーンの学校で使用されている国定イスラーム教育教科書とモスクでの説教を編集した説教集である。学校教育において、自然について学ぶ機会はイスラーム教育の授業だけに限られない。理科でも自然認識の習得（たとえば観察や実験によって自然の事物・現象を学ぶ）もおこなわれるし、環境教育として専門家による講義もおこなわれるが、自然観、ことに環境倫理の場合は、イスラームという宗教に大きな影響を受けているため、イスラーム教育の教科書の分析は有益だと考えている（オマーンでは道徳の授業はない）。なお本章では、教科書と説教集にみられる教養レベルでの環境言説の内容分析にとどめ、イスラーム的自然観や倫理を教授されたムスリムによる環境実践については別稿にゆずりたい[2]。

1　イスラームにおける自然観

天地自然のあらゆるものは唯一神の被造物であるという認識は、ユダヤ教、キリスト教、イスラームのセム的一神教に共通してみられ、自然にも創造主の存在を象徴するものとしての役割が与えられている。ただし、コーランには「自然（*tabīʿ*）」という語は登場しない（Khalid 2002: 3）[3]。「自然」という抽象概念あるいは総称ではなく、被造物としての個々の自然の事象、たとえば、天地や昼夜、山や星などが神の「徴《しるし》（*āya*）」として描写されている[4]。「徴」とは、目に見える神力の現れである。イスラーム学者の井筒俊彦によれば、徴を求めるのはセム的一神教に共通してみられる特徴だが、ユダヤ・キリスト教徒にとっての徴は奇蹟を意味するのに対し、イスラームではいっさいの事物・事象が神の徴と理解され、深い象徴性を帯びる（井筒　2013: 112–113）。つまり、「徴」がより広義に解釈されているといえよう。なお、新旧約聖書と異なり、コーランの記述には物語としての統一性がみられないため、天地創造に関する章句は全体に散在しているのが特徴である（塩尻　2008: 5）。イスラームの環境問題専門家のハーリッドによると、コーランには神による天地創造（*khalaq*）[5]に関わる章句が二六一もある（Khalid 2002: 3）。以下にいくつか引用しよう[6]。

「まことにおまえたちの主はアッラー、諸天と地を六日間で創り、それから高御座に座し給うた御方。彼は夜で昼を覆い給い、それはそれ（他方）を急いで求める。[7]また、太陽と月と星を。彼の命令に従うものたちとして。彼にこそ創造と命令は属すのではないか。諸世界の主アッラーに称えあれ。」（Q7: 54）[8]

「アッラーは天から水（雨）を下し、それで大地をその死後に生き返らせ給うた。[9]まことに、その中には聞く民への徴がある。（中略）またナツメヤシやブドウの果実からも。おまえたちはそれから酔わせる物と良い糧を得る。まことに、その中には思考する民への徴がある。」（Q16: 65, 67）

「まことに、諸天と地の中には信仰する者たちへの諸々の徴がある。また、（アッラーによる）おまえたちの創造と、動物で彼が撒き散らし給うものの中にも、確信する民への諸々の徴がある。また、夜と昼の交代、糧のうちでアッラーが天から下し給うたもの（雨）―そしてそれによって、彼は大地をその死の後に生き返らせ給うた―、また、風向きの変更にも、理解する民への諸々の徴がある。それがアッラーの諸々の徴で、われらはそれをおまえに真理とともに読み聞かせる。」（Q45: 3–6）

このように、世界のあらゆるものの存在は神の意志であり徴だということが示されている。それでは、神が創造した自然と人間との関係はいかなるものなのだろうか。まず確認したいのは、イスラームでは、人間も自然の一部と理解されているという点である。その根拠となっているのが、「アッラーに諸天にあるものも地にあるものも属す。そしてアッラーはあらゆるものを包囲し（*muḥīṭ*）給う御方であらせられた」（Q4: 126）というコーランの記述である。「包囲する、取り巻く」を意味する *muḥīṭ* という語には「環境」という訳語もある。イスラームと環境の研究の泰斗である哲学者サイイド・ホセイン・ナスルは、すべてを取り巻いている（ムヒート）のであるから、人間の環境とはすなわちアッラーなのだと解釈している（Nasr 2001: 219）。

自然における人間の立場について明確に表現しているのがコーラン第六章一六五節である。

「そして彼こそおまえたちを地の継承者となし、おまえたちのある者をある者よりも位階を高め給う御方。彼がおまえたちに与え給うたものにおいておまえたちを試み給うために。まことにおまえの主は応報に速い御方、また、まことに彼はよく赦し給う慈悲深い御方」。

人間には、地上における神の代理人（継承者）という地位が認められており、神の創造した世界を管理・運営する責任を負うが、イスラーム学者の塩尻和子によれば、被造物としての人間と自然界に序列関係は認められていないという（塩尻　2008: 2）。つまり、人間に自然を征服・支配する権利は付与されていないのであり（Haq 2001: 154）、一時的にその管理を信託（*amāna*）されただけなのである。この点がユダヤ・キリスト教と異なる点であろう。ハディース（預言者の伝承）にも以下のようなものがある：「この世は美しく青々としている。そしてまことに至高なる神こそは、あなたをそこにおける代理人とされ、そこであなたがいかに振る舞うかをご覧になっているのである」[10]。人間も自然の一部として、その中で神の意志に服従して生きるべきである以上、勝手に自然破壊や環境汚染をすることは許されていないということである（Nasr 2001: 222）。なぜなら、

「太陽と月は計算によって（運行する）。そして草と木は跪拝する。そして、天を掲げ、秤を置き給うた[11]。おま

えたちが秤において法を越えないように。そして、目方は公正に計り、秤を損じてはならない。[12]」（Q55: 5–9）

とあるように、神は計算のもとにバランスよく、そして何らかの目的をもって自然を創造したからである（Özdemir 2003: 9）。その均衡を同じ被造物である人間が崩してはならないのだ。コーランでは次のようにも言っている。

「そして、大地を生き物のために据え給うた。そこには果物と萼を付けたナツメヤシがある。そして穂のある穀物と香草も。」（Q55: 10–12）。

大地の恵みや資源は人間だけが利用するために創られたわけではなく、同じ地球上に住む被造物すべてのためのものなのだということがここから導き出される（Özdemir 2003: 17）。人間は被造物のなかでは最も高い地位を与えられてはいる。だがそれと同時に、最も大きい責任を負っているのであり、天地自然を管理し、そして守る義務がある。人間が他の生物より地位が高いとされているのは、自らの行為に対して責任があるのは人間のみで、それ以外の生物にはないからという理由にすぎない（Haq 2001: 155）。つまり人間は自然に対して謙虚でなくてはならない（Özdemir 2003: 17–20; 塩尻 2008: 24–27）。自然を破壊することは、神が人間に授けた信託の乱用、すなわち神の意志に背くものであり、人間存在をも破壊することにつながるのである（Haq 2001: 157; Rizk 2014: 198）。

2 イスラーム教育教科書にみる自然観の教授

前節でみたようなイスラーム的自然観は、ムスリムに対してどのように教授されているのだろうか。本節では、オマーンの学校（1年生から12年生）で使用されているイスラーム教育（*al-tarbiya al-islāmiya*）の国定教科書と指導教本（*dalīl al-mu'allim*）における記述の分析から明らかにしたい。使用するのは二〇〇八〜二〇〇九年に出版されたイスラーム教育の教科書である。二〇〇三年版も所有しているが、大きな変更は確認されていない。

オマーンでは公立私立を問わず、イスラーム教育は1年生から12年生まで必修科目で、平均して週に五時間の授業がおこなわれている。また、教科書も公立、私立学校ともに国定の物を使用することが義務づけられている。[13] 二〇〇八年度の基礎教育第一サイクル（1〜4年生）の就学率が97％、第二サイクル（5〜10年生）が98％、ポスト基礎教育（11〜12年生）が86％（Ministry of Education & World Bank 2012: 42）であることを考えると、ほとんどのオマーン人が学校教育のなかで均一のイスラーム教育を受けているということになる。筆者は別稿にて、オマーンの社会科教科書の分析を試みたことがあるが（Okawa 2015）、オマーンでは教育省の監査官による授業の視察が抜き打ちでおこなわれることもあり、指導教本から大きく逸脱する内容が教授されることは考えにくい。とくに指導教本には、板書の内容から生徒に投げかける質問の内容といった授業の進め方まで含まれている。本稿では、そこからどのように宗教を教授したいのかという政府の意図を読み取っていきたい。

本論に入る前に、オマーンの宗教状況と自然環境について簡単に述べておこう。オマーンの国教はイスラームで、宗派はイバード派という、イスラーム全体からみるとかなりのマイノリティに属する。スンナ派の教義・実践に近いとされ、実際にスンナ派と同じモスクで礼拝もするし、通婚関係もある。とはいえ、イスラーム教育の教科書のなかにイバード派に特化した内容はほとんどなく、宗派にとらわれないイスラーム一般についての記述しかない。つまり、イスラーム教育の教科書記述からオマーンの地域的特性を見いだすことは難しい（Okawa 2015）。自然環境については、ひとことでいえば高温少雨の沙漠気候である。オマーンは国土の82％を沙漠（土漠）が、そして15％程度を山岳地帯が占める。これとは対照的に、インド洋に面した長い海岸線をもつため、人々は海岸部の平地に集住していた。沙漠、海、山と変化に富んだ自然環境をもつオマーンでは、古くから遊牧、農業、漁業が営まれてきたが、現在では石油が主要産業となっている。

それでは具体的に自然や環境に関する記述をみていこう。創造主アッラーについて、「アッラーは植物の主である」「アッラーは山・川の主である」「アッラーは万物の主である」といった記述は、1年生から12年生までの教科書いたるところに登場する。4年生以降は具体的に、植樹の重要性を説いたり（4年生後期）、コーランやハディースを引用しながら水質保全を説いたりするなど（4年生後期）、環境保護についての言及が散見される。比較的まとまった記述がみられるのは、2年生後期、4年生後期、5年生後期と8年生後期である。9年生以降ではとくに自然や環境に限定した章は確認できなかった。

⑴　2年生後期

全一〇三ページのうち、環境についての言及がみられるのは第8課と第10課の合計五ページである。2年生ではおもにイスラームにおける清潔の重視が説かれる。一見、自然環境とは無関係のテーマのように思えるが、清潔を重んじる姿勢が、住居やコミュニティの清掃活動やゴミ問題、環境問題への啓発につながるという意味で、取り上げられている。以下、（　）内の数字は教科書あるいは指導教本のページを示す。

【教科書】

第8課——衣服と場所の清浄（24-25）

「イスラームでは、衣服と場所の清浄を説いている」という冒頭文に続き、絵付きで、「清浄な衣服で礼拝をせよ」、「清浄な場所を選び、そこで礼拝をせよ」と続く。次のページでは、写真（血のついた衣類、干されたシーツ、ゴミ置き場、礼拝の場）の中から「清浄」なものを選ぶ問題が課される。

【指導教本】

本課の目的として、①清浄の意味を知る、②衣服の清浄を保つ、③礼拝時に清浄な場所を選ぶことが挙げられている。教員は生徒に、清浄とは不浄物の除去であることを説明し、イスラームでは、身体、衣服、場所すべてにわたって清浄であることが重視されていることを確認させるとある。清浄（*ṭahāra*）と清潔（*naẓāfa*）の違いを考え、区別させるよう注意喚起もされている。その一例として、「汚れがついていない衣服であっても、もし、尿のような不浄なものが触れたらそれは清浄な状態ではなく、うわべだけの清潔さである」という説明が付されている（139）。

【教科書】

第10課――清潔（28-30）

「預言者は言った：『こすり落として清潔にしなさい』」。

イスラームは清潔を重んじる宗教である。

わたしは歯を磨き、虫歯から歯を守る。

わたしは水と石けんで手を洗う。

わたしの母は衣服を洗濯する。

クラスメートと学校の清掃活動に参加する。」

以上のような推奨行為が絵付きで説明される。次ページでは、「食前に手を洗う」「道路にポイ捨てする」「歯ブラシと歯磨き粉で歯を磨く」「勉強机に落書きする」といった行為のなかから、「清潔」に関わるものを選ぶ問題が課される。そしてページの最後に「清潔は信仰のひとつ」という格言が赤字で書かれている。次ページには「清潔」をモチーフにした詩が紹介されている。

【指導教本】

本課の目的のひとつとして、日常生活における清潔を心がけることが挙げられている。第8課で学んだ「清浄」の復習をかねて、いくつかの質問が用意されている。教科書に出てきたハディースを読ませて暗記させたり、「清潔を保つべきものとは何か」という質問を生徒に投げかけ、学校の勉強机、壁、教室、教科書などの学校環境を答えさせたりするよう指導されている。また、教師が読み上げる「わたしはムスリムの生徒です。わたしの座右の銘は『清潔は信仰の一部』です」という文言を生徒にも唱和させることで、イスラームの信仰では清潔が必須であることを確認させるよう書かれている(144)。

(2) 4年生後期

全八七ページのうち、環境についての言及があるのは第2課、第8課、第11課の合計九ページである。

【教科書】

第２課——植樹の奨励（14–17）

「樹木の日」を祝う学校での様子が描かれる。まずは、教師がハディースを紹介する：「植樹をすれば、そこから鳥、人間、あるいは獣が食べる。これをしたムスリムは必ずや神から報奨が与えられる」[14][15]。

その後、教師と生徒の問答の様子が示されている：「イスラームは植樹を奨励している」と教師が説明し、具体的に何を植え、耕作したかを生徒に質問すると、生徒たちは、「ナツメヤシ、ざくろ、アーモンド、バナナ、小麦、大麦、野菜」と答える。人間が苗を植え、耕作することによって、人間やその他の生き物が恩恵を被ることを説明することで、イスラームにおける植樹の重要性を確認している。

続く一六 - 一七ページでは練習問題として、「自分が植えてみたい樹木の名前」を書かせたり、先に紹介されたハディースの穴埋め問題が課されたりしている。

【指導教本】

本課の目的に、生徒が「イスラームは植樹を推奨していることを結論づける」、「イスラームが植樹に配慮していることを評価する」とある。目的に向けての取り組みとして、教師は、生徒が植樹に関心をもち、環境保護活動に参加するよう促すこと、生徒に学校内の耕作地に関心を向けさせること、イスラームでは木の伐採を禁止していることを伝えるよう指導されている（84）。

【教科書】

第８課――水質保全（１）（31-32）

冒頭で「停滞水で排尿をしてはならない。そこでは沐浴するのだから」というハディースが紹介される。[16]「尿は、停滞水を汚濁させ、使用に適さない状態にする不浄物のひとつである。したがって人間が、飲用、料理用、洗濯用としてその水を使用することはできない。ファラジュ（灌漑用水路）やワディ（枯れ川）のように流水であっても、ムスリムたる者はそこで排尿したり、残飯を流したりせず、つねに水質保全に努めなくてはならない。水質保全は、それが停滞水であれ流水であれ、イスラーム法的にも必須である。預言者は、水浴槽、池、貯水池といった停滞水への排尿を禁じ給うた」（31）と書かれている。

次ページの練習問題では、停滞水と流水の区別や預言者が排尿を禁止した理由が問われている。

【指導教本】

本課の目的に、停滞水と流水を区別すること、水質を維持することが挙げられている。そのために、教師は、生徒に水質保全を奨励し、停滞水と流水の区別について議論させ、理解を促すよう指導されている（90）。

【教科書】

第11課――水質保全（２）（37-39）

ワディへの遠足。生い茂る樹木、小鳥のさえずり、屹立する山脈、清浄な水といった、神の恵みたる美しい自然が写真付きで描写される。そこでの生徒と教師の問答は以下の通りである（生徒：S、教師：T）。

S：「この水は料理に使われるのですか」
T：「ええ、この水はきれいですよ」
S：「この水は飲んでも大丈夫なほどきれいですか」「ウドゥ（礼拝前の清め）をしても大丈夫ですか」
T：「ええ、この水は清浄で清潔です。神が我々のために恵んでくださったのです。ですから水はきれいに保たなくてはなりませんね」
S：「どのようにしてきれいに保つのですか」
T：「今の質問に答えられる人はいますか」
S：「残飯、ゴミ、空き缶、空き瓶を水のなかに放置しないことです」「それと、水浴び、皿洗い、衣服の洗濯をしないことです」「だったらどのように水を使えばよいのですか」
T：「必要な分だけ水をくんで、離れた場所で洗い物をしたり水浴びをしたりするのはよいですよ」

次ページの練習問題では、きれいな水を使うときの注意点、水質保全が推奨される場所などが問われている。

【指導教本】
本課の目的として、生徒たちが、水質を維持する方法を覚えること、清浄な水の利点をいくつか導き出すこと、水の清浄化を訴えるようになることが挙げられている。授業内の取り組みとして、教師は、水質保全のための正しい行為の例を引用すること、逆に不適切な態度を説明すること、また、生活における水質保全の重要性について生徒に説明させることが挙げられている（93）。

（3） 5年生後期

全一〇八ページのうち、環境に関する言及がみられるのは、第26課の六ページである。

【教科書】

第26課――環境汚染の禁止（92-97）

汚染からの環境保護は現代における重要課題のひとつであることが冒頭で説明される。グループ発表のための情報収集を課された生徒たちは、環境汚染に対するイスラームの立場について教えを乞うている。

T：「環境に対するイスラームの立場は明白です。イスラームは人間と環境との関係を規定しました。環境にあるすべてのものを人間が有効利用するようにと。人間に恩恵を与えてくれている環境に対して、イスラームはその保護を推奨しているのです」

S：「神が人間を創造し、その他の被造物よりも人間の位階を高めて、地上のものすべての利益になるようそれらを有効に利用するようにしたのだと学びました。ですから堕落してはならないと」（92）

（その後、環境汚染の具体的内容が問答のなかで説明される）

T：「環境汚染についてイスラームの立場を明らかにしておきましょう。聖コーランでは土壌浄化と、土壌汚染の禁止を推奨しています。アッラーはこうおっしゃっています：『その秩序が正された後に地上で害悪をなしてはならない（Q7: 85）』と」

（中略）

話題は、オマーンの環境保護に及ぶ。

S：「オマーンは環境保護に努めています。わたしは、さまざまな取り組みについて聞いたことがあります。環境汚染撲滅のための計画が進められていて、オマーンは世界的な賞を受けたこともあります。現在、これと関連した複数のプロジェクトや研究がおこなわれているのです」（93）

T：「それでは、環境汚染を引き起こさないために、わたしたちは何をすべきでしょうか」

S：「所定の集積場にゴミを置く」「樹木を伐採したり、燃やしたりしない」「使い終わった紙でも破かない」「道路や灌漑用水路で空き瓶を割らない」

T：「あなたたちに神の祝福がありますように。一生懸命、努力しましょう」（94）

次の二ページにわたり、知識を定着させるための問題が出される。環境汚染を引き起こす原因を選ばせたり、環境保護推進の手段を選ばせたり、イスラームが環境保護のために推奨あるいは禁止している事柄を挙げさせたりしている（95–96）。

【指導教本】

学習の目的として、環境破壊に対するイスラームの立場を示し、その根拠を教え、オマーンが環境保護に配慮していることを評価し（オマーンの環境保護に関するビデオも補助教材として用意されている）、環境破壊への注意喚起をすることが挙げられている。そのための取り組みとして、生徒が自分たちを取り巻く環境と積極的に協力するように働きかけたり、植樹や水やり、教室の清掃など学校内でのプロジェクトの実施を教師が呼びかけたりするよう、書かれている。さらには、イスラームが環境に配慮し、環境破壊を禁じていること、地球を汚染させてしまった場合はしかるべき方法で回復させなくてはならないことを確認するとある（105）。最後に、環境に関する参考文献で、とりわけ、イスラーム的概念が書かれている書籍が二冊挙げられている（106）。

(4) 8年生後期

全九六ページのうち、環境に関する言及がみられるのは第22課の三ページである。

【教科書】

第22課――環境保護（78–80）

環境保護の推奨、環境資源の利用、環境の乱用禁止はイスラーム法の特徴であることが冒頭で述べられる。そして、「環境とは、人間が生活するうえでの骨組みであり、土壌、水、大気、あらゆる鉱物や生物が含まれているが、これらは、天候、風、雨、重力といった別の現象からも影響を受けている」という、環境の定義が示されたうえで、コーランの章句が紹介される。「まことに諸天と地の創造、夜昼の交替、人に役立つものと共に海を行く船、アッラーが天から下し、それによって大地をそれが死んだ（草木が枯れ果てた）後に生き返らせ、その（大地の）中であらゆる動物を散らばらせ給う雨水、風向きの変更、天と地の間で駆使される雲のうちには理解する民への諸々の徴がある」（Q2: 164）。

○環境資源の利用

環境は至高なる神が僕《しもべ》たちに授けた恵みで、神は、人間が生活のなかでそれらを活用するために水、植物、動物を創造されたことが冒頭で述べられる。

水、大地、植物については、コーランの章句「それで人間には己の食べ物の方をよく眺め（考え）させよ。（つまり）われらが水をざあざあと注ぎ、それから、大地を（植物の萌芽によって）裂き割り、それからそこに穀物を生やし、またブドウや青草を、またオリーブやナツメヤシを、また生い茂る庭園を、また果物や牧草を」（Q80: 24–31）が引用される。

動物については、「そして、家畜も、彼がおまえたちのために創り給うた。それには暖と便益があり、またそれらからおまえたちは食べる。また、夕に連れ戻す時、また朝に放牧に出す時、それらにはおまえたちにとって優美さがある。また、それらはおまえたちの重荷をおまえたち自らの労苦なしにはそこに到達できなかった国まで運ぶ。まことに、おまえたちの主は憐れみ深く、慈悲深い御方。そして、馬とラバとロバもまた（創り給うた）。おまえたちがそれに乗るため、また装飾として。また、おまえたちの知らないものも彼は創り給う」（Q16: 5–8）が引用される。

海洋資源については、「また彼こそは海を従わせ給う御方。おまえたちがそこから新鮮な（魚）肉を食べ、また、おまえたちが身につける服飾品（真珠、珊瑚）をそこから取り出すためである。また、おまえは船がそこに進むのを見るが、おまえたちが彼の御恵みを希求するためである。そしてきっとおまえたちも感謝するであろう」（Q16: 14）という章句が引用される。

そして、「神は決まった質量でこれらのものを創られた」という説明後に、「あらゆるものを創造して、それに応分を定められた御方」（Q25: 2）という章句が引用される。

また、人間の居住地たる大地については、「求める者たちのために均等に四日の間に食料を配分し給うた」（Q41: 10）

という章句が引用される。

○環境資源の保護

イスラームが環境の保護を命じ、環境や資源の乱用・破壊を禁じたことが冒頭で説明され、イスラームの環境保護の教えが以下に続く。

①基本的な環境資源を破壊してはならない。神はおっしゃった：「その秩序が正された後に地上で悪をなしてはならない。そして、彼に恐れと希望を込めて祈れ。まことにアッラーの慈悲は善を尽くす者たちに近い」（Q7: 56）。地上の動物や鳥、樹木を傷つけたり……大気・水・土壌を汚染すること、これらはアッラーが禁じたことである。

②節度をもち、乱用はしてはならない。乱用を重ねると資源はいつか枯渇する。それは現在もそして将来的にも人間の生活にとって大きな損害である。神はおっしゃった：「（そして飲み、食べ、）度を越してはならない。まことに彼は度を越す者を好み給わない」（Q7: 31）。

③公共の場にゴミや残飯を捨ててはならない。

その後、「もし、おまえたちが感謝するなら、必ずやわれはおまえたちを増やし」（Q14: 7）というコーランの章句が引用され、恵みを授けてくださるアッラーに感謝し、環境保護に向けての努力が促される。

次ページでは、イスラームはなぜ環境保護を命じているのかが問われたり、環境保護に関する正誤問題が課されたりしている。

【指導教本】
授業の目的として、節度ある環境資源の使用は有益だという結論に至ること、環境資源の保存の重要性に気づくこと、節度ある環境資源の使用に慣れること、神の恵みに感謝することが挙げられている。そのための取り組みとして、教員は、生徒が現在生活している環境と関連づけて話すが、「海の近くに住んでいれば海洋環境に、沙漠近くに住んでいれば沙漠環境に、農村であれば農地環境に注目させるように」とある。生徒に日常生活のなかで環境資源を乱用していることはないかを質問するなど、会話形式での授業進行を推奨している。また、イスラームの教義と環境理解との結びつきを強調するよう書かれている(46)。

以上、イスラーム教育の教科書にみられる環境保護についての記述をみてきたが、それらが8年生までに集中していることからも、学校教育の初期段階で環境意識を形成しようとする意図が看取できよう。

3　説教集にみる自然観の教授

前節では、学校教育の場における自然観の教授を教科書記述から描写したが、このほかにも国民にイスラームを説く場として重要なのが、モスクでの説教である。大モスクでは日常的に説教がおこなわれるが、そのなかでも、金曜礼拝やイスラームの二大宗教祭（イード）礼拝といった宗教的な行事に際しておこなわれる説教はフトバ（*khuṭba*）と呼ばれ、決まった作法がある。ムスリム男性は金曜の昼におこなわれる集団礼拝への参加が義務づけられているため、毎週必ずフトバを聞くことになる。テーマは宗教的な教えにとどまらず、社会のさまざまな問題を取り上げる。他国では、説教師の立場によって体制批判になったり、体制擁護になったりすることもあるが、オマーンの場合、モスクでの説教は宗教ワクフ省によって検閲されており、国内すべてのモスクで同じ内容の説教がおこなわれている。

本節では、一九九八年から二〇〇六年のあいだ、金曜礼拝とイード礼拝のときにおこなわれたフトバをまとめた『説教の収穫（*Ḥaṣād al-Khuṭab*）』（全四巻、宗教ワクフ省刊、二〇一二年、第三版）から、環境に関する説教を取り上げる。本書はテーマごとに編集されており、環境に関する説教は第四巻で三回登場する（説教がおこなわれた年月日は不明）。フトバは、第一フトバと第二フトバから構成され、それぞれの導入部にアッラーへの称賛、預言者のための祈り、アッラーへの服従の呼びかけなどがおこなわれる。その後、テーマに応じたコーラン章句の引用、そして解説が続く。以下、説教のテーマに直接関係のない各導入部と結語などは省略したうえで、筆者による説明なしで訳出していく。紙幅の関係上、コーランやハディースの引用や逸話も適宜、省略する。なお、（　）内の数字は説教集のページ数である。

（1）「**環境と人間**」（434-438）

神は人間のために大地を用意し、広げ、そこに水と肥沃な土地をもたらし給うた。そしてその大地を山々で固定し、耕作できるようにし、鉱物を創り給うた。さらには宇宙を創造し、星をちりばめ、地球を美しく豪華にし給うたのだ。こうした神の統御によって、人間は（それらのものを）活用し、建造し、改善し、発展させるための努力をおこなうようになり、そして神は人間によるこの世での乱用や破壊を禁じ給うた（434）。（中略）

信仰者よ：地球上にはさまざまな人種がいて、たしかに、神の前で忠実であることを問われたはずである。したがって、環境を破壊したら重罪を犯したということになるのだ。神はおっしゃった：「人々の両手が稼いだものゆえに陸と海に荒廃が現われた。彼（アッラー）が彼らのなしたことの一部を彼らに味わわせ給うためである。きっと彼らも（悔いて）戻るであろうと」（Q30: 41）。

信仰の兄弟よ：環境保護が命そして財産の防御であるのは、環境破壊が生ある者すべてにとって害であるからだ。たとえば、有害な放射物から我々を守るために神が創った大気層破壊がそれにあたる。人間が技術を有害な方向に使えばそのようなことが起こる。それによって気候が変動し、氷が溶解し、気温が上昇し、水害が発生し、未曾有の疫病が発生するのだ。

ムスリムたちよ：環境や環境保護に関するハディースにはコーランやスンナ（預言者の慣行）からの宗教的逸話が数多く登場する。水は生き物すべての源であり、もし水がなかったら生命は存在しない。神はおっしゃった：「また、われらが水からあらゆる生き物を成したのである。それなのに彼らは信じないのか」（Q21: 30）[18]。さらにおっしゃった：「また、われらは天から祝福された水（雨）を降らし、それによって園と収穫の穀物を生やした[19]。そして、ナツメヤシをも。聳え立ち、それには積み重なった肉穂花序（実）がある。僕たちへの糧として。そして、われらはそれ（天水）によって死んでいた大地を生き返らせた。このように（よみがえった人間の墓からの）出来《しゅったい》はある」（Q50: 9–11）[20]。我々はこの最も重要な生命の要素を守らなくてはならない。水を無駄にするようなことがあれば、生態系全体に損害を被る。なぜなら空気などすべてのものに水は含まれているからだ（435）。

一四〇〇年前の預言者のハディースで、すでに環境保護を呼びかけているということは、イスラームがどの美徳にも先んじているということを証明している。預言者は水、とりわけ停滞水での排尿を禁止し、「停滞水で排尿してはならない、なぜなら停滞水では自身を清めるものだからだ」と言った。（中略）さらに預言者は、植樹をし、我々が住む大地を装飾することを奨励した。というのも、植樹し緑化することによって大気が浄化されると同時に、人間も青々とした景観を楽しむことができるからだ。預言者は言った：「植樹あるいは耕作すれば、そこから鳥、人間、あるいは獣が食べる。これをしたムスリムは必ずや神から報奨が与えられる」[21]。彼は、漆黒の闇にいようと、困難なときであろうと、植樹を奨励し、そして言った：「審判の日が来て、椰子の苗をもっていたら、それを植えなさい」。このことは、人生の最後まで、神が人間に環境を回復させ、保護する後継者としての任を与えたという、環境に極限まで配慮していることの現れである。

皆のものよ：神が無駄に創ったものはなにひとつない。人間はのちにそれに気づいたからこそ、それまでは蔑ろにされてきた鳥を保護する法を制定し、その鳥が環境保護を促進するとわかれば、回復させ、何か有益あるいは合法でなければ、その鳥の狩猟を禁止したのだ（436）。そして預言者は娯楽のための鳥の狩猟を禁じて、こう言った：「目的なく使用してはならない」、さらに「娯楽のために雀を殺す者は、審判の日まで神に助けを求めることになる。そして鳥は言うのだ：「神よ、この男がわたしを娯楽のために殺したのです。目的もなく」と」。

神の僕よ：人間は誰しも環境を保護する役割を担う。手始めに家からである。なぜなら、家を清潔に保ち、子を育て、緑の手入れをすることは環境保護の行為だからである。預言者が旅に出たとき、ユダヤ人が家やその周辺の手入れをしないのを目にし、ムスリムにも影響を及ぼしていたので、正しい道を教え、指示を出した。そして言った：「ムスリムたちよ、自分たちの庭をきれいにせよ、ユダヤ人の真似をしてはならぬ」と。（中略）街路をきれいに保ち、植樹をし、所定の場所以外にゴミを放置しないこと。これは環境保護のために最低限やらなければならないことである（437）。（中略）

環境保護はすべての人間の義務である。慈善の心をもち、清潔を心がけ、病気を避け、汚染物質から距離を取らねばならない。「まことに神は美しく、そして神は美を愛する」（438）。

（2）「**環境保護**」（439–444）

アッラーの僕よ：人間の清浄および環境の浄化はイスラームの必須条件である。まことに、イスラームは進歩と文明の宗教である。人間およびその周辺物が可能な限り清浄で生命力あふれることを求めている。神は人間そしてその周辺物を水、樹木、岩石、泥から創った（439）。（中略）

文明化し繁栄した国では、人々は一緒になって環境を清潔で清浄に保ち、有害で汚れた物質を寄せ付けないために不断の努力をする。それは預言者の教えに従うものである。「傷つけなければ傷つけられない」。環境を清浄に維持することは人間の健康や幸福（*'āfiya*）にも決定的な影響を及ぼす。もし身体が健康で満たされた状態であれば、その人は十全で完璧な働きができるだろう。それが社会全体に十全な福利と多大な利益をもたらすのだ。（中略）大気を清浄し、水を清らかに甘くする土地はよい土地である。見る者の目を落ち着かせ、楽しませるような、つねに緑で覆われた土地はよい土地である。そのような土地に住めば人々は皆、顔に笑みを浮かべ、楽観的な心もちで、やる気に満ちて仕事に向かう。人間の基礎と心は活力、決断力、粘り強さ、強固な意志で満たされれば、仕事は成し遂げられ、希望も実現される。清浄で浄化された身体および清潔で秩序だった環境がない限り、イスラームの尺度でいえば、その人は均衡がとれていないのだ。まずは本質をよくしたあとで、外観もよくする。これがイスラームの教えである（440）。

自然環境の要素のなかでも最も重要なのは水である。神が人間に授け給うたものの何よりにも先行する。なぜか？生命の根底を成すものだからである。神はおっしゃる：「また、われらが水からあらゆる生き物を成したのである」（Q21: 30）[22]。

［この後は水の重要性についての説教が続く］

水は神の恵みであるから保存しなくてはならない。生命は水なしには続かないことを認識しなさい（442）。（中略）

水という恵みを授け給うた神に感謝せよ。水を粗末に扱ったり、残したり、捨ててはならない。神はおっしゃった：「おまえたちは、おまえたちの飲む水を見たか。おまえたちがそれを雨雲から下したのか、それとも、われらが下す者であるか。もしわれらが望めばそれを苦く（塩辛く）したであろう。それなのに、おまえたちは感謝しないのか」（Q56: 68–70）。水という恵みを授け給うた神に感謝することは善行である。それは水を正しく消費することである。なぜなら水の浪費を宗教は奨励していない。つまりコーランや預言者の教えに背くことになる。神はおっしゃる：「そして飲み、食べ、度を越してはならない。まことに彼は度を越す者たちを好み給わない」（Q7: 31）[23]（443）。

⑶「清潔な環境は平和で健全な社会である」（445–450）

イスラームは実直な性質、高潔な慈悲の心を備えた宗教である。イスラームが奨励しているのは、損傷や醜悪な外観を回避すること。そのために信者は大気の状態を乱したり、汚染したりしてはならない。環境とは人間を取り巻くものすべてである。居住する家、通行する街路、着用する衣服、休憩するための木陰、人間が享受する海、河川、あらゆる水源、大気などすべてである。もし人間が環境を守れば、健康と幸福が与えられ、健康な肉体と形の整った身体で生活ができる。つまり外見も中身もよい状態である（445）。

このすばらしい宗教において、清潔（*nazāfa*）は基本的要件であり、信仰の重要な一部である。預言者は言った：「清浄（*tuhr*）は信仰の条件である」。清浄（*tahāra*）には二つの要素、すなわち精神面と肉体面がある。精神面での清浄とは多神崇拝や偽善とは無縁という意味での教義の清浄さであり、嫌悪や敵意のない心の清浄さであり、動乱や論争のない行為の清浄さであり……（中略）。

神はすべてを美しく創り給うた。だからすべてが美しい。神は我々を取り巻く環境を美しく創造した。その例が、我々に影を作り守ってくれる天であり、我々を移動させてくれる大地であり、我々の目を楽しませてくれる樹木、植物そして果実である。神は我々にそれを目にし、考えるよう訴えた。（中略）もし美が我々を取り巻く世界において目に見える財産であるなら、人間はその美を守らねばならない。その美を変化させたり破壊したりする者は暴漢である。神は暴漢を好まない。汚染から環境を保護することは、病や弱さから人間を保護することであり、真の信仰者は礼儀や道理、生き方や知識として衛生状態を維持すべきである（446-447）。

条件や道具は整っていなくとも、ムスリムは皆、自分たちの街を維持する義務を負い、いばらや岩石、ゴミを除去して、見る人が喜ぶような状態にまで街をきれいにしたのだ。環境と街路の浄化はこの世の誰にも健康と幸福を、そして来世では報奨をもたらす。したがって、我々を取り巻く環境から有害で危険を及ぼす物質を取り除かねばならないし、環境は神からの恵みなのだから保護され、守られなくてはならない。神が授けてくださった権利を遂行すれば、人生はより生きやすいものとなるのだ（448）。（中略）

環境を害するのは、自身や他者への損害である。それは神が僕たちに授けてくださった恩恵に対する攻撃であるから、重罪かつ神への冒涜である。（中略）環境保護は我々が従うべきイスラームの偉大なる慣習である。そうすれば平和で健康な生活を送ることができる。この偉業に貢献した者を、神は恩寵あふれる天国へとお送りくださるだろう（449）。

以上、環境に関する説教を三つみてきたが、それらすべてに「まことに神は美しく、そして神は美を愛する」というハディースが登場する。これは有名なハディースで、日常生活でもよくムスリムが引用するものである。環境との関連でいえば、ここでいう「美」とは見た目の美しさのみならず、汚染や荒廃のない状態を意味している。

4　現代オマーンにおける環境言説――教科書および説教集の記述にみられる特徴

前節にて、イスラーム教育の教科書および説教集における環境保護に関する記述をみてきた。以下でそれらにみられる特徴をまとめてみたい。

第一に、一二年間必修のイスラーム教育の教科書および説教集において、天地自然の創造に関する記述は、本章で取り上げた環境に関する章や説教だけに限らず、いたるところに繰り返し登場するという点である。これはコーラン自体に物語性がなく、天地創造に関する章句がほぼ全章にわたって断片的に登場することと無縁ではないだろう。コーラン全体で約六〇〇〇の章句のうち八分の一にあたる七五〇の章句で、自然と対峙し、生態系と環境の関係について学び、理性に従って神が定めた均衡を維持するよう説かれているという（Rizk 2014: 201）。イスラームの自然観の核は、自然を含めた世界のあらゆるものは唯一神アッラーが創造したということである。そのひとつひとつが創造主の意志であり――つまり、偶然なものはなにひとつなく、すべては均衡のもとに創られている――、神の存在を象徴する「徴」であることが繰り返し説かれている。また、教科書や説教集で引用されるコーランの章句やハディースにかなりの数の重複がみられるということもわかった。

第二に、人間は神の代理人の地位にある点は認めつつも、あくまでアッラーの創造した自然を管理・運営する権限しかもたないという点が強調されている点である。イスラームの自然観を考えるうえでのキーワードのひとつが、この「代理／受託責任」という概念である。説教(1)「環境と人間」では、「神が人間に環境を回復させ、保護する後継者としての任を与えた（*istakhlaf*）[24]」（436）と明確に書かれているし、「神の統御によって、人間は（神の恩寵たる自然を）活用し、建造し、改善し、発展させるための努力をおこなう」（434）とあることから、自然を統御するのはあくまでも神であることがここで改めて確認されている。教科書では、この「代理」という用語あるいはその派生形は使用されていなかったが、たとえば5年生後期の第26課「環境汚染の禁止」の章にみられる、自然と人間の関係は明白で、神が自然を創造したのは、人間が「地上のものすべての利益になるよう」（92）有効利用するためであるという記述は、人間本意による環境利用に対する戒めと理解できる。教科書でも説教集でも、天然資源の乱用や環境破壊に対する厳しい批判や警告が繰り返され、環境保護への積極的な態度が宗教的義務として奨励されている。環境保護に対する努力をすることで、ムスリム個人だけでなく、社会全体が健全で幸福な状態になるというのだ(25)。個人の努力が社会全体の健全化に貢献するという言説は、ムスリムの主体性に訴えかけるものがあるだろう。

第三に、西洋近代の科学知識への言及がほとんどみられないという点である。現在の環境破壊の一因ともいわれる西洋的な科学技術に対する批判もなければ、西洋的な環境倫理や環境保護運動の紹介もない。イスラーム教育の教科書であることを考えると、当然のことのように思えるかもしれない。だが、イスラームと環境に関する文献では、現代の環境危機は近代科学技術の使用（と自然を支配しようとする人間の貪欲さ）によって引き起こされたものであるという論調が多い（e.g. Nasr 1996, 2001, 2003）。オマーンをはじめ湾岸諸国は、豊富な石油収入を背景に短期間で成し遂げた近代化の過程のなかで、西洋起源の科学技術を導入し、人々は利便性や快適性を求めた都市生活を送っている。現在は湾岸諸国全土で環境問題が表面化しているが、政府主導の近代化の成果を自負する各国にとって、教科書や説教という公的なテキストあるいは場面で科学技術の利用を批判するわけにはいかないのだろう。近年の環境問題に対する政策においても、政府は西洋起源の科学技術を積極的に利用しているが、その点は等閑視されている。

第四に、現代オマーンの環境問題や対策にはほとんど言及していないという点である。教科書では、オマーンの環境への取り組みが称賛されたり（5年生後期）、説教では大気層破壊や気候変動、温暖化といった現代的な環境問題に触れたりしてはいるものの、オマーンの経済開発にともなう環境の変化や現状にはいっさい触れていない。近年、オマーンにおける環境汚染は深刻で、新聞でも頻繁に取り上げられている。とりわけ、一九九〇年代から工業都市として再開発が進められた北部の都市スハールでは、呼吸器疾患など人体への影響が懸念されるほど深刻で、公害に対するデモも起きた。ゴミの分別も二〇一〇年代にモールなどの一部店舗でのみ導入されたが、ほとんど普及せず、家庭ゴミは分別されていない。そもそも、オマーンでは、街でも家庭でも、清掃は外国人労働者（清掃員やハウスメイド）の手によって担われているため、オマーン人の当事者意識が低い。くわえて、行き過ぎた開発のために、オマーンは世界自然遺産を取り消されたという過去をもっている。オマーンの中央に位置する沙漠地帯は、アラビア・オリックス（ユニコーンのように角がまっすぐに伸びたウシ科の動物）の保護区として、一九九四年世界自然遺産に登録されたが、環境悪化を理由に二〇〇七年世界遺産リストから抹消された。登録抹消は本件が世界初の不名誉であった。こうしたオマーンの現状や環境対策の不備にはまったく言及がないのである。

第五に、イスラームの教義と環境保護の結びつきが強調されている点である。説教では、イスラームにおいて清潔が信仰の一部であることが説かれ（説教(3)）、教科書でも「清潔はイスラームの信仰の一部」という文言を座右の銘として唱和させたり（2年生後期）、自然界全体が恩恵を被るような植樹をイスラームが奨励していることを示したり（4年生後期、説教(1)）、そしてそれを評価するよう指導教本に書かれている。「環境保護の推奨、環境資源の乱用禁止はイスラーム法で定められている」との文言や（8年生後期、説教(1)）、人生の最後まで植樹を奨励することは、イスラームが「環境に極限まで配慮していることの現れ」（説教(1)）だとしたり、「環境保護はイスラームの偉大なる慣習」（説教(3)）との文言もみられる。指導教本にも、イスラームが環境に配慮し、環境破壊を禁じている宗教であることを確認させたり（5年生後期）、イスラームの教義と環境理解との結びつきを強調したりするよう（8年生後期）に書かれていることから、生徒あるいは国民のあいだに、イスラームは環境に配慮した宗教なのだという意識が醸成されても不思議はない。さらには、「イスラームは進歩と文明の宗教」（説教(2)）や「どの美徳（宗教）にも先んじてイスラームは環境保護を呼びかけた」（説教(1)）いう文言からは、イスラームの優越性の主張もみられる。

教科書も説教も、教育省あるいは宗教ワクフ省が作成し、検閲しているため、政府の宗教教育に対する姿勢が反映されやすい。[26] イスラーム教育は一二年間必修の形で、選択の余地のない教科書を用いて、指導教本から逸脱しないように教授される。同様に、モスクでの説教においては、説教がおこなわれる金曜の集団礼拝への参加はすべてのムスリム男性にとっての義務であり、全国で同じ説教がおこなわれる。つまり、オマーン人であればほぼ強制的に全国的に均質なイスラーム教育のなかで、上述のような、天地自然の創造やイスラームの教義に根差した環境言説を繰り返し聞く機会があるということなのである。

おわりに——イスラームはエコ・フレンドリーか

以上みてきたように、教科書および説教集では、創造主アッラーの偉業と意志、それへの感謝、人間と自然の関係性、信仰心にともなう清潔の重視や環境への配慮が説かれている。内容的にはオマーンの宗派であるイバード派に限定されたり、オマーンという国に特化した要素がみられたりするわけではない。また、これらのことはなにもイスラームに限定される特徴ではなく、セム的一神教に共通してみられる姿勢でもある。だが、両テキストにおいて、他宗教の情報は提示されず、比較もされていないので、「イスラームは環境に配慮した宗教である」というイメージが醸成されやすい。事実、「イスラームはエコ・フレンドリーだ」という意見はオマーン人ムスリムからよく聞く。

環境に関する文献をみても、コーランにみられる自然観がイスラームの環境倫理を発展させたとか、イスラームは本質的に環境主義的な要素を備えた宗教だという主張は枚挙に暇ない。なかには、西洋の人間中心主義的自然観や環境実践を批判しつつ、イスラームの自然観が現代における環境の危機的状況の打開策あるいは自然環境の保護の有効な手段になるという（希望的）観測を提示したり（e.g. Nasr 2001）、イスラームは、人間を含めた自然界のすべてが関連し相互依存しているとする全体論的（holistic）なアプローチを採ることから、その環境倫理の優越性を主張したりする者もいる（e.g. Abedi-Sarvestani & Shahvali 2008; Rizk 2014）。

コーランの記述に基づき、「自然を創造したアッラーの至高性、偉大さを称えるとともに、その恵みに感謝しながら、環境資源の管理を委任された代理人として、人間に与えられた資源を保護し、浪費することなく活用すべきだ」という思想がイスラーム的自然環境観であるとすれば、イスラームの教義は環境に配慮している、エコ・フレンドリーだといえよう。だが、逆に、いわゆるエコロジー思想や現代の世界的な環境保護運動と親和性をもつがゆえに、啓蒙のための言説としてイスラームのイディオムが利用されやすいともいえる。「エコ・イスラーム」といった用語のほかにも、近年では、「グリーン・ラマダーン（巡礼月）」や「グリーン・ハッジ（巡礼）」というように、断食や巡礼といった宗教的義務と環境を結びつけた言説や[27]、「グリーン・ジハード[28]」（あるいは「エコ・ジハード」）といった環境言説をインターネット上で目にしたりするようになった。

ただし、宗教が自然・環境保護を説いているとしても、それを実践するかどうかは信者たる人間にかかっている。オマーンを含めた中東諸国の環境問題は深刻かつ喫緊の課題であるにもかかわらず、イスラーム諸国の環境意識は一般的に低いともいわれる（Rizk 2014: 194）。一般人だけではない。イラン出身の著名な思想家ナスルは、一般人を啓蒙すべきイスラーム知識人も同じ状況であると嘆く（Nasr 2003: 92–93）。ナスルは、さまざまな宗教における人間と環境の関係性を比較したうえで、こう述べている。「人間が宗教に従って生きている限り、環境の危機はない」と。[29]「イスラーム世界はこんにちまったくイスラーム的ではなくなってしまった」と現状を憂えている（Nasr 2001: 217）。「諸天と地の創造は、人々の創造よりも偉大である。だが、人々の大半は知らない」（Q40: 57）という約一四〇〇年前の啓示が現代になって信憑性を帯びてくる。イスラームとエコロジーを結びつけた運動はまだ新しい。今後はイスラーム的な環境言説・運動が世界的な環境保護運動と結びついてどのように発展していくのか、注視していきたい。

注

（1）一オマーン・リアル＝約三〇〇円。

（2）紙幅の関係上、筆者によるオマーンでのフィールドワーク・データは盛り込んでいないが、環境省および民間企業の環境専門家へのインタビューや一般市民との長年にわたるやりとりから、筆者は、オマーン人の環境意識にイスラームの教義が大きく影響を与えていると考えている。この点については、イランの環境問題をめぐるイスラームと西洋近代科学知の関係を考察した阿部哲の研究（二〇一八）が参考になる。阿部によると、イランでは環境問題に対処するうえで、イスラーム的自然観が基礎となりつつも、西洋近代の科学知もそれと対立しない形で併存関係にあり、そのことがとりわけ問題視されていない（阿部 2018）。オマーンでも同様の傾向がみられるが、イランの場合は、これに加えて「イラン土着の自然／動物／文化伝統」や「イランの国家遺産」というように、ナショナリスティックな感情を媒介した環境言説も確認できるという（Abe 2018）。

（3）次節で分析するイスラーム教育の教科書にも、管見の及ぶ限り、「自然」という語は使われておらず、「環境」（*bīa*）という語が使われている（ただし、コーランにはこの語も登場しない）。本章では、訳語として *ṭabīʿ*／nature には「自然」を、*bīa'* / environmentには「環境」をあてている。

（4）この「徴」は単数形、複数形含めてコーランに二八八回登場する（Özdemir 2003: 14）。

（5）「創造する」を意味するアラビア語 *kh-l-q* を語根とする単語が使われている章句を指す。

（6）コーランの訳は、中田監修（二〇一四）に拠る。コーランの記述は抽象的な内容が多いことに加え、本訳はアラビア語文法に忠実に訳しているため、意味が取りづらかったり、不自然な日本語表現が含まれたりする。その際は、適宜、訳注を付す。

（7）訳注：昼と夜は急いで交代する（中田　2014: 186）。

（8）「Q」はコーラン（*qur'ān*）の意。

（9）訳注：それが不毛であった後に（中田　2014: 303）。

（10）コーランに次いで第二の法源であるハディースの数は膨大で、ハディース学者が収集した数十万のハディースのなかから信憑性の高いものだけを数千精選し、正統とされるものだけを所収した「ハディース集」がスンナ派には六書存在する。

（11）訳注：地には、公正さ（秤）を下し給うた（中田　2014: 567）。

（12）訳注：計量を誤魔化して減らしてはならない（中田　2014: 567）。

（13）公立学校では、全科目で国定教科書を使用している。私立学校にはその規定は適用されないが、イスラーム教育のほかにも、アラビア語と社会科の三科目は国定教科書の使用が義務づけられている。つまり言語、宗教、歴史（あるいは国民教育）に関しては均質な知識や価値観が教授され、それによりオマーン人としてのナショナル・アイデンティティを醸成すべく、国家が管理しているということになる（Okawa 2015）。

(14) ここでいう「植樹」は、アラビア語の *yaghris* と *yazra'* の動詞が使われているが、一般的には後者の方が使われることが多い。種を蒔いたり苗木を植えたり、耕したりする行為全般が含まれる。
(15) 次節で扱う説教(1)「環境と人間」でも同じハディースが引用されている。以下、教科書および説教集で引用されるコーランの章句やハディースに重複がみられる場合は、注で該当箇所を示す。
(16) 説教(1)「環境と人間」でも同じハディースが引用されている。イスラームにおいて尿は不浄なものの代表格とされている。
(17) 訳注：預言者の派遣によって（中田　2014: 186）。
(18) 本章では取り上げていないが、『教科書』5年生前期第8課「水に現れるアッラーの全能」(33)でも同じ章句が引用されている。
(19) 『教科書』5年生前期第8課「水に現れるアッラーの力」(34)でも同じ章句が引用されている。
(20) 説教(3)「清潔な環境は平和で健全な社会である」でも同じ章句が引用されている。
(21) 『教科書』4年生後期第2課「植樹の奨励」でも同じハディースが引用されている。
(22) 説教(1)「環境と人間」でも同じ章句が引用されている。
(23) 『教科書』3年生後期第30課「消費の正しい道」(88)および8年生後期第22課「環境保護」(79)でも同じ章句が引用されている。
(24) *istakhlaf* は「～を後継者として任命する」という意味で、「代理／委託責任（*khilāfa*）」と同語根である。
(25) ここで「幸福」と訳したアラビア語は *'āfiya* で、英語の well-being に相当する。「幸福」と訳されることの多い well-being は、心身そして社会的にも良好な状態を指す。

(26) マレーシアにおける初等教育のカリキュラムを分析した手嶋将博によれば、一九八〇年代以降、マレーシア社会におけるイスラーム化推進政策の影響を受け、学校の環境教育にもイスラーム的価値が導入された。「神への畏敬・感謝」への言及やアラビア語源の単語表現の多用など、それまでは皆無だったイスラーム的な価値観を想起させる要素が盛り込まれたという（手嶋　1999）。

(27) 毎年、巡礼のために三〇〇万人のムスリムがイスラームの聖地メッカを訪れる。巡礼はムスリムにとって一生に一度のイベントであり、巡礼者は二週間をかけて一連の儀礼をおこなう。この期間、巡礼者は一億本のペットボトルを捨てていくなど、ゴミ問題が取りざたされている。なお、緑は、エコ・カラーであるのと同時に、イスラームのシンボルカラー、聖なる色という点でも両者を結び付けるうえでは好都合である。

(28) ここでいう「ジハード」とは、努力することを意味するアラビア語で、いわゆるテロという含意はない。「グリーン・ジハード」とは環境保護のための努力という意味である。

(29) 二〇一五年八月一九日、カナダのラジオ放送（ＣＢＣ）での発言。https://www.cbc.ca/radio/ideas/islam-and-the-environment-1.2914131（二〇一八年八月一五日閲覧）

参考文献

Abe, Satoshi (2018) "An Anthropological Inquiry into Emergent Discourses and Practices of Environment in Iran: Framing through the Idea of Translation," *Annals of Japan Association for Middle East Studies*, vol. 34, no. 1 [1].

Abedi-Sarvestani, Ahmad & Mansoor Shahvali (2008) "Environmental Ethics: Toward an Islamic Perspective," *American-*

Eurasian Journal of Agricultural and Environmental Science, vol. 3, no. 4 [2].

Afrasiabi, K. L.(1995) "Toward an Islamic Ecotheology," *Hamdard Islamicus*, vol. 18, no. 1 [3].

Dobel, Patrick(1977/2008) "The Judeo-Christian Stewardship Attitude to Nature," In Louis P. Pojman and Paul Pojman (eds.) *Environmental Ethics: Readings in Theory and Application*, Fifth Edition. Belmont, CA: Wadsworth/Thomson Learning [4].

Haq, Nomanul S.(2001) "Islam and Ecology: Toward Retrieval and Reconstruction," *Daedalus*, vol. 130, no. 4 [5].

Khalid, Fazlun M.(2002) "Islam and the Environment," In Peter Timmerman(ed.) *Encyclopedia of Global Environmental Change, vol. 5 Social and Economic Dimensions of Global Environmental Change*, Chichester: John Wiley & Sons, Ltd [6].

Ministry of Education, Oman and the World Bank(2012) *Education in Oman: The Drive for Quality*, The Ministry of Education, Muscat: Sultanate of Oman.

Nasr, Seyyed Hossein(1996) *Religion and the Order of Nature*, New York: Oxford University Press.

Nasr, Seyyed Hossein(2001) "Islam and the Environmental Crisis," *Islamic Quarterly*, vol. 34, no. 4 [7].

Nasr, Seyyed Hossein(2003) "Islam, the Contemporary Islamic World, and the Environmental Crisis," In Richard C. Foltz, Denny M. Frederick and Azizan Baharuddin(eds.) *Islam and Ecology: A Bestowed Trust*, Cambridge: Harvard University Press [8].

Okawa, Mayuko(2015) "The Empire of Oman in the Formation of Oman's National History: An Analysis of School Social Studies Textbooks and Teachers' Guidelines," *Annals of Japan Association for Middle East Studies*, vol. 31, no. 1

[9].

Özdemir, Ibrahim (2003) "Towards an Understanding of Environmental Ethics from a Qur'anic Perspective," In Richard C. Foltz, Denny M. Frederick and Azizan Baharuddin (eds.) *Islam and Ecology: A Bestowed Trust*, Cambridge: Harvard University Press [10].

Rizk, Riham. R (2014) "Islamic Environmental Ethics," *Journal of Islamic Accounting and Business Research*, vol. 5, no. 2 [11].

White, Lynn Jr. (1967) "The Historical Roots of Our Ecological Crisis," *Science*, New Series, no. 155 [12].

Wizāra al-Tarbiya wa al-Ta'alīm, Salṭana 'Umān (2008a) *Al-Tarbiya al-Islāmīya lil-ṣaff al-thānī, al-juz' al-thānī*. Masqaṭ. (オマーン教育省『イスラーム教育教科書』2年生後期)

Wizāra al-Tarbiya wa al-Ta'alīm, Salṭana 'Umān (2009a) *Al-Tarbiya al-Islāmīya, lil-ṣaff al-rābi', juz' al-thānī*. Masqaṭ. (『教科書』4年生後期)

Wizāra al-Tarbiya wa al-Ta'alīm, Salṭana 'Umān (2009b) *Al-Tarbiya al-Islāmīya, lil-ṣaff al-khāmis, juz' al-thānī*. Masqaṭ. (『教科書』5年生後期)

Wizāra al-Tarbiya wa al-Ta'alīm, Salṭana 'Umān (2008b) *Al-Tarbiya al-Islāmīya, lil-ṣaff al-thāmin, juz' al-thānī*. Masqaṭ. (『教科書』8年生後期)

Wizāra al-Tarbiya wa al-Ta'alīm, Salṭana 'Umān (2008c) *Dalīl al-Mu'allim al-Tarbiya al-Islāmīya, lil-ṣaff al-thānī*. Masqaṭ. (『指導教本』2年生)

Wizāra al-Tarbiya wa al-Ta'alīm, Salṭana 'Umān (2009c) *Dalīl al-Mu'allim li-Mādda al-Tarbiya al-Islāmīya, lil-ṣaff al-*

rābiʿ. Masqaṭ.（『指導教本』4年生）

Wizāra al-Tarbiya wa al-Taʿālīm, Salṭana ʿUmān（2009d）*Dalīl al-Muʿallim al-Tarbiya al-Islāmīya, lil-ṣaff al-khāmis*. Masqaṭ.（『指導教本』5年生）

Wizāra al-Tarbiya wa al-Taʿālīm, Salṭana ʿUmān（2008d）*Dalīl al-Muʿallim li-Mādda al-Tarbiya al-Islāmīya, juzʾ al-thānī lil-ṣaff al-thāmin*. Masqaṭ.（『指導教本』8年生後期）

Wizāra al-Awqāf wa al-Shuʾūn al-Dīnīya, Salṭana ʿUmān（2012）*Ḥaṣād al-Khuṭab 1419-1427h, al-juzʾ al-rābiʿ*, Masqaṭ.（『説教集』）

阿部哲（二〇一八）「現代イランにおけるイスラーム言説と科学知の併存——環境分野におけるイスラーム議論を中心に」『多文化社会研究』第四巻［13］。

井筒俊彦（一九八三／二〇一三）『「コーラン」を読む』岩波書店。

塩尻和子（二〇〇八）『イスラームの人間観・世界観——宗教思想の深淵へ』筑波大学出版会。

手嶋將博（一九九九）「マレーシアの環境教育におけるイスラーム的価値の導入——初等教育「理科」・「地域科」のカリキュラム分析を通して」『比較教育学研究』第二五号［14］。

中川洋一郎（二〇一七）「地球環境の悪化とユダヤ・キリスト教の人間中心主義——文明の（だが、同時に環境破壊の）起源としての遊牧」『経済学論纂』第五七巻第三／四号［15］。

中田考（監修）、中田香織・下村佳州紀（訳）（二〇一四）『日亜対訳クルアーン［付］訳解と正統十読誦注解』作品社。

第八章　風水と自然観

――中国江西省贛南地区の村落調査から

小熊　誠

はじめに

自然と人との関係は、その時代そして地域によって変化がある。人の歴史と自然の関係を概観すると、農耕が始まる以前、人は自然の中に生きていた。農耕が始まった後、人は土地を耕作し、その周りには野生の自然が存在した。耕作された土地は人の力が加わり、人に優しい自然であった。野生の土地は、人の力を越え、時には人に敵対する自然であった。ところが、産業革命以降の工業化は、化石エネルギーの使用により人に大きな力をもたらし、科学と技術の進歩によって人は自然を支配してきた。現在では、人にとって脅威としての自然から、人によって脅威にさらされる自然へと変化している(1)。

欧州では、歴史的に人が住む土地や人が耕す土地に対して、人が土地を支配するという自然観が強かった。それに対して、中国では人は自然の中で生かされているという自然観が強かったと考えられる。風水思想の研究家である牧尾良海は、中国思想では自然と調和を保ちながらその恩恵を享受するという考え方があり、風水思想も同じ原点から出発したと指摘している。そして、風水思想の中には、天と地に関する経験的、批判的観察によって取得された自然科学的、人文地理的な知恵も多分に含まれているが、他方、自然が生命のある有機体であり、その息吹が人に行きわたってその命運を支配するという擬似科学的な考えも含んでいると指摘している［牧尾 1994:12］。つまり、人は自然に対して人の力を加えながら都城や家屋さらに墓地を形成するが、その形態や位置を決める際に、あくまでも自然の「息吹」を観察し、その流れの中で自然に守られながら暮らすことが人の命運に深く関わるという考えが風水思想である。

自然は天と地によってできており、その天と地が陽と陰として合い交われればそこに生気が生じる、と風水思想では考えられている。その生気は、天と地の交わる崑崙山の山頂で陽と陰が雷のように交わって生じる「神秘的な力」で、この生気が崑崙山から山脈を通って中国全体に流れる。この生気に感応すれば、人は吉祥を得ることができる。なぜならば、人を含めたこの世のすべてのものが「気」でできており、その人の気に生気が反応して活気と繁栄をもたらすからである。

この生気は、山脈に沿って、その内外を流れて各地に至り、風に乗っては飛散し、水にあたってはそこで止まり、水とともに流れていく。つまり、生気は風と水にのって各地に流れていく。このような風水思想からは、自然は動いていると考えられてきた。風水は、自然の動きによって人の命運を支配するので、人は風水環境を測定しながら造形空間を形成する必要がある。やっかいなことは、生気と正反対の作用を及ぼす悪い気も。大気や大地から生ずる。その気は、「煞気」や「風煞」などとも称され、直線的な道路や直線的な流れの河、排水のよくない下層土やよどんだ水、北方から吹き込む冷気などから発生する。風水は、このような善悪両方の気の流れを判断して、善い気を招来させ、悪い気を防ぐことが原理として考えられている［渡邊 1990:24–26］。

この風水からどのように自然を見るかということは、哲学や思想から考えることもできるし、具体的な地勢判断から考えることもできる。前者は、さまざまな書物に書かれている風水理論で研究することができる。後者は、風水書で研究し、かつ山や街、村などを自分で歩いて風水と自然環境を実際に見て研修した風水専門家である風水師が、ある具体的地域でどのように自然環境を風水で見るのかという視点がある。さらに、一般民衆も、一般的な風水の知識を持ち合わせており、具体的な風水について語ったり、あるいはある地域の風水についてさまざまな言い回しが伝説として語られている。本論では、民俗学の立場に立って、後者の観点から、中国における江西省で風水に関する実地調査を行ない、風水師あるいは口承などで語られる内容から、調査地域において風水から自然がどのように見られているのかを調査報告として記載する。

1　調査地概況

風水の思想は、「堪輿」という語で、天地陰陽の理に鑑みて住宅や墓地の選定に当たって地質方位の吉凶を判断する思想が、すでに前漢にあったとされている。それを風水としてまとめたのが、晋代の郭璞であると言われている。しかし、これが広まったのは江西、福建、広西などの南方であり、川沢の多い南方の風土の影響もあるのではないかと考えられている。九世紀後半、唐の時代に生まれた楊筠松は、朝廷の地相師(2)としての役目を担い、高い官位を与えられていた。世が乱れ、楊筠松は朝廷を去って、晩年は当時虔州と呼ばれた江西省の贛州府にある一地方で地相師としての余生を過ごした。彼は、その理論の基礎を形勢、つまり山岡の形によって指示される五行や五星の影響と力に置き、その風水の思想体系は遠地まで広まった。彼は、「三十六龍書」などの著述があり、形勢学派の創始者であり、後に贛州法と呼ばれた学派の開祖ともみなされている［デ・ホロート 1986: 102-103］。

他方、宋代において新たな風水の一派が生じた。この一派は、天が地上の事象の上に実行しようとしている「無極而太極」の化生する実相を追求しようとする理学の形而上学的な影響を受けて、八卦・十干・十二支、星宿の組み合わせに重点を置いて、土地の形や勢いをあまり重視しなかった。それは、「閩之法」とも呼ばれる一派で、その始まりの代表者は王伋という人物であった。王伋は、贛州の出身であったが、後半世は福建北部の松源、現在の松渓で世を送った。この学派は、福建学派とも呼ばれ、贛州学派よりも頻繁に羅盤を使用し、屋宅之法とも呼ばれた［デ・ホロート 1986: 103-104］。

贛州学派と福建学派は、現在においても風水理論の中で大きな二大学派を形成している。中国における風水師はもちろんのこと、一般民衆であってもこの二大学派の存在は知識として持ち合わせている。実際には、地理的に贛州は江西省の南部に位置し、松渓県は福建省北部の南平市に位置しており、両地域の距離は五〇〇㎞ほどしか離れていない。双方とも中国南部の山の多い地域であり、実際には両学派ともに地勢も看るし、羅盤によって風水の方角も看る。

筆者は従来浙江省や福建省において風水を調査してきたが、今回の調査は、贛州学派が創設された江西省南部の贛州で行い、風水が盛んであると言われている集落および楊筠松の墓があると言われている村落で風水の概況を調べることにする(3)。

江西省は、北は湖北省と安徽省、東は浙江省と福建省、南は広東省、西は湖南省に囲まれた、中国南部の省である。緯度から見ると、江西省の北は奄美大島くらいで、南は台湾中部に当たる（図1参照）。海に面しておらず、山に囲まれた地域である。江西省の面積は、一六万六九〇〇㎢で、日本の四四パーセントの大きさを持つ。省都は南昌であり、省の北部に位置する。調査地は、江西省の南部である贛州市である。

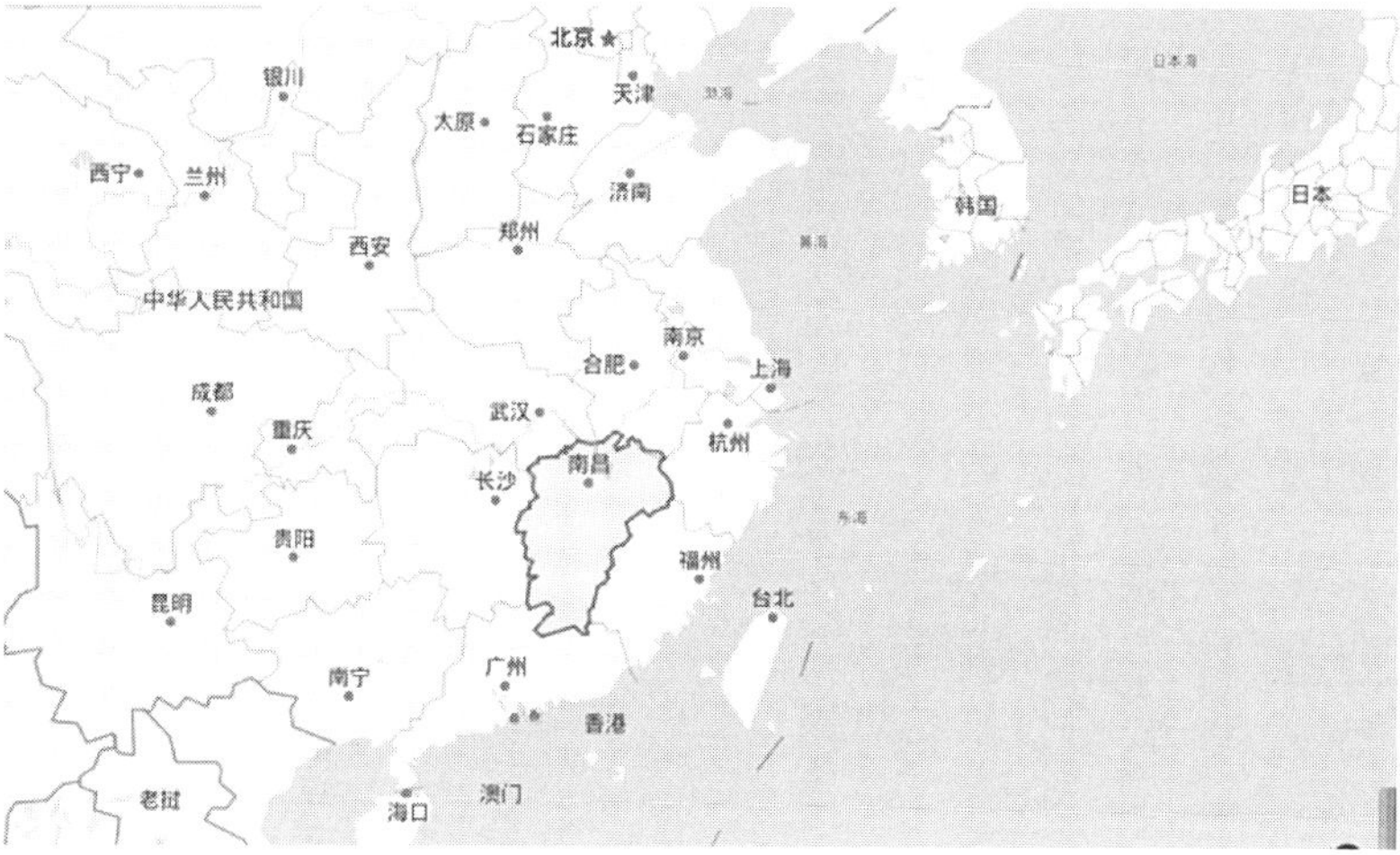

図1　江西省の位置（Baidu 地図より転載）

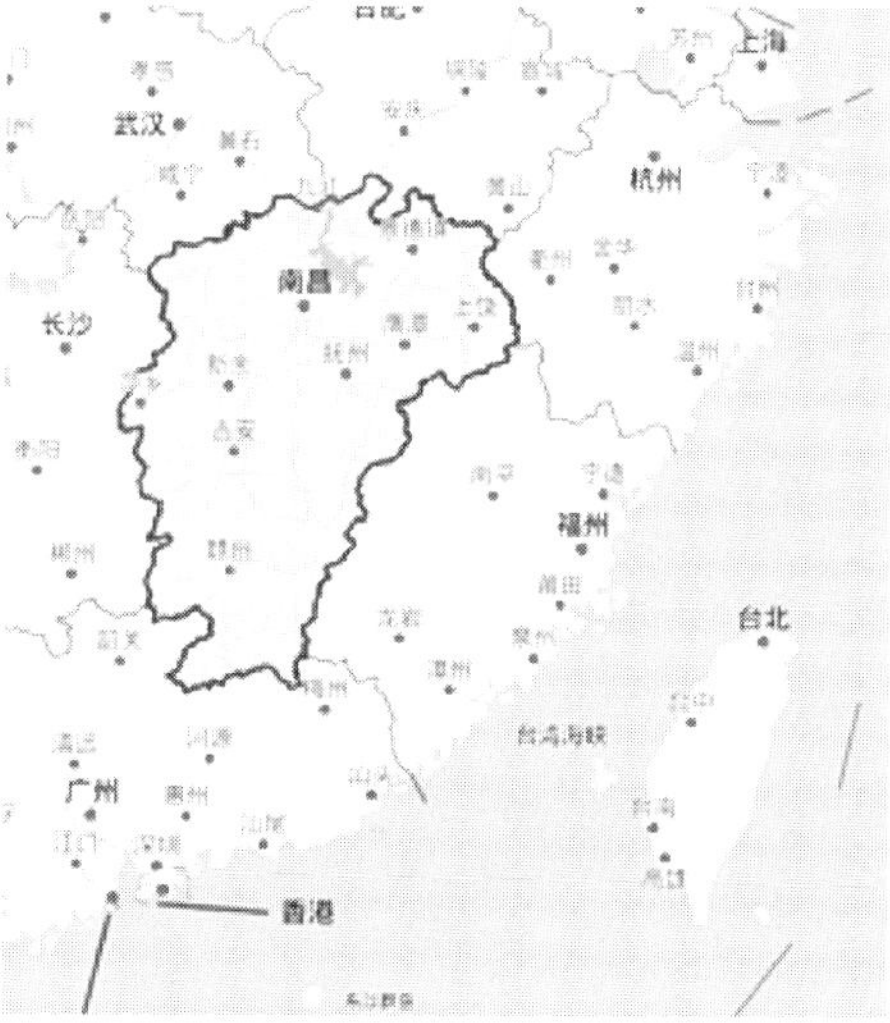

図2　贛州市の位置（Baidu 地図より転載）

贛州市は、江西省の南部に位置している（図2参照）。そこから東南東に行けば厦門であり、西南に行けば広州である。贛州市から、まず第一調査地は、東南の贛県白鷺村に向かった。そこは、古い祠堂などが残る集落で、贛南師範大学の民俗調査地になっている。さらに第二調査地として、東に向かうと興国県に至り、その三僚村で調査を行なった。三僚村は、風水で有名な村で、現在風水で地域開発を行なっている。次に、第三調査地として、興国

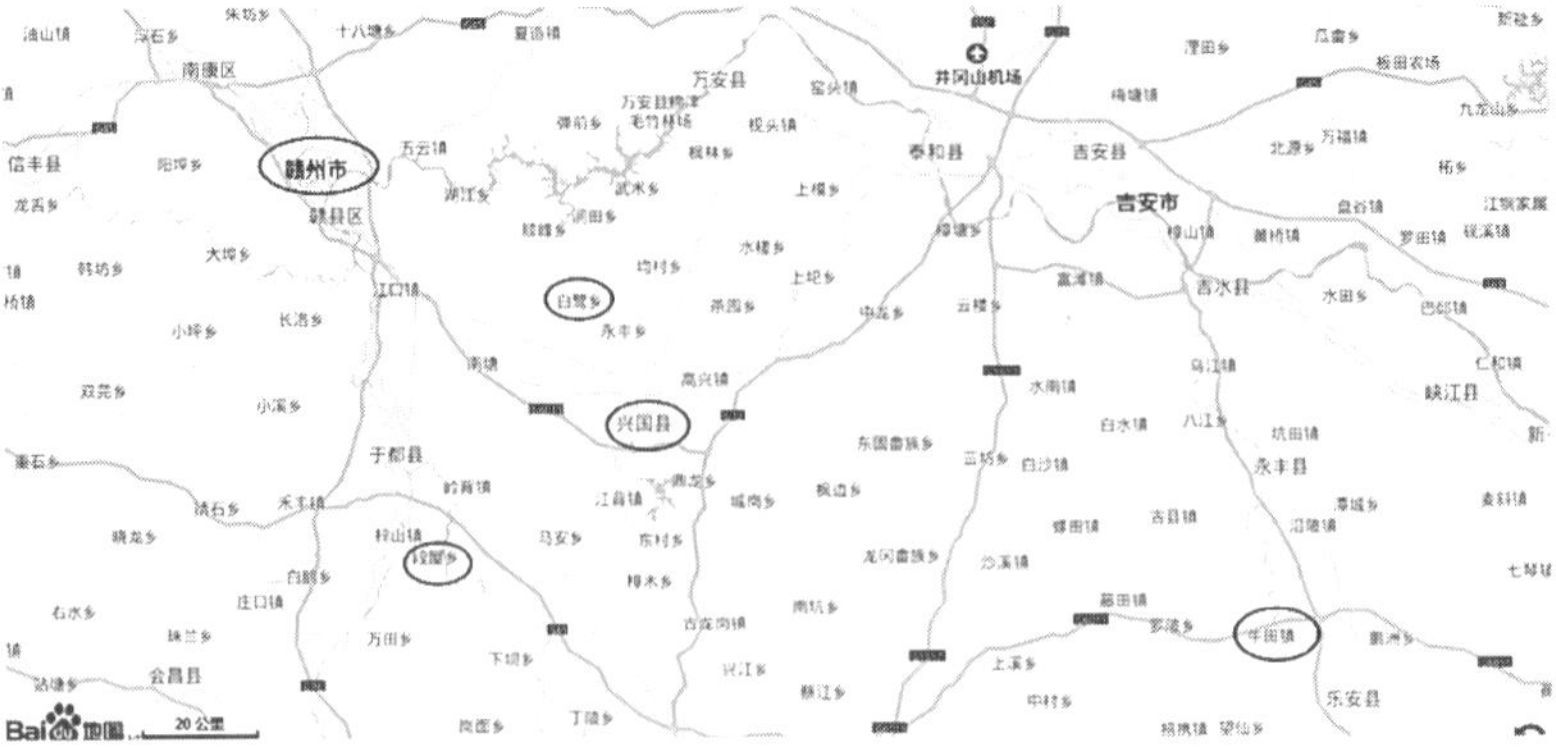

図３　調査地（Baidu 地図より転載）

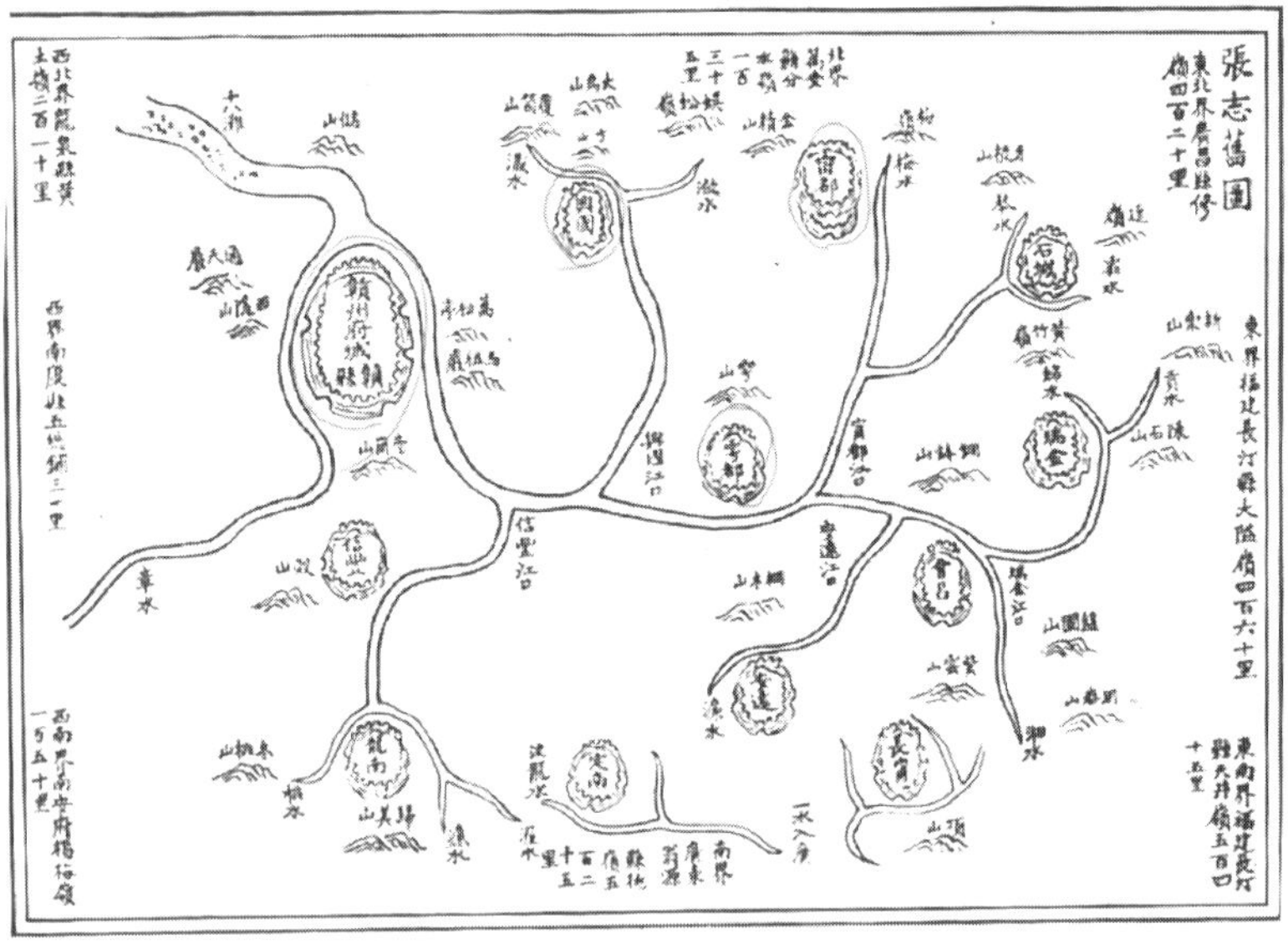

図４　古地図における調査地（『贛州府志』による）

県から南西に向かうと宇都県段屋郷があり、その寒信村の川むかえに見える山麓に楊筠松の墓があると言われており、隣の楊公村には楊筠松を祀る廟が建てられている。次の第四調査地は、段屋郷から東に向かった楽安県牛田郷にある千古第一村と言われる流坑という集落であり、伝統的な建造物を見学した。最後に贛州市に戻り、そこの都市風水を見学した。

2　贛県白鷺村の風水

1　白鷺村の概要

贛州の都市から南東に約70㎞離れた山に囲まれた地域に、贛県白鷺村がある。この村には、伝統的な祠堂や廟などが残されている。この村には、宋代の約八〇〇年前に鐘氏が移住してきて構成された村だと言われており、鐘氏は客家である。この地域には、客家系の一族が多く住んでいる。この村も、鐘氏による一姓一村として構成され、現在でも多くが鐘姓である。

鐘姓の一族の来村初代は鐘輿という祖先であり、南宋紹興六（一一三六）年に興国竹壖から来て、アヒルを放牧して川縁に野宿した。そこは、鷺渓が九曲してうねって流れ、山が連なっている場所だった。「蹲る獅子」と「躍る象」の二つの山に囲まれた風水宝地であり、その夜に白い鷺の夢を見た。なので、この地を白鷺と名付けた。鐘輿を祀る宗祠が現在もあり、書箴堂と命名されている。現在の白鷺村に住む鐘姓は、この祖先である鐘輿の子孫になる。また、その他の鐘姓の祖先を祀る祠堂も、村内に多く建造されている。その一つに、風水大師といわれる鐘学遴という祖先がおり、その祠堂である書升堂も存在している。

白鷺村は、後ろに主山がある。武夷山から山脈が連なり、嶺が五つある。それを五虎と呼び、その先に白鷺村の主山がある。集落の前には、九曲して流れる鷺渓がある。鷺渓と集落の間に池がある。つまり、後ろに山があり、前に水がある地形になっており、その間に集落が連なっている。写真3を参照のこと。

写真１　白鷺村始祖鐘輿を祀る宗祠である書箴堂

写真２　書升堂

写真３　白鷺村の模型

2　風水師の言動

①風水師鐘氏について

白鷺村では、風水師の鐘平華氏に話を伺った。まず、鐘平華氏の生い立ちと、風水師になる過程を述べた。

鐘平華氏は、一九五〇年生まれで、三歳の時に父親が亡くなった。四歳のときに母親が再婚したので、自分は祖母に育てられた。家は大変貧しかったが、当時祖父は村長をしていた。三〇歳の時、風水に興味を持ち、多くの風水師の先生について勉強した。彼が羅盤を学び始めた頃、彼の姉の夫は風水についてかなり学んでおり、すでに「慧眼」を開く程度になっていて、自分の死ぬ時期をも分かるほどになっていた。（風水師は、その程度によっていくつかの「眼」を開くという表現をし、風水を通して世の中が見えるようになると表現をする。この点は、浙江南部で調査したときにも聞く事ができた。著者注）そして、彼の姉の夫は、彼に対して必ず風水を学ぶよう言っていた。

姉の夫が六〇歳の時、彼はある家の風水を看た。その家には五人の娘がいたが、男の子がほしいとその夫婦は考えていた。姉の夫は午前中に風水を看終わって、祖先の墓を移した。午後に家に戻って、そのまま息を引き取った。その後、我々が確かめると、あの家の命にはこのような運命はなく、男の子を持つことができるという縁もなかった。風水によって無理に墓を移動したために、姉の夫にその後の結果を引き受けさせたので、姉の夫は命を落とした。

鐘平華氏には、一人の息子と一人の男子の孫がいた。彼の父親の墓を移動した後、もう一人の男子の孫ができた。息子も自分から風水を学んだが、今は出稼ぎをしている。自分は、息子にまだ一人で他人の風水を見てはいけないと言っている。鐘平華氏は、今でも山に行って風水を看ている。まず自分をきちんとして、自分の風水を良くする。自分の生活がだんだん良くなっていった後、他人の風水を見始めた。自分が開眼する必要がある。去年の八月、泉州で開かれた海峡両岸「龍の点穴を探す」論壇に参加した。

②風水に対する重要なこと

鐘平華氏は、かなり風水を勉強してきたが、まだ山に行って風水を勉強している。他人の風水を見ていて、以下で述べられるように、風水に関する知識は多く持っている。

鐘平華氏は、風水師になるには、以下のことが重要であると言う。風水は陰陽のバランスに気をつけ、それは太極にある一陰一陽である。現在別の人の風水を看るとき、その縁も見る。風水師は目立たないようにして、人の目を引いてはいけない。名が出る風水師は、華やかに舞台を歩くようなことはない。風水師は職業的道徳を持つ必要があり、言うべきことは言い、言うべきことでないことは言わない。風水師は風水を看るとき、その人には天で定められた福運があり、それを得ることができるかどうかを調べて確認する。それがないのに風水を看る場合は、風水師の身の上に逆ねじをくわすことになる。姉の夫が死んだのは、そのためだ。風水師になるには、天賦と縁が必要である。

③風水を看る方法

風水を行なう方法については、以下のように述べている。風水を看るには、技の腕前が重要である。手で自然全体の趨勢の中心点を探し、そして羅盤を開く。このときに、呪文のように言葉が出てくる。伝える技が必要であり、自分での学びも重要である。その所に霊気があるかないかを感じ取る。それは目で見えるものではなく、風水師の感覚である。その気が強い場を感じ取り、その中心点を探す。羅盤を開いた後、山を看、水を看て、その周囲のものを看る。中心点は、右あるいは左に三度以上偏ってはいけない。そして六度内で卦象を探す。八八で六十四卦の中で卦象を看る。

壓銭を変爻とも言う。とてもいい場所を探して壓銭をしなければいけない。一つの卦に六つの爻、一つの卦に十の根線、一つの方位に二十いくつの根線があり、間違えて線を引くことはできない。点穴はまず手の上の技量を開き、中心と自然の方向を探す。そして羅盤を開く。人はもともと「天人感覚」がある。現在生活が良くなったので、人びとの中ではそれが退化している。人は、第六感がある。情報を調べるのは手の上にあり、これは一種の特殊な能力だと言える。二つの脈を見つけることが必要である。

④風水の知識

風水知識について、鐘平華氏は次のように語った。

甲子は六〇年で、三つの甲子は一八〇年。その配列は九つのめぐり合わせで、二〇年で一つのめぐり合わせである。これを、「三年九運」(運はめぐり合わせ：著者注）と言う。風水にも、霊性と寿命がある。ある地域の風水はいいが、現在はそれを使うことはできず、一〇〇年後ようやく良くなる。我々の白鷺村も、過去に二品の位まで上った官僚を出しているが、まだその時間は来ていない。個人の八字[4]は、風水によって決まっており、風水がその人はどのような人であるのかを決める。風水が、一人の人間の一生の運気をコントロールしている。風水がいい家は、その人の災難を減少することができる。陰宅は、陽宅よりも人に対する影響が大きい。陰宅は、人の八字に直接影響する。陽宅は人の情緒や健康などの問題に影響する。中国の風水における羅盤は、あくまでも道具である。羅盤を真に研究するには、本を見るだけではだめで、実践が必要である。風水を学ぶには、必ず苦労があるもので、金持ちは学ぶことができない。風水を看るには、外部の自然環境を看る必要があり、また眼の前の環境を看る必要がある。

⑤風水の例

ⅰ：支配人の事務室の位置が業績に影響を与えない。この家の息子が会社の社長になり、鐘氏がその事務室を見たらすぐに問題が分かった。方位が間違えていた。彼は社長になったが、その下にいる支配人が彼の言うことを聞かなかった。そこで、鐘氏が羅盤を開いて、これに関わる八六四の卦と彼の個人の人生像をみて、彼の事務室の方位を調整した。その後、彼は大変順調になった。

ⅱ：吉安のある個人の家の門が甲申に向かっており、東が後ろで西が前向かっていた。後ろの門を開けて、前面に小さな庭の楼壁があり、この楼壁がすべての風水を変えてしまい、怪我や病気が出て、財産もなくなってしまった。それを壊して取り外す必要があった。

iii：習近平の祖籍と実家の風水を見に行ったことがある。そこには、龍脈があった。

iv：［安置された観音菩薩が邪神に取り付かれて、風水に影響を及ぼした。］入り口の門は問題なく、外回りも、道も、水もみな問題なかった。鐘氏は、なぜ風水がよくないのかわからなかった。そして、応接間に行ってお茶を飲んだ。その上席に観音菩薩が安置されていた。そこの煞気がとても強かった。鐘氏はそこに上って、手でさわって調べた。その家の人に、どこから買ってきたか尋ねた。その家の人は、あるそそのかす男から、路上で買ってきた。それが良くなかった。その「挑夫」菩薩を下から買ったが、道路は邪気が比較的強いところなので、邪神がついてしまった。表面は観音菩薩だが、その実は邪神である。その後、鐘氏は方術を行ない、中心から五〇〇メートル以上離れた場所に行って、邪神に出て行ってもらった。

v：ある人の奥さんが流産した。台所、道路、井戸を看た。井戸水がこのように流れると、必ずお腹の赤ちゃんは流れてしまう。父親の墓は、埋葬して三年になる。墓石の高低があり、水はこのあたりを流れる。祖父の墓には、道が両側にあり、道によって半分は埋まってしまっているが、手の感覚ではいい場所であり、羅盤を開いてみてもよく、この墓はとてもいい。したがって、この墓はくれぐれも動かしてはいけない。この家は、この墓の位置のよさにすべてがかかっている。祖母の墓は、よくない。煞気があり、多くのできごとが出てしまう。祖母の墓は、動かすべきである。弟が結婚して七、八年経つが、子どもが生まれない。井戸はなくすのがよい。この場所に台所を作るのは良くない。このように風水を看たところ、二年目に彼の妻が男の子を産んだ。三年目には、彼の弟が男の子を生んだ。

vi：ある人の風水を看た時、その家の娘から電話が来て、病気になって体中が痛いと言うことだった。鐘氏が電話を受け取り、彼女にそのそばに立つようにと言った。他人に邪魔されないようにと言って、三分間そのままでいた。二時間後、その娘から父親に電話がかかってきた。少しよくなってきたと言う。薬も飲まず、良くなった。千里傳功で

写真４　風水師鐘平華氏と著者

ある。

vii：風水の学派である元真派は、十数人いる。鐘氏には、何人かの弟子がいる。重要なのは、縁をみることである。まず、手の上の技量を学ぶ。口から伝える。ある弟子は、自分の家に九夜住み込み、自分は彼に技量を伝えた。

3　風水師による感覚

村にいる風水師は、一般的な人である。むしろ風水を勉強し始めた頃は、貧しかったり、苦労をしている人が多い。風水を学ぶのは、まず自分の状況を良くしたいという願望から始まることが多い。著者が浙江省の村落で風水師に話を聞いた時もそうであった。鐘氏も、「風水を学ぶには、必ず苦労があるもので、金持ちは学ぶことができない」と言っている。鐘氏も、風水を勉強して、まず自分の風水を看た。自分の状況が良くなってから、他人の風水を看ることができる。

また、風水師になるには、ただ単に風水の知識を学ぶだけではなく、その人に天からの福運があるかどうかが大事である。また、人の目を引くようなことはしないようにして、職業的道徳感を持

写真５　三僚村の曽氏祠堂（黄清喜氏撮影）

写真６　楊公祠（黄清喜氏撮影）

つ必要がある。他人の風水を看るには、もちろん羅盤を開いて見たり、周囲の風水による環境を看ることは大事だが、単にそのような風水の知識だけで風水を看るのではない。羅盤を開く前に、その人の霊気があるかどうかを感じ取る。そして、手を開いて手でその人の趨勢を感じる。人には、第六感とも言うべき「天人感覚」をもっており、その感覚を確かめてから風水を看る。風水師が、風水知識以外にも感覚を重視すると言う話は、中国だけでなく韓国の風水師にもある。著者が韓国の地官（風水師）を調べた際に、地官は風水を学び、一定の域に達すると、一種の悟りあるいは霊感を感じると言う「小熊 2001:140」。風水師が、単なる風水知識だけでなく、人の体感や自然に対する感覚を重視することは大事な要素である。

3　興国県三僚村の風水

1　三僚村の概要

三僚村は、江西学派の祖とされる楊筠松の弟子である曽文辿と廖金精が隠居した地と言われ、現在でも曽氏と廖氏一族が多く住んでいる。歴史的にも、皇帝に仕えて風水を看た風水師を多く輩出し、明十三陵や故宮、清東陵などの風水は三僚出身の風水師によって看られている。三僚村は、多くの風水に関する文物が残っており、二〇〇六年には江西省郷村十大旅遊景点に選定され、「中国風水文化第一村」と称されている。また、二〇〇八年には、三僚風水文化が江西省第二批非物質文化遺産名録に登録され、二〇〇九年には三僚村が江西省第三批歴史文化名村に選ばれている。

三僚村の中心には広場があり、その北側に曽氏祠堂と廖氏祠堂、それに楊公祠があり、これを三祠堂と言われる。この三祠堂の裏に集落と山が広がる。したがって、集落は山麓の緩やかな斜面に立ち並ぶ。その集落の中に、風水と関連する様々な文物が存在する。

2　三僚村の風水に関する文物

三僚村でも、一九五二年生まれの風水師である曽平安氏に案内していただいた。

（1）狗形祠

集落に入り、さらに山側に歩いていくと、家のほとりに祠堂がある。その祠堂は、曽氏の3番目の祖先の系統であ

写真７　狗形祠（黄清喜氏撮影）

写真８　狗形祠と井戸（黄清喜氏撮影）

る三房の衍慶堂であり、宋代に建てられた。歴代改修され、甲を背に庚を向いており、酉卯を兼ねている。狗形祠と俗称されている。この建物は、門と窓が狗形の肖像のように見える。この祠堂に対面して数百メートル先に虎形墓がある。その狗形祠の前に井戸を作り、それを狗の食盆だとして、虎の害を防いでいる。

（２）虎形墓

狗形祠から山に向かって歩くと山麓につながり、墓地が点在している。その集落から山麓に入る勾配のある山肌に、一つの墓地がある。それは、北宋時代に建てられた、曽氏十六代曽玉屏の墓である。座向は甲を背にして寅向かい、

写真９　食盆としての井戸

写真 10　虎形墓（黄清喜氏撮影）

庚甲に兼ねている。庚寅が分金となり、龍穴である虎形の上にある。曽氏が三僚に移ってきても、当初は貧しく、男の子孫も一人ずつしかいなかった。曽玉屏が虎形墓に埋められた後、財産も男の子孫も増えて、曽氏は多くの子孫を残す大一族になった。この墓は、寅の方向に向き、寅は虎である。墓の形も虎形に造り、虎の頭、虎の目、虎の爪すべてを作った。墓の下方には犬形祠がはるかに相対しており、三僚村の陰宅風水の代表となっている。

（3）蛇形祠

曽氏の蛇形祠と言われる祠堂が、集落北側にある龍山のすぐ麓にある。明代中後期に、当時の風水師である廖炳擇

写真 11　蛇形祠の入り口と壁の通り道（黄清喜氏撮影）

写真 12　蛇形祠の風水による池と祠堂

氏によって祠堂の方向が定められた。壬を背に丙に向いて、亥巳を兼ねている。金蛇が木に乗っている形をしている。穴の位置は、蛇の七寸の位置にあり、壬を背にして子の方向を向いている。廟の入り口は蛇の口であり、そこから入るとすぐ両側が壁に挟まれ、狭い通路となっている。狭い所は五寸しかなく、この道は蛇の喉と言われている。その狭い道を通って廟の庭に出ると、廟の前には丸い池があって、そこを回るようにして廟の建物に近づく。蛇形祠全体は、蛇の特性を持って取り囲むように設計されている。したがって、廟全体は対称ではない。この廟は、承志堂という曽氏の廟で、三僚における曽氏の陽宅の中で、風水術によってつくられた建物の代表である。

この廟を建てたとき、五人の兄弟がいた。次男が一番親の言うことを聞かない性格で、四男が一番素直な性格だった。そして、次男が一番お金をもうけ、四男は一番貧しかった。しかし、親は老後四男と一緒に住んだ。この五人の兄弟のために、廟の部屋は五つあって、真ん中が長男で左に次男、右に三男、さらに左に四男、右に五男と並んでいる。長男の部屋は左手を見るようにできており、次男の部屋は中堂を見るようにできている。三男の部屋は右手を見るようにできており、四男の部屋は左肩を見るようにできている。この廟の左は青龍の山脈があり、右には白虎の山脈がある。青龍の山脈は万丈の高さになっても良いが、白虎はその半分も頭を持ち上げてはいけない。これは右の虎を見る三男にとって良くなく、三男は一人の男子子孫しかなかった。しかし、左の龍の肩を見る四男には良くて、四男は貧しかったがその子孫は千百人以上もいる。次男の部屋は、その向いに見える壁が高く、池の水が深い。金持ちだったが、気が漏れて、財も漏れる。天頂は、さらに一層高くて天になり、さらに一層低くて地になる。頭をもたげても天は見えず、頭を下げても地は見えない。天と地が、相容れない。次男を助けることはできなかった。その後、次男の妻の兄弟が彼を助けた。彼を躓かせ、上下二重の天から、双方の光を見せ、天地を見ることができた。つまり、次男の部屋では、座って拝めば光が見えて良い。このように、次男を押さえて、四男を持ち上げる。良い人には良い報いがあり、これが陰陽のバランスである。このように、風水師である曽平安氏が説明した。

（4）三僚の風水

三僚は、歴史的に楊筠松の弟子である曽文辿と廖金精が隠居した地と言われ、その子孫から多くの有名な風水師が生まれた地である。したがって、三僚には風水に関わる陽宅や陰宅が現在でも多く存在する。現在では、三僚においてこの風水に関する陽宅と陰宅を観光として紹介している。これら風水景観を見に、観光客も訪れている。

写真 13　三僚村の風水関連の景観地

この風水の特徴は、十二支と陽宅・陰宅が関連していることである。狗形祠は、甲を背に庚を向いているので、方向は狗と関係はない。しかし、その祠堂の建物が、犬の目と耳の形をしており、さらにその向いにある井戸が犬の水を飲む盆であると表現されている。この狗形祠の陽宅と、虎形墓の陰宅が対抗している。虎形墓は、座向の方角は甲を背にして寅向かっているので、この陰宅と方角が虎と寅で一致している。これが、狗形祠の方向的に相対している。つまり、山の麓にある虎形墓は、北東を向いて、集落を見下ろす位置にある。その集落から狗形祠は、南西を向いており、その陽宅と陰宅は相対する位置にある。山の上にある虎形墓からの気の流れが、狗形祠に直接ぶつかると良くないので、その途中に犬の盆と称する井戸を置いている。

蛇形祠は、入り口から道の形、祠堂の前の池の形と位置づけなど、この建物全体が蛇の形で形成されている。それ自体、風水とさまざまな関連を持っているが、それだけでなく、これを建てた一族とこの廟の五人兄弟の部屋の位置づけが、風水と絡んでいる。その五人の兄弟の子孫が栄えているかいないかが、周囲の左青龍と右白虎の山脈と関わっている。つまり、人が作った陽宅と陰宅は、周囲の自然環境と関わり、その方向や位置づけ、形などについて風水で解釈している。それは、本来その地域における一族あるいは地域の人びとによる風水知識となっていた。現在では、その風水解釈を元に、一般人に解釈されて観光化されている。

4　宇都県段屋郷寒信村

三僚村から、さらに南に山肌を縫うようにして行くと、宇都県の寒信村に到達する。ここは、贛州の街に流れる川の上流で、そこから80㎞ほど離れた地域である。川の周りは小高い山が続いている。寒信村は、粛一族によって形成された村で、その祠堂も多く残されている。集落のすぐ背面には墓地があり、その墓地は風水が良い場所なので、そこから新しい公共墓地を作って移動ができないと言う。この集落から、川向の山麓に楊筠松の墓があると言われているが、詳しくはどこにあるかは明らかではない。

写真14　集落の背後にある墓地。山が風水上良いとされる。

写真15　楊筠松の墓があると言われている山

寒信村の隣に、楊公村がある。ここは、管氏一族の集落であるが、楊筠松の廟があるということで、この集落を中心に楊公文化研究理事会が結成されている。現在は、旧暦三月初八に楊公祭が開催され、全国の風水師やマ

写真 16　楊筠松を祀る廟

写真 17　楊筠松の像（向かって左端）

カオや東南アジアの風水師も集まる。この集落の宗廟から離れたところに楊筠松の廟がある。新しく建てた廟で、仮の建築という雰囲気である。中には、楊筠松の像が祀られている。普段から人びとが祀りに来るという場所ではない。

楊筠松が晩年に住み、また「その墓もあると言われている地域だが、それがきちんと祀られているという雰囲気はない。彼の子孫が明確でないことも、その一つの原因だと考えられる。江西学派の祖として、楊筠松は多くの書を残し、人びとの間でも有名な人物である。今後、楊筠松の祭祀は観光とともに盛んになる可能性が考えられる。

5　贛州の都市風水

贛州の街は、背後から流れてくる二本の川がぶつかって、一本の川になるその先端に位置している。二本の川がぶ

写真 18　贛州古城

写真 19　贛州の川との境にある城壁

つかったところを亀の頭と称し、そこから後ろに亀の形でできた街だといわれている。

中国の都市は、城壁で囲まれている。贛州も、川と街の間には城壁がある。

贛州の頭から中軸線を引き、その真ん中くらいに八角井戸がある。この井戸から、龍気が外に漏れたので、この城を作った贛南王盧光稠は皇帝になれなかったという伝説がある。盧光稠は、唐末の農民蜂起の領主であった。そして、この都市を設計したのが楊筠松であり、山と水を看て、風水を利用してつくった。しかし、この都市の秘密を外に漏らさないように、盧光稠は楊筠松を毒殺したと言われている。

また、北宋時代の水利専門家であった劉彝が贛州城の地下に福寿溝と言われる水路を掘った。洪水の時には福寿溝から水が流れるので災害にならない。また、旱魃の時にはそこから水を取り込める。当時の都市排水システムであり、九〇〇年以上経った今でも水を流し続けている。この排水システムを、李国強が見学している。

この贛州城の中には、池がいくつもある。その一つ一つの池が、亀の鱗だといわれている。その池と池の間を通る道が、亀の甲羅の溝であると言われている。このように、贛州城全体を見ると。亀の甲羅を象徴した都市となっている。都市の形態を動物などにたとえる例は、中国に多く存在する。しかも、その話が風水と関連して語られる。贛州も、その典型的な例である。

その他、亀の頭に当たる郁狐台は贛州老城の北端に当たり、風水関連の建物などが多く存在する。

まとめ

風水は、古代中国における自然に対する環境評価の哲学から始まって、長い年月の間に易学・陰陽五行説・擇日法・方位学などさまざまな学説を吸収しつつ、たえず自らを変化させ、発展してきた。したがって、その原理は大変複雑になっているだけでなく、それを実際に応用する際には風水師によって様々な説が展開されており、それを一概に捉えることは難しい［三浦 1994:25］。風水理論は、風水の専門書から学ぶが、それをもって実際の風水を判断することはできない。風水師は、風水理論を書物から何年もかけて学び、さらに何年もかけて山を歩いて実際の地形から気がどのように流れ、どこの風水がいいかを学ぶ。風水師はある職業というわけではなく、あくまでも風水の専門家である。

民俗で扱う風水は、風水理論ではなく、ある地域において実際に解釈されている風水である。それは、風水師がどのようにその地域で風水を見ているかという点が一つあげられる。本報告では、贛県白鷺村の風水師である鐘平華氏に話を聞いた。彼は、風水理論、とくに方位学については細かく話さなかった。具体的にある場所の風水を看る場合には、方位などを細かく計算するはずであるが、今回は風水全般についての話なので、むしろ自分が風水師になったいきさつや、風水師としての道徳行為、あるいは風水を看る場合の大切な点を話してくれた。ここで興味を持ったのは、風水師は羅盤で風水を看るが、その前に風水についての依頼者との感覚を大切にするということだった。とくに、手の感覚が大事だと言う。つまり、風水師は人間と自然の関係、あるいは人間が自然環境の中でどのように暮らせばいいかを、山や川の形がどのようのその人間に影響を与えているかを見、羅盤で方位を見るが、さらにその人間が天地とどのような関係にあるのかを感覚で感じる点は風水専門家としての風水師が人間と自然との関係を見る最終的な風水技術の到達点であることが示された。

三僚村でも、風水師の曽平安氏に村内の風水に関する陽宅と陰宅について話をうかがった。この村では、狗形祠、虎形墓、蛇形祠が代表的な風水の陽宅と陰宅であるが、それらが、様々な解釈で十二支の動物と関連している。つまり、周りの自然環境とこれらの建物や墓が、動態的に解釈されている。狗形祠と虎形墓があたかも生きている動物のように対立して考えられているし、蛇形祠も生きている蛇のようにその祠堂全体が考えられ、それが周囲の地形や水と動くように関連して解釈されている。このように構造物が動物として解釈され、それが周囲の自然環境の中でうまく表現されているのは、贛州の都市風水でも見ることができた。贛州の都市全体は、亀の形で作られており、その池や道は亀の甲羅とその溝として解釈されていた。その亀が、周囲の山や川の自然環境に適応して形成されたことが都市と風水の関係を生きた動物が自然環境の中で動いているように解釈されていることが、中国の風水解釈の特徴として指摘できる。

最後に、この建物の風水と環境が、その建物に関する具体的な一族と関連することが指摘できる。三僚村の蛇形祠は、曽氏における一派の祠堂である。その五人の祖先について、その性格や人生のあり方とその祖先が祀られる部屋の自然環境に関わる風水が関連して語られている。例えば、次男は性格が良くなく、親から独立して生計を立てて金持ちにはなった。しかし、その次男を祀る部屋からは天の光が見えないので、風水は良くない。その子孫は膝間づいて祖先を拝むことによって天の光も地も見えるので風水上良くなったとか、四男は貧しかったが性格がよく、その部屋は左青龍の山脈に沿った場所で風水が良く、子孫も大勢いる、というように具体的な人とそれが祀られている部屋と自然環境に関する風水が具体的に解釈されており、これも中国の風水と自然環境の一つの重要な特徴と言える。

注

（1）リーデマン・シュモル「挑戦としての自然―民俗学的文化学の研究課題―」（二〇一八年一〇月一四日に行われた第七〇回日本民俗学会年会における日独国際シンポジウムでの発表）で示された自然観である。『日本民俗学』に掲載予定。

（2）［デ・ホロート 1986］では、地相師と書かれているが、風水師の意味である。

（3）今回の実地調査は、二〇一八年二月二二日から三月二七日まで、贛南師範大学の黄清貴先生および呉玉彬先生とともに行なった。

（4）生まれた年・月・日・時を、それぞれ十二支十干の二文字×４の八文字で表現する。これを中国語で八字と言うが、四柱とも言う。

参考文献

小熊誠（二〇〇一）「韓国全羅南道における風水師の特徴」沖縄・韓国比較社会文化研究科会編『韓国と沖縄の社会と文化』第一書房。

デ・ホロート（牧尾良海訳）（一九八六）『中国の風水思想―古代地相術のバラード―』第一書房。

牧野良海（一九九四）『風水思想論考』山喜房佛書林。

三浦國男（一九九四）「（風水の思想と歴史）解説」渡邊欣雄・三浦國男編『風水論集』凱風社。

渡邊欣雄（一九九〇）『風水思想と東アジア』人文書院。

〈著者紹介〉

伊坂青司（いさか・せいし）（第1章）

東北大学文学研究科博士課程（哲学専攻）単位取得退学．博士（文学）

現職：神奈川大学外国語学部教授

専攻：哲学・生命倫理

著書：『ヘーゲルとドイツ・ロマン主義』（御茶の水書房、2000年）、『新版　市民のための生命倫理』（御茶の水書房、2015年）

上原雅文（うえはら・まさふみ）（第2章）

東京大学大学院人文社会系研究科基礎文化研究博士課程修了．博士（文学）

現職：神奈川大学外国語学部教授

専攻：倫理学・日本倫理思想史

著書：『最澄再考―日本仏教の光源』（ぺりかん社、2004年）

村井まや子（むらい・まやこ）（第3章）

ロンドン大学ユニヴァーシティ・カレッジ比較文学科博士課程修了．PhD.

現職：神奈川大学外国語学部教授

専攻：おとぎ話文化・比較文学・イギリス文学

著書：*From Dog Bridegroom to Wolf Girl: Contemporary Japanese Fairy-Tale Adaptations in Conversation with the West*（Wayne State UP, 2015）、*Routledge Companion to Fairy-Tale Cultures and Media*（共著、Routledge, 2018）

鳥越輝昭（とりごえ・てるあき）（第4章）

上智大学大学院文学研究科修士課程修了

現職：神奈川大学外国語学部教授

専攻：比較文学、比較文化史

著書：『ヴェネツィアの光と影―ヨーロッパ意識史のこころみ』（大修館書店、1994年）、『ヴェネツィア詩文繚乱―文学者を魅了した都市』（三和書籍、2003年）、『表象のヴェネツィア―詩と美と悪魔』（春風社、2012年）

山本信太郎（やまもと・しんたろう）（第5章）

立教大学大学院文学研究科博士後期課程単位取得満期退学．博士（文学）

現職：神奈川大学外国語学部准教授

専攻：近世イギリス史、宗教改革史

著書：『イングランド宗教改革の社会史　ミッド・テューダー期の教区教会』（立教大学出版会、2009年）、『よくわかるイギリス近現代史』（共著、ミネルヴァ書房、2018年）、『キリスト教と寛容―中近世の日本とヨーロッパ』（共著、慶應義塾大学出版会、2019年）

坪井雅史（つぼい・まさし）（第6章）

広島大学大学院文学研究科博士課程後期単位取得退学

現職：神奈川大学外国語学部教授

専攻：倫理学・応用倫理学

著書:『暴力をめぐる哲学』（共著、晃洋書房、2019年）、『教養としての生命倫理』（共著、丸善出版、2016年）、『改訂新版　情報倫理入門』（共著、アイ・ケイコーポレーション、2014年）

大川真由子（おおかわ・まゆこ）（第7章）

東京都立大学大学院社会科学研究科博士課程修了．博士（社会人類学）

現職：神奈川大学外国語学部准教授

専攻：文化人類学・中東地域研究

著書：『帰還移民の人類学――アフリカ系オマーン人のエスニック・アイデンティティ』（明石書店、2010年）、『〈断〉と〈続〉の中東――非境界的世界を游ぐ』（共著、悠書館、2015年）

小熊　誠（おぐま・まこと）（第8章）

筑波大学大学院博士課程歴史・人類学研究科単位取得退学

現職：神奈川大学外国語学部教授

専攻：民俗学

著書：『＜境界＞を越える沖縄』（小熊誠編）（森話社、2016年）

編　者　神奈川大学人文学研究所《かながわだいがくじんぶんがくけんきゅうじょ》
編著者　上原雅文《うえはらまさふみ》

神奈川大学人文学研究叢書 43
「自然《しぜん》・人間《にんげん》・神々《かみがみ》」——時代《じだい》と地域《ちいき》の交差《こうさ》する場《ば》
2019 年 3 月 25 日　第 1 版第 1 刷発行

編　者——神奈川大学人文学研究所
編著者——上原雅文
発行者——橋本盛作
発行所——株式会社御茶の水書房
〒113-0033　東京都文京区本郷5-30-20
電話　03-5684-0751
組版・印刷・製本所——東港出版印刷株式会社
Printed in Japan
ISBN 978-4-275-02103-8　C3036